Meuser · Promo-Viren

Promo-Viren

Herausgegeben von
Thomas Meuser

Zur Behandlung
promotionaler Infekte und
chronischer Doktoritis

2., völlig infizierte Auflage

GABLER

Prof. Dr. Thomas Meuser ist Gründungsdekan des Fachbereichs für Ökonomie an der Europa Fachhochschule Fresenius in Idstein.

Anregungen für die 3. Auflage (die voraussichtlich nur noch auf Rezept erhältlich sein wird) werden vom Verlag und Herausgeber gerne angenommen.

Die Deutsche Bibliothek – CIP-Einheitsaufnahme
Ein Titeldatensatz für diese Publikation ist bei
Der Deutschen Bibliothek erhältlich

1. Auflage 1994

Der Gabler Verlag ist ein Unternehmen der Bertelsmann Fachinformation GmbH.

© Betriebswirtschaftlicher Verlag Dr. Th. Gabler GmbH, Wiesbaden, 2000, Softcover 2013
Lektorat: Barbara Roscher

Das Werk einschließlich aller seiner Teile ist urheberrechtlich geschützt. Jede Verwertung außerhalb der engen Grenzen des Urheberrechtsgesetzes ist ohne Zustimmung des Verlags unzulässig und strafbar. Das gilt insbesondere für Vervielfältigungen, Übersetzungen, Mikroverfilmungen und die Einspeicherung und Verarbeitung in elektronischen Systemen.

http://www.gabler.de

Die Wiedergabe von Gebrauchsnamen, Handelsnamen, Warenbezeichnungen usw. in diesem Werk berechtigt auch ohne besondere Kennzeichnung nicht zu der Annahme, dass solche Namen im Sinne der Warenzeichen- und Markenschutz-Gesetzgebung als frei zu betrachten wären und daher von jedermann benutzt werden dürften.

Höchste inhaltliche und technische Qualität unserer Produkte ist unser Ziel. Bei der Produktion und Auslieferung unserer Bücher wollen wir die Umwelt schonen: Dieses Buch ist auf säurefreiem und chlorfrei gebleichtem Papier gedruckt. Die Einschweißfolie besteht aus Polyäthylen und damit aus organischen Grundstoffen, die weder bei der Herstellung noch bei der Verbrennung Schadstoffe freisetzen.

Druck- und buchbinderische Verarbeitung: Lengericher Handelsdruckerei, Lengerich

ISBN 3-409-23685-6 (Hardcover)
ISBN 978-3-8349-4343-9 (Softcover)

„Dann, eines Abends, nachdem er die Doktorarbeit fertiggestellt hatte und ihm sein Leben besonders ziellos vorkam, ging er ins Kino."
John Irving

Vorwort

Erst in jüngster Zeit wird ein Phänomen näher untersucht, das bisher als reflexartiger Automatismus angesehen wurde: Der Drang vieler Menschen, durch den Namenszusatz „Dr." die tatsächliche Bedeutung der damit genannten Person für jeden sofort erkennbar zu machen. Die Untersuchung dieses auffallenden Zwanges ließ ein neues Forschungsgebiet entstehen, das als *Promotionswissenschaft* immer mehr Freunde und Anhänger findet.

Obwohl jeder Promovend, der hoffnungsvolle junge Nachwuchsforscher ebenso wie der durch einige Nervenzusammenbrüche arg gekennzeichnete Titelaspirant, weiß, dass zur Erlangung des Doktortitels viele katastrophenähnliche Ereignisse überwunden werden müssen, schlagen immer wieder einige Besessene diesen Weg ein. Für dieses krankhafte Verhalten hat die Promotionswissenschaft eine verblüffend einfache Erklärung gefunden. Die Untersuchung einer repräsentativen Auswahl geeigneter Probanden ergab eindeutig, dass sie allesamt von einer bisher unbekannten Virus-Spezies befallen waren: den *Promo-Viren*.

Die zweite Auflage dieses jetzt schon als klassisches Standardwerk zu bezeichnenden Sammelbandes deckt die neuesten Erkenntnisse der Promotionswissenschaft schonungslos offen auf. Die Autoren - allesamt ausgewiesene Promotionsexperten - sind:

➢ unerfahrene, besonders betroffene Nachwuchswissenschaftler,

➢ erfahrene, immer noch benommene Titelträger und

➢ zerfahrene, nie genug bekommende Prof(i)s.

Endlich können bisherige Theorien über unfassbare Phänomene auf dem Weg zum Doktortitel, wie plötzliche Nervenzusammenbrüche, anhaltende Schlaflosigkeit, potentielle Suchtgefahren und ähnlich beunruhigende Erscheinungsbilder wissenschaftlich fundiert verifiziert werden. Daneben stellen einige Promotionswissenschaftler ihre neuesten Theorien vor. Dabei werden gewagte Hypothesen formuliert, z. B. dass sich Infizierte von der Krankheit freikaufen können oder dass der Virus mit einer richtig organisierten Festveranstaltung an nur einem Tag bekämpft werden kann.

Soweit nicht anders verordnet, schlucken Erwachsene einen Beitrag, schwerwiegende Fälle auch zwei Beiträge täglich. In dieser Dosierung relativieren die teilweise schockierenden Berichte die eigene Situation und verbessern so den allgemeinen Gemütszustand. Vor einer höheren Dosis muss jedoch gewarnt werden, weil sie das gesamte Ausmaß einer Infektion durch Promo-Viren allzu deutlich machen würde und bei sensiblen Naturen zu irreparablen Bewusstseinsstörungen führen kann.

Es ist allen beteiligten Promotionsexperten ein großes Bedürfnis, sich für die oft aufopferungswillige Hilfe zu bedanken, ohne die ein epochales Werk wie dieses nicht zustande kommen könnte. Mit Nachdruck danken wir *Dr. Th. Gabler* für die publizistische Unterstützung unserer jungen Wissenschaft. Außerdem gilt Frau *Barbara Roscher* ein lektoraler Dank, Frau *Tanja Wippermann* ein zentraler Dank sowie Herrn *Dr. Reinhold Roski* ein kollegialer Dank. Ganz besonders bedanken wir uns bei den zahlreichen, meist unter fortgeschrittener Doktoritis leidenden Untersuchungspersonen. Sie waren trotz der unregelmäßig auftretenden Schwächeanfälle stets bereit, sich selbstlos der näheren Erforschung promotionaler Infekte zur Verfügung zu stellen. Ihnen gebührt unser besonderer Respekt.

Thomas Meuser

Inhaltsübersicht

	Seite
Vorwort	5

1. Teil
Zur Lage der Promotionslehre

Thomas Meuser
Der hoffnungsvolle Nachwuchsforscher:
Ein Beitrag über Gemütslagen   11

Thomas Meuser
Beschaffung und Einsatz der Promotionsfaktoren: Von Niederlagen, Auslagen, Zwangslagen und ähnlich unangenehmen Lagen   29

Hilmar Henselek
Ansätze zur Beschreibung, Erklärung und Prognose des
Promotionsprozesses: Ein Überblick mit elf Collagen   57

Sebastian Hakelmacher
Die Fußnote als Höchstmaß wissenschaftlicher Arbeiten[1]   75

2. Teil
Erstmaliger Einblick:
Der Nachwuchsforscher aus seiner eigenen Sicht

Alexander Arnold
„Na, was macht die Diss?" – oder: Promotion
und Sozialverhalten – ein Phasenmodell   91

Reinhard Schulte
Bittere Wahrheiten. Neues aus dem
Alltag wissenschaftlicher Mitarbeiter   103

Ulrike Kesten
Pecunia non olet - Nebentätigkeiten des Nachwuchsforschers als Hürden auf dem Weg zum Doktortitel   119

3. Teil
Elendiger Anblick:
Der Nachwuchsforscher aus der Sicht arg Betroffener

Hartmut Kreikebaum
Promo-Viren aus der Sicht des Doktorvaters. Vorüberlegungen zum Entwurf einer humorontologischen Realtypologie des (der) Erstgutachters(In)   133

Michael Werner
Studenten am Rande des Nervenzusammenbruchs   147

Dagmar Günther und *Stefan Krebs*
Die DV-technische Betreuung von Promotionsprojekten. Oder: Auch ein Pentium III allein macht keinen Doktor!   159

Claudia Splittgerber
„Bei mir ist es aber ganz besonders eilig" – Handreichungen für die gelungene Buchveröffentlichung   181

4. Teil
Erfreulicher Ausblick:
Das Leben als Titelträger

Manuel René Theisen
Das Trio Infernale als Promotionstechnik   203

Rainer Elschen
Promovieren in Ehren kann niemand verwehren – oder doch?   211

Dieter Sommer
Das Dr. Sommer-Team   225

Joachim Deppe und *Hans-Hermann Hüttemann*
Vom praktischen Nutzen doktoraler Forschung oder: Das „7-Dr-Modell" zur unaufhaltsamen Karriere in der Praxis   231

Literaturverzeichnis   253

1. Teil

Zur Lage der Promotionslehre

Der hoffnungsvolle Nachwuchsforscher: Ein Beitrag über Gemütslagen

von

Thomas Meuser[*]

I. Der erste Satz

II. Ein Eignungstest für angehende Promovenden

III. Zum Inhalt und Abbau der Arbeit

---

[*] Dr. Thomas Meuser litt fünf qualvolle Jahre unter den Promo-Viren und bekam die verschiedenen Gemütslagen am eigenen Leib zu spüren. Trotz nahezu völliger Gesundung hinterließ die Krankheit nachhaltige Spuren.

I. Der erste Satz

Der erste Satz ist in den seltensten Fällen der erste Satz. Insbesondere bei Abhandlungen mit wissenschaftlichen Inhalt ist er zumeist einer der letzten, weil erst nach der schriftlichen Fixierung aller Gedanken und Forschungsergebnisse klar ist, was eigentlich wieso erforscht wurde. Diese Kenntnis ist für einen Auftakt, der zu den folgenden Ausführungen passt, unverzichtbar. Deshalb kann der erste Satz erst gegen Ende der gesamten Untersuchung formuliert werden und ist somit einer der letzten.

Mit diesem Widerspruch ist eine wichtige Aufgabe junger Wissenschaftler aufgegriffen: der präzise Ausdruck. Fast jede Aussage hat mindestens zwei Seiten, und ein angehender Promovend fühlt nahezu ausnahmslos den Drang, mit dieser grundlegenden Erkenntnis die Eröffnung seines schriftlichen Forschungsberichts zu bereichern. Im Prinzip ist die Ursache für die Mehrdeutigkeit von Begriffen immer dieselbe: es ist die *Sichtweise*. Aus der Sicht des Lesers beginnt eine Abhandlung mit dem ersten Satz, welcher für den Autor oft einer der letzten ist. Um mögliche Missverständnisse begrifflicher Art zu vermeiden, sind anfangs klärende Festlegungen erforderlich, die die ersten wichtigen Entscheidungen im Leben eines Nachwuchsforschers darstellen.

Bei dem Versuch, die notwendigen Definitionen schriftlich festzuhalten, stößt der angehende Promovend schnell auf eine weitere Schwierigkeit: Es ist *seine* Sichtweise, die er beschreiben will, aber wie soll er sich selbst beschreiben? *Ich* ist in wissenschaftlichen Veröffentlichungen verpönt. Nach gängiger Auffassung würde eine Abgrenzung der begrifflichen Grundlagen einer Dissertation mit *„Ich definiere wie folgt ..."* aufdringlich egozentrisch wirken. Die folgenden Definitionen können noch so ausgefeilt sein - ein fader Nachgeschmack wird angesichts der eigenen unverblümten Nennung haften bleiben.

Auch *der Autor* ist keine sonderlich glückliche Lösung. Trotzdem halten sich Formulierungen wie *„Der Autor ist sich bei dieser Definition bewusst, dass ..."* hartnäckig in der wissenschaftlichen Literatur. Zweck dieser Formulierung ist die Vermeidung des unerwünschten *Ichs*, aber diese Art der Umschiffung ist sicher nicht empfehlenswert. Schließlich ist eine Doktorarbeit kein Polizeibericht und auch kein psychologisches Gutachten, in denen mit *der Zeuge* oder *der Patient* zu Recht das grammatikalische Instrumentarium zur Trennung der auftretenden Personen vom Autoren des Berichts angewandt wird.

Wesentlich angenehmer wirkt da schon das *Wir*. *„Wir definieren diesen Begriff als ..."* lässt sich flüssig lesen und wirkt heute auch nicht mehr peinlich, weil die Interpretation als *Pluralis majestatis* historisch bedingt immer unwahrscheinlicher wird. Ärgerlicherweise sind Dissertationen, die von mehreren Verfassern gemeinsam entworfen werden, doch eher die Ausnahme, und daher geht die Verwendung dieses Plurals auf Kosten der Präzision. Ein *Ich* ist nunmal kein *Wir*, deshalb muss bei dieser an sich wohlklingenden Lösung der Satz immer so gedreht werden, dass die Aussage für mindestens eine weitere Person zutrifft. Bei der schriftlichen Kommunikation mit singularem Verfasser drängt sich dafür der Leser förmlich auf. Wir können unmittelbar erkennen, welche Vorteile diese Lösung hat: Sie vermeidet das *Ich*, ist inhaltlich zutreffend und - das ist vielleicht der wichtigste Vorteil - bezieht den Leser in die Gedankenführung ein. Dieser kleine rhetorische Trick hält ihn wach und stärkt sein Solidaritätsgefühl mit dem Promovenden; ein Aspekt, der im Hinblick auf den ersten Leser der Dissertation keineswegs zu verachten ist.

Es gibt aber noch weitere Auswege, die mit etwas Formulierungsgeschick gute Ergebnisse liefern. Wenngleich das recht beliebte *m. E.* noch nicht besonders einfallsreich ist, bemühen sich die meisten Benutzer dieses Kürzels doch um abwechslungsreiche Alternativen, schon um die allzu häufige Verwendung von Abkürzungen zu vermeiden. Spätestens dann, wenn bei der Satzkonstruktion ein *„So ist z. B. m. E. ..."* auftaucht, setzt die Suche nach neuen Redewendungen ein. Werden dabei die Möglichkeiten zur Änderung des *z. B.* vernachlässigt, zeigen Dissertationsautoren einen überraschenden Einfallsreichtum, was die Abwandlung des *m. E.* angeht.

Die wahre Meisterleistung dabei besteht darin, dass der Forscher nun nicht mehr von sich spricht (schließlich steht ihm auch eine Änderung der Sichtweise zu), sondern von seiner *Arbeit*. Durch den damit vollzogenen Sprung vom *Ich* zu der *Dissertation* öffnet sich ein Spektrum von Alternativen, aus dem abwechselnd diese oder jene Formulierung gewählt wird. So kann an Stelle der *Arbeit* auch von der *weite-*

ren Vorgehensweise, den *folgenden Ausführungen* oder der *nach Erscheinen Aufsehen erregenden Untersuchung* gesprochen werden.

Entscheidender Vorteil dieser Variante ist ihre Vielseitigkeit. Der Leser wird mit ständig wechselnden Termini beglückt und bestaunt im Unterbewussten das Formulierungsgeschick des Autors. Schließlich steckt in solchen Satzkonstruktionen eine Menge Arbeit: Es müssen nicht nur passende Stellvertreter für *meine Dissertation* gefunden werden, sondern als Folge davon komplett neue Anordnungen der einzelnen Satzbestandteile, um dem *Kongruenzprinzip der Grammatik* gerecht zu werden (vgl. *Meuser* 1995, S. 14 f.). Die Arbeit definiert nicht, vielmehr wird in der Arbeit definiert. Dadurch steigt der abzugrenzende Begriff oft schlagartig vom Objekt zum Subjekt auf und erhält eine ihm gebührende Stellung. Als Nebeneffekt wird das ursprünglich subjektive *Ich*, nun als *Arbeit* getarnt, im Rest des Satzes fast unauffindbar versteckt und vermittelt damit eine vornehme Zurückhaltung.

Eine aussterbende Methode der *Ich*-Umschiffung fehlt in der Auflistung und soll als Aufhänger für eine notwendige Festlegung benutzt werden: das *man*. Die sparsame Anwendung dieser Lösung scheint schon deshalb sinnvoll, weil mit *man* der Autor aber insbesondere auch der Leser recht unpersönlich in die Ausführungen aufgenommen wird. Besonders ungünstig ist diese Methode jedoch, weil sie unterstellt, dass der Leser ein völlig normaler Mensch ist, der ohne weiteres zur durchschnittlichen Bevölkerung gezählt werden kann. Autoren von Dissertationen können sicher sein, dass der wichtigste Leser ihres Werkes diese Generalisierung als persönlichen Affront betrachtet. Daneben gerät das *man* grundsätzlich zunehmend in das sprachliche Abseits, weil damit eine doch an den maskulinen Menschen erinnernde Buchstabenreihung als Stellvertreter für einen repräsentativen Bevölkerungsausschnitt verwendet wird.

Diese Überlegungen führen zu einer begrifflich bedingten Entscheidung, die zu Anfang dieses Sammelbandes gefällt werden soll. Dritte Personen können in der deutschen Sprache (zur Zeit noch) nicht geschlechtsneutral benannt werden. Bei der ersten und zweiten Person gibt es da keine Schwierigkeiten: *Ich* und *Du* sagen überhaupt nichts über diesen lebenswichtigen Unterschied aus. Bekanntermaßen hat die Grammatik aber ihre eigenen Gesetze und weicht von diesem bequemen Pfad in der ihr eigenen Art irgendwann ab. In unserem Fall erzwingt das sprachwissenschaftliche Regelwerk bei der Verständigung über weitere Akteure plötzlich eine Unterscheidung in *Er, Sie* und *Es*. Vielleicht wird irgendwann einmal ein Oberbegriff für alle drei dritten Personen existieren und im Zuge dieser Veränderung auch eine Lösung für die weitreichenden Folgen dieser eigenartigen Drittelung gefunden.

Zu *m. B.* (meinem Bedauern) kann an dieser Stelle keine Alternativlösung angeboten werden. Um aber die auf Dauer lästige Aneinanderreihung beider Geschlechter, in welcher Form auch immer, zu vermeiden, wird folgende Definition getroffen: Wenn nichts anderes gesagt wird, sind alle Bezeichnungen für *dritte Personen* geschlechtsübergreifend zu verstehen, obwohl sie bei enger Auslegung eher maskulin sind. Deshalb ist z. B. *Er* nicht zwangsläufig männlich. Als Ausgleich wird die *zweite Person* feminin ausgerichtet, indem ebenso geschlechtsübergreifend festgelegt wird, dass Sie *Sie* sind.

II. Ein Eignungstest für angehende Promovenden

Promovierte Menschen gibt es zwar nicht wie Sand am Meer, aber immerhin in einer recht stattlichen Anzahl. Doch was haben so unterschiedliche Titelträger wie z. B. *Dr. Wulf-Mathies*, *Dr. Biolek* oder *Dr. Best* gemeinsam? Noch unerforschte Identitäten auf charakterlicher, intellektueller, persönlicher oder sonstirgendeiner Ebene scheinen die Fähigkeit zur Erlangung des Titels erheblich zu unterstützen. Mit dem folgenden Eignungstest für angehende Promovenden wird erstmalig ein Instrument zur prä-promotionalen Bestimmung der Wahrscheinlichkeit eines positiven Abschlusses der beabsichtigten Bemühungen zur Verfügung gestellt.

Testanweisung:
Der Test soll Ihnen Freude machen; zwingen Sie sich nicht dazu.
➢ Bearbeiten Sie den Test nur in ausgeruhter Verfassung und stellen Sie sicher, dass Sie nicht unterbrochen werden.
➢ Testen Sie sich nicht, wenn Sie deprimiert, verärgert oder erschöpft sind.

➤ Wenn die ersten drei Anweisungen dazu führen, dass Sie den Test nicht machen können, gehören Sie nicht mehr zur Gruppe der angehenden Promovenden. Sie haben vielmehr diesen glückseligen Lebensabschnitt längst hinter sich gelassen und sind durch die Promo-Viren schon ernsthaft geschwächt. Natürlich dürfen Sie trotzdem am Test teilnehmen; ignorieren Sie dazu die ersten drei Anweisungen einfach. Allerdings müssen Sie bei der Auswertung bedenken, dass Ihr bedauerlicher Zustand das Testergebnis entscheidend verfälschen kann.

➤ Beantworten Sie nun die folgenden zehn Fragen, indem Sie die jeweils auf Sie zutreffende Antwort ankreuzen.

Frage 1:

Schätzen Sie sich zunächst einmal selbst ein: Glauben Sie, dass Ihr Wissen überdurchschnittlich ist?

   O   *Ja*
   O   *Nein*
   O   *Weiß nicht*

Frage 2:

Glauben Sie, dass die Entwicklung der Menschheit durch einige nahezu geniale Dissertationen entscheidend voran getrieben wurde?

   O   *Ja*
   O   *Nein*
   O   *Hohoho!*

Frage 3:

Ärgert es Sie manchmal, dass einige Menschen Titelträger sind, ohne dass Sie sich das erklären können?

   O   *Ja*
   O   *Nein*
   O   *grmpf-hargh-grrr*

Frage 4:

Interessieren Sie sich für Konzeptionen, Integrationen und Selektionen?

    O   *Ja*
    O   *Nein*
    O   *Ich interessiere mich mehr für Nacht-Aktionen*

Frage 5:

Können Sie auch die einfachsten Aussagen wissenschaftlich angemessen formulieren?

    O   *Ja*
    O   *Nein*
    O   *Logisch!*

Frage 6:

Für die Erstellung einer Dissertation ist ein reges Interesse an wissenschaftlicher Literatur von Vorteil. Können Sie das vorweisen?

    O   *Ja*
    O   *Nein*
    O   *Bin in der Bibliothek*

Frage 7:

Können Sie sich acht Stunden ununterbrochen der Konstruktion eines einzigen Satzes widmen?

    O   *Ja*
    O   *Nein*
          ~~Ich glaube schon, dass das~~
    O   *~~Das hängt davon ab, ob~~*
          ~~In Anbetracht der geltenden~~

Frage 8:

Zeigen Sie im Umgang mit anderen Menschen, insbesondere mit titeltragenden Menschen, ein gewisses „knigge-gemäßes" Geschick?

- O *Ja*
- O *Nein*
- O *Da orientiere ich mich an Götz von Berlichingen*

Frage 9:

Eine bedeutende Eigenschaft titeltragender Menschen ist, dass sie durch analysierende Perzeption komplexen Strukturen eine gewisse Simplifizierung zu geben in der Lage sind. Sind Sie auch dieser Meinung?

- O *Ja*
- O *Nein*
- O *Häh?*

Frage 10:

Können Sie nach einer Phase dauerhaft intensiver mentaler Schreibtischarbeit Ihren Kopf in die Hände stützen und sofort einschlafen?

- O *Ja*
- O *Nein*
- O *Chrrr...*

Testauswertung:

Sehen Sie sich nun den Test noch einmal an und stellen Sie fest, wieviel Kreuze Sie gemacht haben. Wenn es weniger als fünf sind, kann das drei Ursachen haben:

> ➢ Sie hatten gerade keinen Stift zur Hand: Blättern Sie noch einmal zurück zur Testanweisung und lesen diese aufmerksam durch; zuvor wäre ein entspannender Spaziergang empfehlenswert.

> Sie haben Ihre Antworten auf einem separaten Zettel notiert, weil Sie nicht in Büchern rumschmieren: schon besser. Zählen Sie in diesem Fall die dort zu findenden Kreuze.

> Sie haben die Testanweisung richtig befolgt und finden trotzdem weniger als fünf Kreuze: Herzlichen Glückwunsch! Sie gehören entweder zum Kreis angehender Promovenden mit guten Erfolgsaussichten oder haben „zufällig" erst die Testauswertung gelesen, bevor Sie am Test teilnahmen.

Wenn Sie fünf oder mehr Kreuzchen gemacht haben, ist Ihre Tauglichkeit für den Doktortitel in Zweifel zu ziehen. Greifen Sie in diesem Fall schnell zu einem dieser praktischen Kunststoffknubbel und verwischen Sie Ihre Spuren, damit niemand von Ihrem blamablen Ergebnis erfährt. Verwender von Kugelschreibern müssen dieses Buch leider vernichten, sollten aber unbedingt möglichst schnell ein neues kaufen.

Für ein weiterhin sicheres Auftreten ist wichtig, dass Sie verstehen, warum Sie durchgefallen sind: Ein geeigneter Promovend erkennt mit seinem aufgeweckten Geist blitzschnell die in dem Test versteckte hinterlistige Täuschung. Nicht das ehrliche Ankreuzen, sondern die Dauer bis zur Erkenntnis, dass der Test möglicherweise nicht ganz ernst zu nehmen ist, bildet den Gradmesser der Promotionstauglichkeit. Deshalb gilt als Faustregel: Je weniger Kreuzchen der Kandidat gemacht hat, umso besser. Sollte sich gar (denken Sie noch einmal über den Einsatz des radierenden Gummis nach) überhaupt kein Kreuz finden lassen, kann Ihre zukünftige Promotion eigentlich nur noch durch eines der allerdings zu erwartenden *katastrophenähnlichen Ereignisse* verhindert werden.

Noch ein hilfreicher Hinweis. Natürlich können Sie sich Ihr schlechtes Abschneiden leicht erklären und lassen sich deshalb keineswegs von Ihrem Vorhaben abbringen: Sie wissen nun, dass Sie sich bereits im fortgeschrittenen Promotionsstadium befinden und deshalb nicht mehr ganz zurechnungsfähig sind; und wenn Ihr Diplom erst einige Tage zurückliegt, sind Sie eben ein besonders schneller Promovend. Auf jeden Fall sollten Sie sich schleunigst die nächsten Prüfungstermine besorgen.

III. Zum Inhalt und Abbau der Arbeit

Die Arbeit eines Promovenden kann durch seine zentrale Aufgabe schnell umrissen werden: Er schreibt ein *Buch*. Es ist kein Zufall, dass dieses Buch in einschlägigen Fachkreisen auch *Arbeit* genannt wird, weil der hoffnungsvolle Nachwuchsforscher i. a. schnell dahinterkommt, dass es sich hier um synonyme Begriffe handelt, zumindest aus seiner Sichtweise.

Trotzdem ist diese Beschreibung seiner Tätigkeit noch recht grob. Deshalb wird uns die folgende genauere Betrachtung der einzelnen Arbeitsgebiete detailliert Aufschluss über sein Tun geben. Durch diese Analyse soll der angehende Promovend eine Vorstellung davon bekommen, was ihn erwartet, und er kann anschließend seine Entscheidung noch einmal in Ruhe überdenken. Deshalb wird dem Leser, der sich die Ausrede *„Wenn ich das gewusst hätte, dann ..."* bewahren möchte, nahegelegt, zum nächsten Beitrag vorzublättern.

Natürlich unterscheidet sich das Tätigkeitsfeld in seiner konkreten Struktur von Promovend zu Promovend. Es wird von situativen Gegebenheiten determiniert, die über verschiedene Wirkungsketten zu voneinander abweichenden Ergebnissen führen. (Diesen Satz dürfen Sie übrigens ohne Angabe der Quelle in Ihrer Dissertation verwenden; irgendwo wird er schon hinpassen.)

Um eine ungefähre Vorstellung davon zu bekommen, was den jungen Menschen erwartet, der nach erfolgreichem Abschluss der sekundären und tertiären Bildungsstufe auch noch die quartäre bewältigen will, sind wir deshalb gezwungen, einen *Modellpromovenden* zu betrachten. Als gebildeter Leser sind Sie mit den vereinfachenden Methoden bei der Modellbildung vertraut und wissen über die in Wahrheit viel komplexeren Zusammenhänge Bescheid. Bitte interpretieren Sie die Ergebnisse mit entsprechender Vorsicht; hier und dort kann die Realität geringfügig von dem Modell abweichen.

Die nähere Betrachtung der Promotionsarbeit (im funktionalen Sinne) bringt Erkenntnisse, die den Entwurf eines *4-S-Modells*, wie es in Abb. 1 dargestellt ist, förmlich erzwingen. Bei der Forschung kennt ein Promovend nur vier Beschäftigungen: studieren, sinnieren, sortieren oder skizzieren. Dabei spielt es keine Rolle, ob er gerade mit gehetztem Blick durch die Bibliothek schwirrt oder ob er versunken an seinem Schreibtisch hockt.

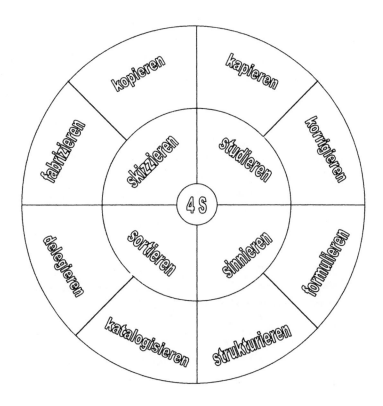

Abb. 1: Das 4-S-Modell zum Inhalt der Promotionsarbeit

Diese Einteilung vermittelt auf den ersten Blick den Eindruck einer recht eintönigen Arbeit, die aber bei genauerem Hinsehen eine erstaunliche Vielfalt offenbart (vgl. in der Abbildung den äußeren Kreis). Bevor ein ambitionierter Titelträger zur Gruppe der tatsächlichen Titelträger gehören darf, muss er ein weites Spektrum anspruchsvoller Fähigkeiten unter Beweis stellen, zu dem so schwierige Aufgaben wie das Kapieren, Formulieren, Strukturieren und Fabrizieren gehören. Zusätzlich sind aber auch scheinbar einfache Hürden wie die kleinen Befähigungsnachweise zum Kopieren, Korrigieren, Katalogisieren und Delegieren zu meistern.

Das braucht alles seine Zeit. Unser Modellpromovend verschwendet zur Erstellung der Arbeit (im dissertationalen Sinne) rund fünf Jahre seines Lebens.

Wir wissen jetzt, womit er beschäftigt ist, aber noch nicht, wie er seine Zeit auf die einzelnen Arbeitsgebiete aufteilt. Um dieser Frage weiter nachzugehen, müssen zunächst einige Modellannahmen gemacht werden, die nicht unumstritten sind, weil sie allesamt voraussetzen, dass der Nachwuchsforscher ein Mensch wie jeder andere ist. Im einzelnen soll aber unterstellt werden, dass er

- 7-8 Stunden Schlaf benötigt;
- täglich 1-2 Stunden haushälterisch tätig ist;
- über den Tag verteilt je rund 30-60 Minuten
  - isst und trinkt;
  - der körperlichen Hygiene widmet;
  - in einem Transportmittel verbringt oder sich zu Fuß vorwärtsbewegt;
  - liest (z. B. *Goethe*, *King* oder *Brigitte*), fernsieht (z. B. *Aspekte*, *Stern-TV* oder *peep!*) oder im Internet surft (z. B. *amazon.de*, *ricardo.de* oder *pamela-anderson.com*)

Die Summation der damit verbrauchten Zeit ergibt, je nachdem, ob immer die unteren oder die oberen Werte genommen werden, eine Zeitspanne, die von 10 bis 14 Stunden reicht. Zur weiteren Vereinfachung soll nur noch der Mittelwert verwendet werden: 12 von 24 Stunden unseres Modellpromovenden sind für die aufgezählten Tätigkeiten vorgesehen und bringen ihn dissertationsmäßig zunächst keinen Schritt weiter.

Versetzen wir uns nun in die Lage eines frisch gekürten Diplominhabers, der morgen in die quartäre Bildungsstufe übergleitet und in genau 5 Jahren die Fertigstellung seiner Dissertation anstrebt. Wenn er nicht in einem Schaltjahr beginnt, stehen ihm $5 \times 365 + 1 = 1826$ Tage, d. h. *43824* Stunden zur Verfügung, von denen die Hälfte bereits verplant ist; es verbleiben demnach *21912* Stunden. Eine Addition des Zeitbedarfs für die einzelnen Promotionstätigkeiten, die wir weiter unten noch durchführen werden, kommt zu dem Ergebnis, dass der Modellpromovend davon netto *10000* Stunden für die Erstellung seiner Dissertation benötigt.

Der junge Forscher kann somit, wenn er sich ausschließlich seiner Arbeit widmet, in knapp 2 $^1/_2$ Jahren sein Werk vollenden. (Im rechnerischen Grenzfall ist bei Aufgabe der bisherigen Gewohnheiten, insbesondere des Schlafens, sogar eine Anfertigung in weniger als 14 Monaten denkbar.) Meldungen über 3-Jahres-Promotionen kursieren immer wieder gerüchteweise unter den angehenden Promovenden, jedoch scheuen die Überflieger den Kontakt mit dem gemeinen Nachwuchsvolk; zum einen kostet das bloß Zeit, zum anderen stößt dort ihr bemitleidenswert blasskrankes Aussehen auf beträchtliches Unbehagen.

Dieser ununterbrochen hechelnde Typus ist für den repräsentativen Modellfall nicht geeignet. Deshalb konzentrieren wir uns jetzt nur noch auf das Hauptfeld der Promovenden, die nach rund 5 Jahren die Ziellinie überqueren. Forschern ist wegen ihrer Hartnäckigkeit und Ausdauer ohne weiteres eine 40-Stunden-Woche zuzutrauen. Bei 10000 Stunden Promotionsarbeit heißt das, dass zur Fertigstellung *250 Wochen* erforderlich sind. Eine vernünftige Zeitplanung könnte dann so aussehen: Jedes Jahr wird 50 Wochen promoviert und 2 Wochen auf den *Fidschi-Inseln* oder sonstwo entspannt. Der verbleibende Puffer von 6 Tagen kann für familiäre Notwendigkeiten (Hochzeit, Umzug, Geburt u. ä.) reserviert werden.

In der globalen Betrachtung sieht die Welt eines angehenden Promovenden für die nächsten 5 Jahre somit recht verheißungsvoll aus. Zwar werden Feiertage ignoriert oder durch entsprechende Mehrarbeit an anderen Tagen kompensiert, aber ansonsten erwarten ihn nahezu paradiesische Zustände: Freie Abende, freie Wochenenden, regelmäßiger Urlaub - was will er mehr?

Das sieht auch der junge Akademiker und freut sich angesichts dieser Lage erstmal seines Lebens. Sonst tut er nichts. *Überhaupt nichts.*

Das bisschen Dissertation schafft er locker mit links und widmet sich deshalb den Dingen, die ihm Freude machen. Das neue Cabrio ersteigert er günstig bei einer Live-Auktion im Internet, er hält sich mit Begeisterung in der Cafeteria auf und kommuniziert mit jedem, der ihm in die Quere kommt, entdeckt seine Neigung für Computerspiele und bricht jeden gültigen High Score ... Die Liste ließe sich beliebig verlängern, belegt aber bereits andeutungsweise die getroffene Behauptung: Im Prinzip tut er nichts.

Dabei schmilzt sein Zeitkontingent zusehends dahin (auch die vierwöchige Amerikareise trägt ihren Teil dazu bei), und irgendwann bequemt sich der mittlerweile nicht mehr ganz so junge Nachwuchsforscher, erste Gehversuche in Richtung Ziellinie zu unternehmen. Gleichwohl soll unterstellt werden, dass es ihm in der Zwischenzeit irgendwie gelungen ist, wenigstens das *Thema* seiner Dissertation in etwa gefunden zu haben. Schließlich hat er diese kreativ-spirituale Aufgabe immer als Vorwand für sein Verhalten benutzt: *Unter Stress läuft da gar nichts.* Nun beginnt er langsam mit der eigentlichen Promotionsarbeit, aber was erwartet ihn dabei im einzelnen?

Die folgende tabellarische Übersicht gibt den derzeitigen Erkenntnisstand der Promotionslehre zum Abbau der anfallenden Arbeit wider. Sie verdeutlicht, inwiefern die einzelnen Arbeitsgebiete zur gesamten benötigten Zeit von 10000 Stunden beitragen. Die Zahlen sind nicht, wie der Leser vielleicht geneigt ist zu glauben, aus der Luft gegriffen, sondern beruhen auf präzisen Arbeitsstudien, denen recht umfangreiche Berechnungen folgten. Zwar wäre die komplette Wiedergabe aller Rechenoperationen zu umfangreich, doch sollen wenigstens die wichtigsten Parameter angegeben werden:

➢ Die Dissertation besteht aus 250 reinen Textseiten, zu deren Erstellung 3000 Sätze gebildet werden müssen. Insgesamt umfasst die Arbeit am Ende 320 Seiten mit je 40 Zeilen, die ihrerseits aus durchschnittlich 60 Zeichen bestehen. Rein tipptechnisch wird wegen direkter Satzkonstruktion am Computer die Eingabe der doppelten Zeichenzahl unterstellt.

➢ Das Inhaltsverzeichnis besteht am Ende aus 100 hart erarbeiteten Gliederungspunkten.

➢ Die Literaturdatei als Fundament des Literaturverzeichnisses umfasst bei einer Einsatzquote von 45 % 1600 Quellen.

➢ Dieselbe Menge an Druckereierzeugnissen wurde auf der Suche nach verwertbarem Material in Bibliotheken, beim Studium des Zeitschriftenumlaufs oder beim Nachschlagen im *Duden* gewälzt.

Tätigkeit	Zeitaufwand (Std.:Min.)		
studieren:			**5435:26**
♦ **kapieren**		3842:46	
♦ lesen	3776:06		
aufnehmen der Information (je Seite 2 Min.)	3733:20		
unterstreichen (je Unterstr. 7 Sek.)	11:40		
umblättern (je Blatt 1 Sek.)	31:06		
♦ rausschreiben (je Seite 20 Min.)		66:40	
♦ **korrigieren** (formulieren x 0,5)		1592:40	
sinnieren:			**3689:05**
♦ **formulieren**		3185:20	
♦ einarbeiten in das Textverarbeitungsprogramm		100:00	
♦ finden und ordnen der Satzbestandteile (je Satz 1 bis zu 640 Min., gewichteter Durchschnitt 60 Min.)		3000:00	
♦ tippen (je Anschlag 0,5 Sek.)		85:20	
♦ **strukturieren**		503:45	
♦ gliedern		100:50	
jammern (je Gliederungsp. 60 Min.)	100:00		
jauchzen (je Gliederungsp. 30 Sek.)	0:50		
♦ abhalten von Doktorandenseminaren		402:55	
erstellen der Unterlagen (5 Stück, je Paper 80 Std.)	400:00		
durchatmen kurz vorher (je Sem. 5 Min.)	0:25		
diskutieren kurz nachher (je Sem. 30 Min.)	2:30		
sortieren:			**525:03**
♦ **katalogisieren**		488:30	
♦ auftreiben der Quellen (je Quelle 15 Min.)	400:00		
♦ erstellen von Karteikarten (je Karte 1 Min.)	26:40		
♦ bearbeiten der kopierten Quellen	51:50		
lochen der Kopien (je Kopie 3 Sek.)	0:30		
tackern (je Klammer 3 Sek.)	0:30		
abheften (je Abheftung 5 Sek.)	0:50		
suchen eigentlich abgehefteter, aber irgendwie verschusselter Kopien (je Quelle 30 Min.)	50:00		
♦ sichern überarbeiteter Dateien (je Datei 15 Sek.)		10:00	
♦ **delegieren**		36:33	
♦ einarbeiten der studentischen Hilfskräfte (je Studi 5 Std.)	25:00		
♦ begrüßen (je „Tach" 1 Sek.)	0:11		
♦ aufmuntern (je „Alles klar?" 1 Sek.)	0:11		
♦ schwatzen (je Schwätzchen 1 Min.)	11:00		
♦ verabschieden (je „Tschüs" 1 Sek.)	0:11		
skizzieren:			**350:26**
♦ **fabrizieren** (10 Abbildungen)		350:00	
♦ einarbeiten in das Zeichenprogramm	50:00		
♦ entwerfen (je Abb. 10 Std.)	100:00		
♦ erstellen (je Abb. 10 Std.)	100:00		
♦ überarbeiten (je Abb. 10 Std.)	100:00		
♦ **kopieren** (10 Abbildungen)		0:26	
♦ einkleben (je Abb. 156 Sek.)	0:26		
♦ entwerfen (entfällt)	0:00		
♦ erstellen (entfällt)	0:00		
♦ überarbeiten (entfällt)	0:00		
SUMME			**10000:00**

Abb. 2: Tabellarische Übersicht zum Abbau der Promotionsarbeit

➢ Im Durchschnitt umfasst jede verzeichnete Quelle 70 Seiten. Dabei sind bis zu tausendseitige *Grundzüge* ebenso berücksichtigt worden wie einseitige Stellungnahmen zu speziellen Themen.

➢ 1000 für die Arbeit relevante Quellen lagen im Original vor, 600 als Kopie. Die Verschusselquote der Kopien beträgt $1/6$.

Weitere Parameter der Arbeitsstudie sind in der linken Seite der Tabelle aufgeführt. Ihre Verknüpfung mit den oben genannten Zahlen führt zu den in vier Zeitspalten aufgeteilten Ergebnissen, die von links nach rechts jeweils eine Addition des Zeitbedarfs der Unterfälle darstellen. Glücklicherweise ergibt sich summa summarum mit 10000 Stunden eine Zahl, bei der auch die prozentuale Verteilung mit etwas mathematischem Geschick leicht abzulesen ist. Im gängigen, zwar nicht exakten, aber dafür einprägsamen Sprachgebrauch kann festgehalten werden, dass der Abbau der Promotionsarbeit zu gut der Hälfte aus Studieren, einem satten Drittel aus Sinnieren und zum Rest aus Sortieren und Skizzieren besteht.

Anders ausgedrückt: Rund 2 Jahre und 7 Monate wird studiert, 1 Jahr und 9 Monate sinniert, 3 Monate sortiert, 2 Monate skizziert und 3 Monate Urlaub gemacht bzw. eine Familie gegründet. Auch die Betrachtung einiger Unterfälle ist lohnenswert: Der Promovend widmet sich fast 1 Jahr und 10 Monate den schriftlich festgehaltenen Erzählungen ihm zum größten Teil völlig fremder Menschen und verbringt gut 1 $1/2$ Jahre damit, seine wirren Gedanken für einen ihm recht gut bekannten titeltragenden Menschen in eine ausgefeilte Schriftform zu bringen; dagegen geht ihm das Delegieren (knapp 1 Woche) leicht von der Hand. Seltsamerweise opfert er rund 2 Monate der Erstellung eigener Graphiken, obwohl dieser Vorgang bei der Übernahme bereits vorhandener Abbildungen gerade 26 Minuten dauert. Nebenbei beschäftigt sich der Nachwuchsforscher auch noch ca. 4 Tage mit dem Wenden von Blättern, drückt knapp 2 Wochen systematisch verschiedene Tasten und beschriftet immerhin 3 Tage und einen Vormittag lang kleine Kärtchen.

Wir sehen: Doktortitel fallen nicht einfach vom Himmel. Ein angehender Promovend, der glaubt, er könne die nunmal notwendigen 10000 Stunden einfach dasitzen und abwarten, wird kein Titelträger, sondern eher ein Taugenichts, ein träger. Angesichts der vielfältigen Promotionstätigkeiten kann durchaus gesagt werden, dass zu ihrer erfolgreichen Durchführung ein außerordentliches Maß an Stehvermögen erforderlich ist. Daneben ist auch eine gewisse Begabung nicht von Nachteil. Das allein reicht aber nicht aus, weil für einige Aufgaben Hilfsmittel erforderlich sind, denen wir bisher recht wenig Beachtung geschenkt haben.

Für einen erfolgreichen Abschluss des ehrgeizigen Vorhabens sind sog. *Promotionsfaktoren* unerlässlich, deren Verwendung den hoffnungsvollen Nachwuchsforscher bei der Auseinandersetzung mit den Promo-Viren entscheidend weiterbringen kann. Sie sind Gegenstand des folgenden Beitrages. Jedes dieser Instrumente ist für den Promotionsprozess von unschätzbarem Wert, weil durch ihren geschickten Einsatz einige der zu erwartenden katastrophenähnlichen Ereignisse in - vergleichsweise lächerliche - *peinigende Miseren* verwandelt werden können. Die Frage, welcher der Promotionsfaktoren als wichtigster anzusehen ist, hat die Promotionslehre in zwei grundsätzliche Richtungen gespalten: Die Vertreter der *inspirativ-intuitionalen* Variante messen dem dispositiven Faktor des *Durchwurschtelns* die größte Bedeutung bei, wohingegen das *quantitativ-logische* Lager diese Stellung dem *Computerexperten* einräumt. Weil es nicht Aufgabe dieses einführenden Beitrages sein kann, die Ergebnisse der vor allem in den einschlägigen Fachzeitschriften z. T. heftig geführten Diskussion im einzelnen aufzuarbeiten, muss auf die Literatur verwiesen werden (vgl. insbesondere *Hitzkopf* 1998 und *Janunlassmalgutsein* 1998).

Beschaffung und Einsatz der Promotionsfaktoren: Von Niederlagen, Auslagen, Zwangslagen und ähnlich unangenehmen Lagen

von

Thomas Meuser[*]

I. Die Elementarfaktoren

    1. Das Diplom

    2. Die Professoren

    3. Der Computerexperte

    4. Die Literatur

    5. Das Thema

II. Die dispositiven Faktoren

    1. Die Planung als Bedingung, sie wieder zu verwerfen

    2. Die Organisation als Bedingung zu wissen, wie es gehen könnte

    3. Das Durchwurschteln als Bedingung, überhaupt vorwärts zu kommen

---

[*] Dr. Thomas Meuser, durch bittere Niederlagen, existenzgefährdende Auslagen und bedrohliche Zwangslagen gebeutelter Virologe. Wir verdanken seine elementaren Erkenntnisse über promotionale Infekte einem äußerst riskanten Selbstversuch.

I. Die Elementarfaktoren

1. Das Diplom

Das Diplom oder eine gleichwertige Qualifikation ist zur Promotion absolut notwendig; ohne sie darf der Mensch gar nicht am Promotionslauf teilnehmen. Es ist die Eintrittskarte für diese elitäre Veranstaltung. Nun sind die „Türsteher" recht pingelige Zeitgenossen: Irgendein Diplom kann fast jeder vorweisen, und wenn es das *Jodel-Diplom* ist.

So einfach geht das aber nicht. Erstens muss es ein *staatliches Diplom* sein, zweitens ein *passendes* und drittens eines mit *Qualität*. Wenn Sie beispielsweise den Dr. rer. oec. machen wollen, können Sie weder mit einem Diplom zum besten Kegler des Jahres noch mit einem zwar exzellenten, aber völlig unökonomischen Sport-Diplom etwas anfangen; auch ein Dipl. rer. oec. mit der Note 4,0 wird nicht akzeptiert. Die drei Anforderungen sind mit *und* verknüpft und kaum zu umgehen. Deshalb sollten Sie eine Promotionsrichtung einschlagen, die mit der Fächerkombination Ihres staatlich anerkannten Prädikatsexamens verwandt ist.

Wenn Sie gar zu den angehenden Promovenden gehören, die nicht wussten, dass ein Diplom unbedingt erforderlich ist, und deshalb diesen unersetzlichen Promotionsfaktor noch nicht besitzen, haben Sie die bisherigen Seiten umsonst oder zumindest zu einem falschen Zeitpunkt gelesen. Zu m. B. ist hier die aus Ihrer Sichtweise katastrophale Nachricht unvermeidbar, dass ein Missverständnis vorliegt: Sie gehören nicht zum Kreis der angehenden Promovenden und müssen Ihr ehrgeiziges Vorhaben sofort aufgeben. Sie sind ausgeschieden!

Diese Nachricht ist sicherlich ein Schock für Sie. Versuchen Sie jetzt trotzdem bitte, auch wenn es Ihnen schwerfällt, das nächste Telefon zu erreichen. Dort wählen Sie irgendeine Nummer und bemühen sich um eine möglichst verständliche Angabe Ihrer Adresse; anschließend artikulieren Sie das Wort *Hilfe*. Lassen Sie dann - aber wirklich erst, nachdem Sie diese Instruktionen ausgeführt haben - Ihrem plötzlich aufgetretenen physischen Zwang nach Befolgung der schwerkraftinduzierten Gesetzmäßigkeiten freien Lauf. Alles weitere ergibt sich hoffentlich von selbst.

Zwei Monate später: Wenn Sie Glück gehabt haben, kauern Sie jetzt, drei Wochen nach Ihrer Entlassung aus dem Sanatorium für vorübergehende Bewusstseinsstörungen, in der Ecke Ihres Wohnzimmers und nehmen dieses seltsamerweise arg ramponierte Buch noch einmal in die kaum noch zitternden Hände. Sollten Ihre Freunde bereits, z. B. nachdem Sie Ihnen nach Wochen der Apathie den Grund für Ihren beunruhigenden Zustand erklären konnten, mit aufmunternden Worten wie *„Mach dir nichts draus, du schaffst das auch ohne Diplom"* oder *„Lass dir von dem doch nichts erzählen"* u. ä. reagiert haben, glauben Sie ihnen kein Wort! Sonst kommt alles noch viel schlimmer.

Stellen Sie sich nur vor, Sie hätten fünf Jahre Ihres Lebens in die Erstellung eines genialen Werkes investiert und am Ende nimmt es Ihnen niemand ab! Statt dessen reagieren die Mitarbeiter der von Ihnen aufgesuchten Dekanate durchweg mit einem milden Lächeln und der Aussage: *„Das versuchen wir dann aber nochmal, ja?"* Das ist keine Katastrophe und schon gar keine Misere. Das ist eine *völlige Peinlichkeit*!

Wenn Sie sich jedoch von Ihrem Vorhaben gar nicht abhalten lassen wollen, gibt es einen Tipp, der Ihnen die Durchführung wesentlich erleichtert: Nehmen Sie einfach zunächst am diplomierenden Vorlauf teil, um dort die Qualifikation für den von Ihnen angestrebten dissertierenden Endlauf erlangen zu können. Greifen Sie nach erfolgreich absolviertem Diplom auf diese Veröffentlichung zurück. Nun sollten Sie jedoch an diese Stelle ein Lesezeichen legen und das Buch neben Ihr anderes stellen. Vielleicht wird Ihnen eines Tages ein vergilbtes Zettelchen zeigen, wo Sie stehen geblieben waren.

2. Die Professoren

Wenn ein hoffnungsvoller Nachwuchsforscher die Metamorphose zum frisch gekürten Titelträger vollzogen hat, steht er plötzlich vor einem unerklärlichen Phänomen, dessen Existenz ihm bisher gar nicht aufgefallen ist: Warum gibt es überhaupt Professoren? Wie kommt es, dass einige Menschen nach den durchlittenen Qualen bei der Dissertationserstellung immer noch nicht genug haben und sich ein weiteres Mal den zu erwartenden katastrophenähnlichen Ereignissen aussetzen? Eine Antwort kann hier beim besten Willen nicht gegeben werden.

Aber es gibt ähnliche Fälle, deren Besonderheiten einen Vergleich nahe legen: Professoren, vom akademischen Nachwuchs auch kurz *Profs* genannt, ähneln in vielerlei Hinsicht einer anderen Menschengattung, nämlich den Berufsfußballspielern, d. h. den sog. *Profis*. Diese fast identischen Bezeichnungen für zunächst recht unterschiedlich anmutende Gruppen belegen die Sensibilität der Umgangssprache für nicht offensichtliche Zusammenhänge. Genau wie bei der Frage nach der Existenz von Professoren weiß eigentlich niemand, warum einige Menschen ihren Lebensinhalt darin sehen, zusammen mit anderen einem Ball hinterherzulaufen. In beiden Fällen stößt der erklärungssuchende Mensch auf ein unergründliches Geheimnis.

Die Gemeinsamkeiten zwischen beiden Gattungen werden aber bei der Betrachtung ihrer jeweiligen Hauptaufgabe noch deutlicher: *Profs schließen Schlüsse* und *Profis schießen Schüsse*. Angesichts dieser engen Verwandtschaft beider Berufe leuchtet auch sofort ein, dass an nahezu jeder Universität eine Fußballmannschaft der Hochschullehrer existiert. (Die bisher fehlende Gründung von vereinsinternen Hochschullehrerverbänden ist ausschließlich auf unüberwindbare juristische Hürden zurückzuführen.)

Doch zurück zu dem hoffnungsvollen Nachwuchsforscher: Professoren erwarten, dass ihre Doktoranden jederzeit zur Erledigung dringender Aufgaben zur Verfügung stehen. Und Professoren haben nur dringende Aufgaben zu erledigen. Der hoffnungsvolle Nachwuchsforscher, der ausgerechnet dann, wenn er sofort diese oder jene Aufgabe übernehmen soll, seinen (genehmigten) Urlaub auf den *Fidschi-Inseln* verbringt, braucht oft Monate, um diese Unzuverlässigkeit vergessen machen zu können.

Außerdem sollten Promovenden den Professoren gegenüber immer aufmerksam, freundlich und gutgelaunt auftreten. Normalerweise verhalten sich die meisten Professoren schließlich ebenso, d. h. wenn sie gerade mal nicht an die Unzuverlässigkeit aus dem vorletzten Sommer denken. Aber um wieviel schwerer fällt es dem gestressten Dissertationsautor, vor allem in der Schlussphase, diese Eigenschaften an den Tag zu legen! Für Professoren ist es sehr leicht, ihren Doktoranden aufmerksam, freundlich und gutgelaunt zu begegnen. Schon der Anblick eines Nachwuchsforschers stimmt sie fröhlich, weil ihnen schlagartig klar wird, wie gut es ihnen eigentlich geht. Deshalb suchen sie auch in Phasen allgemeiner Niedergeschlagenheit den Kontakt zu Doktoranden; das relativiert die eigene Situation und verbessert einfach ihre Stimmung.

Weil die Professoren - wie wir jetzt gut verstehen können - so viel Wert auf die Kommunikation mit dem Nachwuchs legen, sehen fast alle Promotionsordnungen die Beteiligung mehrerer Typen dieses elementaren Faktors vor. Deshalb ist es sinnvoll, bei der Betrachtung ihrer Einsatzmöglichkeiten durch Klassenbildung differenziert vorzugehen. Die Untersuchung verschiedener *Professoren-Cluster* erleichtert dem lernfähigen Doktoranden das Begreifen der unterschiedlichen Funktionsweisen verschiedener Elemente dieser Gattung. Die damit gewonnenen Kenntnisse sind für den sicheren Umgang mit diesem Promotionsfaktor unentbehrlich.

a) Der referierende Professor

Zweifellos ist der referierende Professor das wichtigste Element aus der Menge der Professoren. Es ist insbesondere für die Erstellung des *Erst-Gutachtens* geeignet und sollte für diese Aufgabe unbedingt eingesetzt werden. Die *klassische Promotionslehre* ging sogar davon aus, dass dieses Instrument das wichtigste von allen sei. Empirische Untersuchungen und neuere Forschungsergebnisse konnten diese Hypothese jedoch nicht verifizieren.

Der referierende Professor ist wie alle Professoren ein elitäres Mitglied unserer Gesellschaft und genießt oft hoheitliches Ansehen. Auf Dauer wirkt die dadurch bedingte Umgangsform wie ein Erziehungsprozess, der ihn zu der Überzeugung gelangen lässt, tatsächlich etwas Besonderes zu sein. Das darf aber nicht darüber hinwegtäuschen, dass auch der Professor von seiner genetischen Veranlagung her ohne Zweifel mit menschlichen Zügen ausgestattet ist, die hartnäckig sein Wesen humanisieren. Für den ebenfalls mit menschlichen Merkmalen ausgestatteten Nachwuchsforscher ist dies insofern wichtig, als dass er deswegen durchaus in der Lage ist, einige Überlegungen dieser Experten nachzuvollziehen.

Das gilt selbstverständlich nicht für fachliche Zusammenhänge. Möglichkeiten ergeben sich aber auf dem ganz allgemeinen Gebiet der Psychologie. Z. B. kann der Nachwuchsforscher hoffnungsvoll darauf bauen, dass sich Professoren, wie alle anderen Menschen auch, dann und wann von egoistischem Vorteilsdenken leiten lassen; die Wissenschaft untersucht dieses Verhalten in der *Anreiz-Beitrags-Theorie*.

Professorale Überlegungen im Unterbewusstsein des Referenten haben, wenn er sich die Betreuung eines Promovenden überlegt, folgendes Aussehen: Er übernimmt damit das patriarchalische Sorgerecht mit einer gewaltigen Portion Verantwortung; das zehrt an seiner Energie und stellt aus seiner Sicht den Beitrag dar. Im Gegenzug darf er sich während der gesamten Promotionszeit an seinem Schützling erfreuen; das baut ihn auf und bildet den Anreiz.

Nun ist es so, dass *(1)* der referierende Professor die Wahl hat, ob er einen Promovenden betreuen will oder nicht. Außerdem gilt, dass *(2)* der engagierte Nachwuchsforscher keine Wahl hat, denn er will unbedingt promovieren. Hinzu kommt, dass *(3)* energietechnisch zwischen Professor und Doktorand grundsätzlich ein *Nullsummenspiel* vorliegt: Was der eine gewinnt, verliert der andere.

Widmen wir uns nun noch einmal der Aussage *(1)*: Die Wahlmöglichkeit des referierenden Professors zur (Nicht-)Betreuung eines neuen Zöglings wird nur dann positiv ausfallen, wenn der erwartete Anreiz höher eingeschätzt wird als der zu leistende Beitrag. Umgekehrt bedeutet das für den Kandidaten, dass eine Entscheidung zu (wie er glaubt) seinen Gunsten gleichbedeutend ist mit einem Energieverlust noch unbestimmter Höhe. Ein Blick in die Augen nicht mehr ganz so hoffnungsvoller Nachwuchsforscher, die - sagen wir - mittlerweile vier Jahre betreut werden, verdeutlicht das immense Ausmaß dieses Energietransfers.

b)   Der korreferierende Professor

Die Anreiz-Beitrags-Relation aus Sicht des korreferierenden Professors hat eine wesentlich ungünstigere Struktur. Er wird vom angehenden Titelträger erbarmungslos zur Erstellung des *Zweit-Gutachtens* eingesetzt und leistet damit einen Beitrag, der zunächst aus dem anstrengenden Lesen komplizierter Sätze und anschließend aus dem kräftezehrenden Formulieren mindestens genauso komplizierter Sätze besteht.

Im Gegenzug bekommt er nur relativ wenig zurück. Das bisschen Aufmunterung bei gelegentlichen Begegnungen mit der bedauernswerten Figur kompensiert die Mühen nicht annähernd. Unterm Strich übernimmt der korreferierende Professor von allen Professoren sicherlich die undankbarste Rolle.

Seine Notwendigkeit basiert auf juristischen Regeln, die von den Hochschullehrern nicht zu beeinflussen sind (normativer Zwang). Außerdem kann die Bitte eines Kollegen nach Übernahme des Korreferates nur in besonderen Ausnahmefällen ausgeschlagen werden (sozialer Zwang). Insofern steht der korreferierende Professor auch nicht vor der Wahlsituation *(1)*, an der sich sein glücklicher Fachgenosse erfreuen kann. Vielmehr befindet er sich in einer ärgerlichen Zwangslage, aus der zu entrinnen nur selten gelingt.

Deshalb muss dieser Professorentyp besonders gepflegt werden. Nehmen Sie ihm bei jeder sich bietenden Gelegenheit die Tasche ab, öffnen Sie ihm freundlich evtl. im Weg stehende Türen (aber lassen Sie dabei seine Tasche nicht fallen) und fragen Sie ihn ab und zu um Rat. Achten Sie aber darauf, dass Sie nicht übertreiben! Eine überzogene Freundlichkeit macht ihrem elementaren Promotionsfaktor allzu leicht deutlich, wer der Gewinner in diesem Nullsummenspiel ist. Dann kommt Frust auf. Das sollten Sie unbedingt vermeiden, weil ein unzufriedener Korreferent bei dem von Ihnen geplanten Einsatz am Ende der Promotion nicht so reibungslos funktioniert wie ein fröhlicher.

Eine ganz geheim durchgeführte statistische Auswertung durch einen mir sehr nahe stehenden Titelträger belegt, wie ungeschickt viele Nachwuchsforscher bei der Pflege des korreferierenden Professors sind: Über einen Zeitraum von fünf Jahren wurden an einer renommierten wirtschaftswissenschaftlichen Fakultät 93 Dissertationen angenommen. 26 davon, das sind knapp 28 %, benotete der zweite Gutachter schlechter als der erste. In all diesen Fällen haben sich die Promovenden einfach zu wenig um ihren korreferierenden Professor gekümmert - oder zuviel. Jedenfalls musste das so oder so entstandene Ressentiment gegen den kleinen Aufsteiger unbedingt artikuliert werden. Auch hieran lassen sich deutlich die menschlichen Züge von Professoren belegen.

Noch ein weiteres Ergebnis der Untersuchung ist bemerkenswert. In einem - und nur in einem - Fall vergab der Korreferent eine bessere Note als sein referierender Kollege. Diese seltene Konstellation muss als Ausnahme betrachtet werden, die nur durch besondere Umstände (z. B. zufälliges Treffen auf den *Fidschi-Inseln* oder gemeinsame Vorliebe für *Doppelkopf-Runden*) zu erklären ist. Wenn Sie also glauben, dass Ihr korreferierender Promotionsfaktor Ihnen gegenüber missgünstige Gefühle in sich trägt, bekommen Sie schnellstens seinen nächsten Urlaubsort heraus oder lernen Sie Doppelkopf.

c) **Die rigorosen Professoren**

Was die mündliche Überprüfung der Eignung eines Doktoranden für einen zu vergebenden Titel angeht, sind Hochschullehrer auffällig erfindungsreich. Derzeit dominieren zwei Modelle die Szene. Bei der *Disputation* steht der sich in der Metamorphose befindende (Nachwuchs-)Forscher vielen Professoren auf einmal gegenüber und disputiert mit ihnen Sinn, Zweck und Fehler seiner Arbeit. Ist statt dessen ein *Rigorosum* vorgesehen, durchläuft der Prüfling einige kleine Fragerunden, in denen er zu i. d. R. vorher vereinbarten Themen jeweils zwei Professoren Rede und hoffentlich auch Antwort steht.

Wenn Sie die Wahl zwischen Disputation und Rigorosum haben, sollten Sie sich auf jeden Fall für das Rigorosum entscheiden. Vielleicht scheint Ihnen das zunächst unsinnig, weil dabei nicht Ihre zwar mühsam erworbenen, aber doch fundierten Dissertationskenntnisse abgefragt werden. Haben Sie jedoch die bisherigen Ausführungen zu den Professoren aufmerksam gelesen, können Sie selbst die Begründung für diese Reihenfolge herleiten: *Nicht Ihre* Anreiz-Beitrags-Relation soll möglichst günstig ausfallen, sondern die der Prüfer. Das ist, auf den Kern gebracht, das Einmaleins der Professorenpflege.

Aus dieser Sicht dominiert das Rigorosum eindeutig die Disputation, weil diese die Anpassung der Prüfer an Ihr Thema verlangt. Ein Rigorosum dagegen strengt die ausgewählten Professoren nicht sehr an; es ist kurz und leicht vorzubereiten, denn der von Ihnen vorgeschlagene Fragenkomplex stammt selbstverständlich aus dem jeweiligen Fachwissen dieser Experten. Demgegenüber steht die enorme Gemütsverbesserung, die sich durch Ihre armselige Rolle in der extrem stressbeladenen Schlussphase der Promotion mit direktem Kontakt auf fast fremdem Wissensgebiet ergibt. Das schenkt den rigorosen Professoren mehr Energie, als für die Durchführung verbraucht wird, und baut sie so richtig auf.

Rigorose Professoren sind wegen dieser klaren Vorteilsstellung sehr pflegeleicht. Deswegen brauchen Sie sich in der Anfangsphase Ihrer Arbeit kaum um Sie zu kümmern. Arrangieren Sie ab und zu einige aufbauende Begegnungen (im Fachjargon der Promotionslehre *Gesichtspflege* genannt), aber ansonsten ist die Zufriedenheit dieses Promotionsfaktors wegen der speziellen Prüfungssituation ein Selbstläufer.

3. Der Computerexperte

Die Hauptkritik an der quantitativ-logischen Variante der Promotionslehre, insbesondere an der von ihr unterstellten herausragenden Wichtigkeit des Computerexperten ist auf den ersten Blick recht einsichtig: Früher gab es keine Computer und somit auch keine entsprechenden Experten, aber es konnte trotzdem promoviert werden. Spätestens seit der überzeugenden Argumentation durch *Meuser* in seinem legendären Werk über die *Grundlagen der Promotionslehre* (vgl. *Meuser* 1993, S. 27 f.) ist jedoch unstrittig, dass eine Promotion ohne diesen Faktor mittlerweile unmöglich geworden ist. Selbst *Hitzkopf* räumt neuerdings unter bestimmten Umständen eine Unverzichtbarkeit dieses Promotionsfaktors ein (vgl. *Hitzkopf* 2000, S. 45 f.)

Einigkeit besteht auch darin, dass selbst der beste Computer mit zugehörigen Peripheriegeräten und Anwenderprogrammen den ahnungslosen Nachwuchsforscher bei seinen Forschungsbemühungen kaum unterstützen kann. Im Gegenteil: Diverse andere Einsatzmöglichkeiten dieses technischen Wunderwerkes lenken den noch verspielten Grünschnabel rücksichtslos ab, ohne dass er sich dagegen wehren kann.

Zum promotionsadäquaten Einsatz ist deshalb ein Computerexperte unbedingt erforderlich. Die Meinungen darüber, ob dieser Spezialist zur Soft- oder zur Hardware zählt, differieren in Fachkreisen. Er ist einerseits ein anfassbarer Mensch, andererseits besitzt er einfach unfassbare Kenntnisse. Eine Blitzumfrage unter den Betroffenen erbrachte das Ergebnis, dass sie in erster Linie als Mensch anerkannt werden wollen. Um keine überflüssige Kontroverse zu entfachen, sollten wir ihre menschliche Würde respektieren und sie deshalb als Hardware ansehen.

a)   Wo er zu finden ist

Bei aller Sympathie für Computerexperten im allgemeinen muss doch bemerkt werden, dass ihr soziales Verhalten in höchstem Maße ungewöhnlich ist. Stunden, Tage, ja ganze Nächte stehen sie in einem intensiven Dialog mit ihrer Maschine und versinken oft derart tief in diese Kommunikation, dass sie so elementare Bedürfnisse wie Essen oder Schlafen schlicht ignorieren. Außerdem trinken sie ihren Kaffee grundsätzlich kalt und lassen ihre Zigaretten im Aschenbecher verqualmen, weil diese Dinge im Computeruniversum einfach unwichtig werden.

Keine menschliche Beziehung kann mit dieser Verbindung konkurrieren. Weil den nicht-computerinfizierten Menschen dafür merkwürdigerweise das Verständnis fehlt, ist der Computerexperte nicht leicht zu finden. Die üblichen Gelegenheiten geselligen Beisammenseins meidet dieser Spezialist so gut er kann, weil die Gespräche entweder zu banal oder sozial infiziert sind. Statt dessen sucht er den Kontakt mit anderen EDV-Autoritäten, um geistreiche Diskussionen über *BIOS*, *CMOS*, *SIMM*, *DIMM* und ähnlichen *ZIP* und *ZAP* zu führen.

Deswegen muss der seinen Computerexperten suchende Nachwuchsforscher nicht selten unkonventionelle Wege gehen, um fündig zu werden. Er ist sogar oft gezwungen, sein gewohntes gesellschaftliches Terrain zu verlassen, und sollte dann folgende Grundregel beachten: Weil sich Computerexperten in der Regel in virtuellen Welten aufhalten, überkommt diese Fachleute von Zeit zu Zeit unbewusst das Verlangen, in die ihnen noch aus ihrer Kindheit lebhaft in Erinnerung gebliebene physische Realität abzutauchen, um wieder riechen, schmecken, fühlen – vor allem aber hören und sprechen zu können.

Deshalb ist es sinnvoll, auf der Expertensuche nach besonders laut diskutierenden Menschenansammlungen Ausschau zu halten.

Tatsächlich gibt es wohl kaum einen Personenkreis, der sich soviel zu erzählen hat, wie zwei oder mehr Computerexperten. Verirren sich zufälligerweise einige in eine „normale" gesellschaftliche Verpflichtung, finden sie sich sehr schnell, bilden sofort eine soziale Insel und vertiefen sich in eine Unterhaltung, die alle anderen vor Neid erblassen lässt. Auch wenn sich niemand amüsiert: Diese Gruppe wird immer und überall rasch das geeignete Gesprächsthema aufgreifen und eine eifrige Unterhaltung führen.

Machen Sie sich diese Schwäche zunutze. Wenn Sie eine Gruppe Kauderwelsch redender Menschen finden, gesellen Sie sich unauffällig dazu und gewinnen zunächst mit interessierter Aufmerksamkeit ein gewisses Maß an Sympathie. Bei geeigneter Gelegenheit werfen Sie anschließend geschickt einige Fachbegriffe ein, die belegen, dass Sie sich tatsächlich in der Materie ein wenig auskennen. Es darf auch ruhig ein falsches Wort dabei sein; das gibt den Experten Gelegenheit, Ihnen ihr Wissen zu demonstrieren. Schließlich kommt der schwierigste Teil: Versuchen Sie, einen sinnvollen Satz mit Ihnen bisher unbekannten Vokabeln für Subjekt, Prädikat und Objekt zu bilden, der die Gruppe restlos davon überzeugt, Sie bald als ihresgleichen ansehen zu können. Gelingt Ihnen diese schwierige Satzkonstruktion, erlangen Sie den Status als Nachwuchsexperte und erhalten damit einen gewissen Grad an Anerkennung.

b)   Wie seine Sympathie gewonnen wird

Haben Sie *Schritt 1)* erfolgreich abgeschlossen, konzentrieren Sie sich auf *einen* der in Frage kommenden Experten. Einer reicht für Ihr Vorhaben völlig aus, weil Ihre zu erwartenden Schwierigkeiten mit dem Personal Computer wesentlich simpler sein werden, als Sie selbst annehmen. Bei der Auswahl sollten Sie einige Kriterien beachten:

➢ Unbedingt erforderlich ist die ständige Erreichbarkeit des ausgewählten Spezialisten. Er muss rund um die Uhr zur Verfügung stehen, weil Computerkatastrophen direkt nach ihrem Eintritt oft noch zu beheben sind. Ein Mobilfunktelefon ist daher absolutes Muss; außerdem hat eine elektronische Fußfessel entscheidende Vorteile.

> Trotz der modernen Kommunikationsmethoden kann eine Anwesenheit des Computerexperten vor Ort ab und zu erforderlich werden. Wie soll er sonst feststellen, dass die Ursache des Totalausfalls Ihres Computers die fehlende Stromverbindung ist? Orientieren Sie sich deshalb bei der Auswahl auch an dem Wohnort des Experten und an der Höchstgeschwindigkeit seines Motorrades.

> Schließlich sollten Sie noch darauf achten, dass der Sympathiewert innerhalb einer relativ neutralen Spanne liegt. Einerseits sollten Sie ihn gut leiden können, weil dann die langwierigen gemeinsamen Tüfteleien nicht durch menschliche Spannungen beeinträchtigt werden. Andererseits ruft eine zu große Sympathie sehr wahrscheinlich Skrupel in Ihnen hervor, die jede weitere Ausbeutung zur Qual werden lassen.

Haben Sie sich für Ihren Computerexperten entschieden, decken Sie die sicher in der einen oder anderen Weise vorhandenen Anforderungsdefizite durch entsprechende Geschenke ab. Beglücken Sie ihn mit einem Handy incl. 2-Jahres-Vertrag, einer *Suzuki GSX 1300 R Hayabusu* und bei Bedarf auch mit einer netten Eigentumswohnung in Ihrer Nähe; dabei müssen Sie jedoch Ihre wahren Beweggründe geschickt verbergen. Ihr Auserwählter wird Ihnen zum Dank für die kleinen Präsente jederzeit mit Rat und Tat zur Seite stehen.

c) Vom Fluch, während der Promotion selbst zu einem Computerexperten zu werden

Selbstverständlich mutiert ein Nachwuchsforscher während der Promotion nicht zum Computerexperten; er hat genug damit zu tun, Titelträger zu werden. Trotzdem erlangt er in dieser Zeit, nicht zuletzt durch die tatkräftige Mithilfe seines auserwählten EDV-Spezialisten, eine gewisse Erfahrung im Umgang mit den Eigenarten eines Personal Computers. Für einen noch ohne Computerexperten ausgestatteten Nachwuchsforscher sind diese Kenntnisse von immenser Reichhaltigkeit und beinhalten die Gefahr einer Verwechslung.

Daran ist der erfahrene Promovend auch nicht ganz unschuldig: Immer häufiger sucht er die Gesellschaft von Informatikern, Programmierern oder *Atelco*-Mitarbeitern, weil er mit ihnen anregende Gespräche führen kann, die all seine Probleme vergessen machen. Er ist mittlerweile ein etabliertes Mitglied dieses Expertenkreises und insbesondere wegen seiner klugen Fragen sehr beliebt. Dadurch bekommen die abgehobenen Fachleute ein gewisses Feedback von der Benutzerbasis, auch wenn einige der Fragen keinen Sinn ergeben.

Manche ahnungslosen Neulinge halten deshalb ihren fortgeschrittenen Kollegen für einen Computerexperten und nerven ihn mit simplen Fragen über geradezu lächerliche Kleinigkeiten wie das Importieren von Graphiken, die Formatierung von Tabellen oder das Installieren eines besonders originellen Bildschirmschoners. Der sich in der hektischen Schlussphase befindende Nachwuchsforscher klärt diese Banalitäten so schnell wie möglich und staunt eines Tages nicht schlecht, als er in seiner Post einen bereits finanzierten 2-Jahres-Mobilfunk-Vertrag findet und vor seiner Tür eine *Suzuki GSX 1300 R Hayabusu* steht.

Diese kleinen Präsente sollte der angehende Titelträger - nach einigen Telefonaten und einer kleinen Probefahrt - umgehend an den spendablen Naivling zurückgeben und die Verwechslung aufklären. Der Last eines allzeit bereiten Computerexperten ist er nicht gewachsen, schon gar nicht, wenn er seine Promotion zu Ende bringen will.

4. Die Literatur

Es kann als gesichert angesehen werden, dass ein Promovend ungefähr 3776 Stunden und 6 Minuten dem *Kapieren* der Literatur widmet. Damit nimmt diese Tätigkeit mit rund 37,761 % den größten Teil der benötigten Promotionszeit in Anspruch. An zweiter Stelle folgt das *Formulieren* mit 3185 Stunden und 20 Minuten. Verglichen mit diesen Anteilen am Arbeitsaufwand weisen alle abgeschlossenen Dissertationen in ihrem groben Aufbau eine eigenartige Struktur auf: Das Literaturverzeichnis hat immer einen deutlich geringeren Umfang als der selbstformulierte Text.

Dafür gibt es nur eine Erklärung: Offensichtlich ist die Ausarbeitung eines Literaturverzeichnisses im Vergleich zur eigentlichen Texterstellung ungleich schwieriger und benötigt deshalb soviel Zeit. Es gibt Dissertationen, in denen der Platz für die angegebene Literatur weniger als $1/20$ des eigenen Textes ausmacht. Und das bei höherem Zeitaufwand! Die Ursache hierfür ist insbesondere darin zu finden, dass sich der kapierende Nachwuchsforscher besonders intensiv mit einer einzigen Quelle auseinandersetzt und sein Literaturverzeichnis dabei in einem Zustand völliger Stagnation verharrt: dem *Duden*.

a) **Der Duden**

Rechtschreibfehler haben in einer Dissertation nichts zu suchen. Sie stören den (kor-)referierenden Professor im Lesefluss und verstimmen ihn. Dabei kann sich ein Gefühlsprozess in Gang setzen, der die Stationen Groll, Entrüstung, Wut, Zorn und Tobsuchtsanfall durchläuft und die Funktionsfähigkeit dieses Promotionsfaktors erheblich beeinträchtigt. Um das zu vermeiden, besorgt sich der vorsorgende Nachwuchsforscher einen *Duden* für die deutsche Rechtschreibung.

Dieses sich selbst angenehm zurückhaltend bezeichnende „*Standardwerk zu allen Fragen der Rechtschreibung*" (Buchdeckel) unterstreicht im Vorwort seine Unverzichtbarkeit: „Der Hauptgrund für die Schwierigkeiten mit dem richtigen Schreiben liegt darin, dass sich die Verschriftung der Sprache über einen langen Zeitraum hinweg entwickelt hat, in dem es keine allgemein verbindlichen Regeln gab." Aber zum Glück gibt es neuerdings den *Duden*.

Dem wörtersuchenden *Duden*benutzer kann zunächst nicht oft genug gesagt werden, dass in der Orthographiebibel die „Umlaute ... wie die nichtumgelauteten Vokale" (*Dudenredaktion* 1996, S. 12) behandelt werden. Ein *ä* ist deshalb kein *ae*, sondern ein *a*, eben ein nichtumgelauteter Umlaut. Da sind die für den *Brockhaus*-Verlag arbeitenden *Duden*redakteure genauso hartnäckig wie ihre Kollegen von der Lexikonredaktion. Irgendwie ist sich dieses renommierte Haus das auch schuldig. So hebt es seine marktführenden Produkte von allen anderen alphabetisch geordneten Listen ab. Der durch die Benutzung von Telefonbüchern, Handwörterbüchern oder Stichwortverzeichnissen verzogene Nachwuchsforscher muss hier Flexibilität beweisen und im richtigen Augenblick wissen, ob das *ä* gerade ein *ae* oder ein *a* ist.

Was die eigentliche Rechtschreibung angeht, erscheint es nahezu unmöglich, den Umgang mit diesem Regelwerk - auch unter Berücksichtigung der neugeregelten Regeln – einigermaßen geregelt zu kriegen. Trotzdem ist nach der neuen Rechtschreibung einiges erlaubt, was bisher als Fehler angestrichen wurde. Sollten Sie also vor geraumer Zeit bereits eine Dissertation eingereicht haben, die wegen formaler Mängel nicht angenommen wurde – versuchen Sie es ein zweites Mal, vielleicht werden jetzt die in Wahrheit genialen Gedankengänge nachvollziehbar. Jetzt, wo Ihre banalen Rechtschreibfehler keine mehr sind und deshalb nicht vom Wesentlichen – Ihrem konstruktiven Beitrag zur entscheidenden Weiterentwicklung von irgendwas Wichtigem - ablenken. Allerdings kann dieser zweite Versuch auch ein weiteres katastrophenähnliches Ereignis auslösen: Möglicherweise ist zwischenzeitlich bereits jemand anders auf Ihre einzigartige Idee gekommen und Ihre Arbeit wird diesmal wegen inhaltlicher Banalität abgelehnt.

Unabhängig von der Rechtschreibversion verführt ein Verwandter der Katastrophenfamilie nachhaltig viele Dissertationsautoren höchst erfolgreich zu formalen Fehlern: der *Apostroph*. Er ist ein richtiges Modezeichen und wird heutzutage eingesetzt, wo es nur geht. Ziemlich erschütternd ist seine Verwendung zur Kennzeichnung des Plurals von Abkürzungen wie *10 PKW's*, *100 PC's* oder *1000 CD's*. Welche Überlegungen führen zu solch grausigen Konstruktionen? Am häufigsten taucht er aber im Genitiv auf. Wenn irgendwas von irgendwem ist oder irgendwem gehört (z. B. *Hitzkopfs Nervenkollaps*) - einen Apostroph bekommt er fast immer kostenlos dazu. Will der großzügig Häkchen verteilende Nachwuchsforscher die daraus resultierenden Rechtschreibfehler vermeiden, sollte er in englisch promovieren oder etwas sparsamer mit diesen kleinen Aufmerksamkeiten umgehen.

Zum großen Komplex der apostrophalen Fehler gesellen sich noch einige spezielle Ausrutscher, die oft mit konkreten Wörtern zusammenhängen. So gibt es nun das *Missvergnügen* und die *Misswahl* – hier sind fehlerhafte Verwendungen des ersten Begriffs in Zukunft vorhersehbar. Ähnliche Verwechslungen können bei Begriffen wie *Kamillentee* und *Dekolletee* auftreten. Dafür heißt es jetzt statt *Stengel Stängel* (wegen *Stange*), aber das *Schloss* (und nicht wie bisher das *Schloß*) *schließt*. Nein, um sich im Orthographiedschungel generell zurechtzufinden sind außerordentliche Kenntnisse unverzichtbar.

Der *Duden zur Rechtschreibung* ist sicher das wichtigste Werk der *Duden*redaktion, aber es gibt noch elf weitere Bände dieser Art.

Neben dem *Fremdwörterduden* ist insbesondere der *Duden für sinn- und sachverwandte Wörter* (kurz *Synonymwörterbuch* genannt) zu erwähnen. Allerdings ist dieses Werk nicht uneingeschränkt zu empfehlen, weil es im wissenschaftlichen Sprachbereich einige Defizite hat. Beispielsweise nützt es dem verzweifelt um passende Worte ringenden Nachwuchsforscher wenig, Alternativen für das unverzichtbare Dissertationswort *Koordination* im *Synonymwörterbuch* zu suchen; er wird keine *Synonyme* zu diesem Wort finden, nicht einmal das eigentliche *Wort* – zumindest nicht in diesem *Buch*.

Dagegen haben viele Textprogramme einen *Thesaurus*, der speziell auf die Bedürfnisse wissenschaftlich formulierender Autoren zugeschnitten ist. Z. B. bietet der *Word-Thesaurus* als Alternativen für *Koordination* mit den Begriffen *Abstimmung*, *Annäherung*, *Harmonisierung* und *Anpassung* eine brauchbare Auswahl, die den jetzt nicht mehr ganz so verzweifelten Nachwuchsforscher vor die Qual der Wahl stellt. Ganz nebenbei entfällt bei der Thesaurus-Benutzung das lästige Umblättern und anstrengende Suchen nach dem Schlüsselwort, bei dem die Kenntnis des Alphabetes unbedingt erforderlich ist.

Der Umgang mit einem Thesaurus birgt aber auch Risiken, die durch ein ungeschicktes Vorgehen seltsame Lösungen hervorrufen können. Z. B. kommt der sich mit dem Thesaurus beschäftigende Nachwuchsforscher bald auf die Idee, sich Synonyme für angebotene Synonyme geben zu lassen, weil ihm aus der ersten Auswahl keines so richtig gefällt. Schließlich will er seinen einmal erreichten Formulierungsstandard nicht durch einige mittelmäßige Phrasen beeinträchtigen.

Nehmen wir an, unser Promovend bemerkt nach ersten Thesauruserfahrungen, dass er seine eigene Tätigkeit bisher sehr oft mit dem Verb *forschen* beschrieben hat. Der Thesaurus bietet ihm einige Alternativen, u. a. *auskundschaften*. Hierunter findet er *aufspüren* als Synonym, das ihn zum *auffischen* führt. Ein routinierter Thesaurusbenutzer würde spätestens jetzt die Suche abbrechen, weil er merkt, dass sich die Vorschläge inhaltlich immer weiter vom Ursprungswort entfernen. Der synonymbesessene Einsteiger muss diese Erfahrung jedoch erst noch durch einige Fehlversuche machen und geht weiter zum *fischen*. Spätestens beim Anblick der hier angegebenen Alternative wird aber auch ihm klar, dass er sich in einer Sackgasse befindet.

Den Ausdruck *den Wurm baden* sollte er in seiner Dissertation - bei allem Verständnis für das Bemühen nach abwechslungsreicher Sprache - besser nicht verwenden, schon gar nicht als Synonym für seine Forschungsaktivitäten.

Die Vorteile des *Synonymwörterbuches* im Vergleich zu einem Thesaurus liegen vor allem im umgangssprachlichen Bereich. Steht dem gereizten Nachwuchsforscher eine hitzige Diskussion unter Kollegen über seine Dissertation bevor, sollte er dieses Werk unbedingt zur Hand haben. Schon mit der 72 Möglichkeiten umfassenden Auswahl an Synonymen für *Dummkopf* wird er jede Debatte zu seinen Gunsten entscheiden; zur Not greift er auf einen der angegebenen Querverweise zurück (vgl. *Dudenredaktion* 1997b, S. 183). Wenn das wider Erwarten noch nicht ausreichen sollte, findet er unter weiteren wichtigen Schlüsselwörtern wie *Quatsch*, *Buckel* oder *Gesäß* eindrucksvolle Belege für seinen Standpunkt. Da die Benutzung von Querverweisen u. U. den Redefluss behindert, sollte der flinke Umgang mit dieser Argumentationsgrundlage zuvor gründlich geübt werden.

b) Die Fachliteratur

Strenggenommen gehört die Betrachtung der Fachliteratur nicht mehr zur Lage der Promotionslehre im allgemeinen. Weil sich ein Maschinenbau-Doktorand z. B. mit völlig anderen Quellen beschäftigt als ein Philosophie-Doktorand, ist ihre genaue Untersuchung den zugehörigen *Speziellen Promotionslehren* vorbehalten, die sich fachspezifisch mit den jeweiligen Eigenarten der entsprechenden Literatur auseinandersetzen. Deshalb kann hier keine detaillierte Analyse der von der Forschungsrichtung abhängigen Fachliteratur erfolgen.

Fächerunabhängig gilt für diese Literatur jedoch: Das regelmäßige Aufsuchen der passenden *Fachbibliothek* ist sinnvoll und kann entscheidend weiterhelfen. Dabei sollte der recherchierende Nachwuchsforscher einige Regeln beachten:

➤ Die Atmosphäre in der meist kleinen Fakultätsbibliothek ist sehr persönlich. Hier kennt jeder jeden, und überall werden kleine Schwätzchen gehalten. Als Neuling sollten Sie unbedingt versuchen, einen gewinnenden Eindruck zu machen. Dazu grüßen Sie beim Eintritt das Personal hinter der Empfangstheke besonders freundlich und kommen der Aufforderung, Ihre Tasche bitte draußen zu lassen, lächelnd nach (wie konnten Sie auch so dumm sein). Wieder zurück in der Bibliothek, machen Sie angesichts der nicht erwarteten Bücherflut ein erstauntes Gesicht und nicken anerkennend in die Thekenrichtung. Wenn Ihnen das überzeugend gelingt, ist das erste Eis gebrochen und Sie haben gute Aussichten, später die unschätzbare Hilfe dieser freundlichen Menschen in Anspruch nehmen zu können.

➢ Als nächstes versuchen Sie, das Ordnungsprinzip Ihrer Fachbibliothek zu begreifen. Dazu schlendern Sie zunächst ein wenig durch die Regale und greifen hier und da ein Buch heraus. Auf diese Weise erhalten Sie einen groben Überblick und erfahren, wo so elementare Dinge wie Lexika, Zeitschriften und Loseblattsammlungen konzentriert sind. Anschließend suchen Sie die meist durch Übersichtstafeln, Blechkästen und Monitore gekennzeichnete zentrale Informationsstelle auf. Freunden Sie sich hier mit dem Signatur-System an; irgendeine Logik steckt bestimmt dahinter. Wenn Sie nach stundenlangen Bemühungen zu einer gegenteiligen Ansicht gelangen, freunden Sie sich mit einer Ihnen sympathisch erscheinenden Thekenbedienung an. Erwischen Sie dabei gar die Ober-Bedienung (sog. *Diplbibl*), erfahren Sie vielleicht etwas über die historische Entwicklung der verschiedenen Signaturen und verstehen dann, warum sie vorher nichts verstanden haben.

➢ Während der folgenden Besuche sollten Sie immer mehr Geheimnisse aufdecken. Es ist wichtig zu wissen, was *GIK* und *GAK* bedeuten, dass *Buchleichen* nicht beerdigt werden und wie die Karteikästen aus der Verankerung zu lösen sind. Auf dem Weg zu Ihrem Signaturbereich werden Sie immer häufiger in Gespräche verwickelt, die Sie als erholsame und informative Unterbrechungen der täglichen Routinearbeit schätzenlernen. Bald gelten Sie als Stammgast, sind dem Thekenpersonal gut vertraut und fühlen sich richtig wohl in Ihrer kleinen Fakultätsbibliothek. Dort, wo das Leben noch lebenswert ist - da fragt dich keiner, was du hast oder bist.

5. Das Thema

Das Thema ist, verglichen mit den anderen elementaren Promotionsfaktoren, sehr schwer zu finden. Diplom und Professoren bekommt der seine Faktoren suchende Nachwuchsforscher an der Universität. Der Computerexperte ist mit etwas Ausdauer auf Gesellschaften anzutreffen, und die Literatur steht in der Bibliothek. Aber das Thema? Keine Universität stellt eine Auswahl noch nicht bearbeiteter Dissertationsthemen bereit; ein Thema kann auch nicht angesprochen oder ausgeliehen werden.

Themen haben die Eigenart, überall und nirgends herumzustreuen. Weil ihre Population von außergewöhnlicher Reichhaltigkeit ist, fällt es überhaupt nicht schwer, irgendein Mitglied dieser Spezies zu finden. Aber darum geht es nicht. Zwischen dem Autor und seinem Thema muss es funken. Ein Promovend, der sein Thema gefunden hat, verhält sich wie ein frisch verliebter Teenager: Er strahlt bis über beide Ohren und könnte die ganz Welt umarmen.

Demgegenüber sind Themen von Natur aus recht emotionslos. Es ist Ihnen auch ziemlich egal, wer sie umwirbt. Mit der Zeit bemerkt das der verliebte Nachwuchsforscher und ist darüber sehr enttäuscht. Während er nachts nicht schlafen kann, weil sich seine Gedanken immerzu um das auserwählte Thema drehen, macht dieses einen völlig gleichgültigen Eindruck. Das stellt die Beziehung auf eine harte Probe. Am liebsten würde der Promovend das Thema auf der Stelle verlassen, aber er bringt es einfach nicht fertig. So entsteht eine langjährige *Hassliebe* des Autors zu seinem Thema, die ihn manchmal um seinen Verstand bringt.

Manche Themen sind sehr *verführerisch*. Kaum hat sich ein Nachwuchsforscher in eines von ihnen verliebt, entdeckt ein weiterer seine tiefe Zuneigung. Von diesen Themen sollten sie unbedingt die Finger lassen, weil Sie ansonsten sehr wahrscheinlich eines Tages den Schmerz einer zwangsweisen Trennung durchmachen müssen. Dieses zweifellos katastrophenähnliche Ereignis kann so tiefe Depressionen hervorrufen, dass sogar Ihr Promotionsvorhaben gefährdet ist. Zwar ist es nicht einfach, die heißbegehrten Themen zu erkennen, doch sollte Sie ein auffallend attraktives Erscheinungsbild misstrauisch machen.

Die Spezies der Themen kennzeichnet noch eine weitere Besonderheit: Einige ihrer Mitglieder altern schneller als andere; dagegen sind ein paar fast unsterblich. Auch in dieser Hinsicht ist eine Prüfung vor der endgültigen Bindung empfehlenswert. Bedenken Sie, dass Ihr Thema die gesamte Promotionszeit überleben muss und dass Sie vielleicht länger promovieren, als Sie glauben!

Außerdem gibt es noch sog. *Chamäleonthemen*; sie kaschieren ihre schlechten Eigenschaften geschickt und zeigen oft erst nach Jahren ihr wahres Gesicht. Z. B. entpuppen sich viele zunächst interessant erscheinende Themen später als staubtrockene Langweiler. Trösten Sie sich in diesem Fall damit, dass es schon manchen chamäleonbetroffenen Nachwuchsforscher schlimmer erwischt hat: Deren Thema erwies sich in Wahrheit als zu dünn oder gar verfehlt.

Die geschilderten Besonderheiten des Themenvolkes sind für die Menschheit ebenso faszinierend wie unerklärlich. Immer mehr Vertreter der Themenforschung räumen in letzter Zeit resigniert ein, dass die Erkenntnisse ihres Faches trotz Anwendung modernster Methoden stagnieren. Auch deshalb sollte sich kein Nachwuchsforscher die Hoffnung machen, dass er sein Thema irgendwann versteht.

II. Die dispositiven Faktoren

1. Die Planung als Bedingung, sie wieder zu verwerfen

Erich Gutenberg, Leitfigur vieler Promotionsexperten, stellte zur Planung als dispositivem Faktor von 1951 bis 1983 in allen 24 Auflagen seines klassischen Grundlagenwerkes heraus: „Ohne planendes Vorbedenken bleiben alle noch so starken persönlichen Antriebe ... ohne Wirkung" (z. B. *Gutenberg* 1983, S. 7). Die moderne Motivationsforschung bestreitet diese Aussage zwar vehement, doch übersehen ihre Vertreter bei der Kritik allzu gern, dass auch *Gutenberg* Ausnahmen erkannte. Jedes Mal räumt er einlenkend ein: „Völlig sprunghafte und sich in die Planungsrechnung überhaupt nicht einpassende Vorgänge schließen Planung in dem hier verstandenen Sinne aus" (z. B. *Gutenberg* 1983, S. 150).

Die heutige Promotionslehre sieht diese Situation als Regelfall an. Sie muss jedoch erstaunt feststellen, dass die jungen Nachwuchsforscher ihre Warnungen vor verschwendeten Planungsbemühungen nur lächelnd zur Kenntnis nehmen und nach der ersten Phase des Nichtstuns insbesondere mit Hilfe der von *Gutenberg* abgeleiteten *Planung des Promotionsprozesses* versuchen, ihrem erstarkenden persönlichen Antrieb die entsprechende Wirkung zu verleihen. Dabei unterschätzen alle eifrig planenden Nachwuchsforscher die Unkalkulierbarkeit der zweifellos zu erwartenden *sprunghaften und sich nicht einpassenden Vorgänge*, die heute als *katastrophenähnliche Ereignisse* bezeichnet werden (katastrophen*ähnlich* deshalb, weil die Auswirkungen im günstigsten Fall katastrophal, meist jedoch schlimmer sind).

Tatsächlich ist es unmöglich, den Eintritt dieser unangenehmen Vorfälle zu planen. Nehmen wir als Beispiel den *Computerabsturz*. Er wird genau dann eintreten, wenn nicht mit ihm gerechnet wird - soviel steht fest. Daraus folgt aber, dass jede Planung, die den Computerabsturz berücksichtigt, zwangsläufig falsch ist: Dieses Ereignis wird zwar irgendwann eintreten, aber mit Sicherheit nicht zu dem Zeitpunkt, den die Promotionsprozessplanung dafür vorsieht. Auch wenn unser Promovend das berücksichtigt und jederzeit mit einem Absturz rechnet, nur nicht zum ursprünglich geplanten Termin, wird er daneben liegen. Dieses sog. *Promotionsprozessplanungsparadoxon* führt dazu, dass sich jede Promotionsplanung selbst annulliert.

Der Einwand, fast jede Planung lasse einige sich nicht einpassende Vorgänge außen vor und könne trotzdem sinnvoll sein, vernachlässigt die *Tragweite* dieser unbequemen Ereignisse gerade bei der Promotionsplanung. Viele von ihnen, z. B.

➢ der Umzug des Computerexperten nach *Silicon Valley*,

➢ die beklagenswerte Niederlage des korreferierenden Professors eines Abends beim *Doppelkopfspiel* oder gar

➢ die plötzliche Erkenntnis, ein *Chamäleonthema* erwischt zu haben, das sich als verfehlt entpuppt,

werden von derart erschütternden Konsequenzen begleitet, dass die gesamte Planung null und nichtig wird.

Neben der Tragweite solcher Ereignisse, die selbst fachkundige Katastrophenforscher ins Schwärmen bringt, belegen die Feldexperimente der deskriptiven Promotionslehre auch eine derart hohe

Eintrittswahrscheinlichkeit dieser Irregularitäten, dass sie kaum noch so zu nennen sind. Jeder Tag der Promotion bringt neue Überraschungen, deren Antizipation immer wieder kläglich scheitert.

Wir wissen aber, dass Promovenden ein bemerkenswertes Stehvermögen besitzen; deshalb lassen sie sich nicht so schnell entmutigen. Immer wieder passen sie ihre Planung den neuen Bedingungen an: Sie planen, verwerfen, planen, verwerfen usw. Leider erzielen sie in dieser Zeit keine Fortschritte bei der eigentlichen Promotionsarbeit. Das wird irgendwann auch dem besonders hartnäckig Pläne verwerfenden Nachwuchsforscher klar.

Der Moment dieser Einsicht ist - zumindest subjektiv betrachtet - von apokalyptischer Dimension. Allerdings ist das nicht schlimm, denn unser standhafte Planer hat in der Zwischenzeit gelernt, solch unvorhersehbaren Unregelmäßigkeiten eine gewisse Gelassenheit entgegenzubringen. Ganz ruhig nimmt er seinen mehrere Quadratmeter großen *Ablaufplan Promotionsprojekt* von der Wand und bastelt eine überdimensionale Schwalbe daraus. Als nächstes packt er sein erst kürzlich von einem älteren Kollegen sehr günstig erworbenes *Flip-Chart* zusammen und schenkt es dem jüngsten Lehrstuhldoktoranden. Schließlich geht er zu seinem referierenden Professor, um ihm den Abbruch seines Promotionsvorhabens mitzuteilen. Der grinst nur vielsagend und weiß, dass sein Schützling endlich auf dem richtigen Weg ist.

2. Die Organisation als Bedingung zu wissen, wie es gehen könnte

Die Literatur zur Organisationslehre hat eine Fülle verschiedener Interpretationsmöglichkeiten des Organisationsbegriffes hervorgebracht, von denen für die Promotionslehre nur eine wichtig erscheint, und zwar die *instrumentale*. Schon *Gutenberg* erkannte in dem bereits zitierten, richtungsweisenden Klassiker, dass die Organisation immer nur dienenden oder instrumentalen Charakter hat (vgl. *Gutenberg* 1983, S. 236). Diese Feststellung wird bis heute nicht in Frage gestellt, ganz im Gegenteil erfährt sie immer mehr Bestätigung. Derzeit sind sich die Vertreter aller Richtungen der Promotionslehre darin einig, dass die Organisation nur einen Zweck hat: Sie dient instrumental der Erkenntnis, wie es gehen könnte, aber leider nicht geht.

Ein Beispiel: Der organisierende Nachwuchsforscher versucht, aus verschiedenartigen Elementen eine promovierende Einheit zu machen. Dazu stellt er eine komplexes System von Regeln auf, aus dem irgendeine herausgegriffen werden kann. Nehmen wir die einfache Regel, dass er sich tagsüber um seine Dissertation kümmern will und nachts beabsichtigt, durch einen 7- bis 8-stündigen Schlaf neue Kräfte zu sammeln. Organisatorisch erscheint diese Aufteilung ohne Zweifel recht sinnvoll, aber so geht es leider nicht. *(1)* kommt er tagsüber nicht zum Promovieren, *(2)* kommt er nachts nicht zum Schlafen.

Zu (1): Es gibt viele Gründe, die diesen guten Vorsatz zunichte machen. Die meisten lassen sich über die Berücksichtigung externer Gegebenheiten erfassen, denen der *situative Ansatz der promotionalen Organisationstheorie* besondere Beachtung schenkt. Er belegt sehr deutlich, dass die Umwelt von Doktoranden tagsüber durchweg contrapromotionale Eigenschaften hat. Alle in Frage kommenden Störfaktoren sind zu dieser Zeit besonders aktiv. Eine kleine Auswahl: Das Stromnetz ist manchmal überlastet und lässt die mühselig formulierten, aber leider nicht gespeicherten Sätze verschwinden. Der referierende Professor ist wach und delegiert zu dieser Zeit unermüdlich. Alle Kollegen sind da und stören auf unterschiedliche Weise; die jüngeren erwarten Antworten auf ihre Computerfragen, die älteren benötigen unaufschiebbare Wiederbelebungsversuche.

Zu (2): Die Erklärung nächtlicher Schlaflosigkeit von Doktoranden verdanken wir dem *Neo-Kontingenzansatz der promotionalen Organisationstheorie*. Er berücksichtigt neben dem bei *(1)* relevanten *externen Fit* auch die Konsistenz der Promovenden, d. i. der sog. *interne Fit*. Diese innere Harmonie ist für erholsamen Schlaf die wichtigste Voraussetzung; ihr wird in diesem Zusammenhang sogar eine größere Bedeutung beigemessen als der passenden Umwelt. Deshalb haben - trotz günstiger äußerlicher Bedingungen - viele den Schlaf suchende Nachwuchsforscher wenig Erfolg. Sie können nicht schlafen, weil sie unentwegt an ihr dahinsiechendes Promotionsprojekt denken müssen.

Zu (1) und (2): Die andauernden Misserfolge bei dem Versuch, die beabsichtigte Organisation durchzusetzen, führen dazu, dass der

Vorsatz schleichend aufgeweicht wird. Zuerst werden die etwas ruhigeren Abendstunden für die Promotionsarbeit genutzt. Weil sich dadurch der interne Fit verbessert, gibt es in der Nacht sogar etwas Schlaf. Der im Vergleich zu seinem bisherigen Befinden nun etwas ausgeruhte Nachwuchsforscher besitzt für die Abendstunden noch einige Reserven und kann sie deshalb etwas länger nutzen. Diese Entwicklung setzt sich so lange fort, bis der Doktorand schließlich die ganze Nacht über promoviert. Seinen Schlaf besorgt er sich jetzt tagsüber - das harmoniert zwar nicht besonders mit den externen Gegebenheiten, aber dafür stimmt der wichtigere interne Fit, weil seine Arbeit gut vorankommt. Bei jeder halbwegs geeigneten Gelegenheit stützt er seinen Kopf in die Hände und schläft sofort ein - das gibt ihm Kraft für die Nacht. Diese Oase der Ruhe nutzt er zur *Lukubration*: „[... *zion; lat.*] *die*; -, -en: (veraltet) [wissenschaftliches] Arbeiten bei Nacht" (*Dudenredaktion* 1997a, S. 484).

Dieses Beispiel verdeutlicht, dass von der zu Anfang beabsichtigten Organisation am Ende absolut nichts mehr übrig bleibt. Während des geschilderten Prozesses gibt der ursprünglich mit festem Willen organisierende Nachwuchsforscher immer mehr von seinen beabsichtigten Durchführungsvorstellungen auf und lässt sich zunehmend durch externe und interne Zwänge leiten. An diese Entwicklung muss auch *Gutenberg* gedacht haben, als er das *Substitutionsprinzip der Organisation* entwarf. Es erklärt, wie eine fehlende Übereinstimmung zwischen der organisatorisch angestrebten Vorgehensweise und dem tatsächlichen Verhalten zustande kommen kann. Im ausgewählten Fall bilden beide Seiten sogar ein durchweg gegensätzliches Paar; die Promotionslehre nennt ihn *Lukubration statt Organisation*. Daneben gibt es viele weitere Varianten, z. B. *Resignation statt Organisation* oder *Destruktion statt Organisation*. Im Grundsatz laufen alle darauf hinaus, dass eine der zahlreichen Spielarten des dritten dispositiven Faktors eingesetzt wird.

3. Das Durchwurschteln als Bedingung, überhaupt vorwärts zu kommen

Gängige Kompendien der deutschen Sprache, darunter auch der *Duden* und der *Word-Thesaurus*, verweigern die Aufnahme des *Durchwurschtelns* bzw. *Durchwurstelns*. Selbst die Spielwiese für Wurschteleien, das Internet, steht noch in dieser Tradition: Die Suchmaschine *AltaVista* zeigt zum Begriff *„organisieren"* 53.420 Treffer an – dreiundfünfzigtausendvierhundertzwanzig! *„Durchwurschteln"* wird lediglich 37 Mal gefunden. Die *Kommission zur Anerkennung des Wurschtelbegriffs*, deren Gründung auf eine Initiative des *Instituts für Promotionslehre* zurückzuführen ist, kommt in ihrem Bemühen nur langsam voran. Bisher scheiterte die Arbeit der Wurschtelexperten bereits an dem Versuch, ein erstes gemeinsames Treffen zur Besprechung der Vorgehensweise zu organisieren.

Im Vergleich dazu ist der anglo-amerikanische Sprachraum wesentlich fortschrittlicher. Dort ist die entsprechende Bezeichnung *muddle through* dank der erstaunlich erfolgreichen Arbeit des *Committee for Recognition of the Muddle-through-term* fester Bestandteil des offiziellen Wortschatzes. Über diesen Umweg findet das Durchwurschteln auch in einigen Wörterbüchern Berücksichtigung. Es erscheint als Übersetzung unter *muddle through*, fehlt jedoch im deutsch-englischen Teil.

Unabhängig von der offiziellen Anerkennung des Begriffs hat doch jeder - auch der Laie - zumindest eine vage Vorstellung von dem, was er ausdrücken soll. Eine erste einfache *Definition* könnte etwa lauten: Tun, dessen Wirkung auf ein angestrebtes Ergebnis offen, aber hoffentlich nicht schlechter ist als die des Nichtstuns. Wurschtelexperten wären mit dieser Begriffsbestimmung nicht ganz einverstanden, weil die Fachwelt sich im Grunde darüber einig ist, dass erfahrene Wurschtler über die Wirkung ihres Tuns durchaus ungefähre Vorstellungen haben. Mit Bezug auf den geistigen Vater ihres Fachs, der frühzeitig den *„Geist des Fortwurstelns"* (*Popper* 1965, S. 60) beschwor, definierte bereits vor gut zwei Jahrzehnten ein Expertenteam das Durchwurschteln als „eine auf dem 'Prinzip der dauernden Fehlerkorrektur' aufbauende Strategie ..., bei welcher in überschaubaren Schritten nur Teile eines Gesamtplanes in Angriff genommen werden, so dass die einzelnen Aktionen den Resultaten zurechenbar bleiben und Fehler leichter zu korrigieren sind" (*Kirsch/Esser/Gabele* 1979, S. 90).

Der Erfolg bei der Anwendung dieses dispositiven Faktors hängt insbesondere davon ab, dass in der richtigen Situation die ihr entsprechende Tätigkeit durchgeführt wird. In diesem Zusammenhang weisen die Wurschtelexperten immer wieder mit Nachdruck darauf hin, dass es nicht möglich ist, eindeutige Kombinationen zwischen Situationen und passender Wurscheltätigkeit aufzustellen, weil sich die sinnvollen Verknüpfungen ständig ändern. Deshalb besagt das *erste fundamentale Wurscheltheorem*, dass es keinen Zweck hat, Wurscheltheoreme aufzustellen. Es erklärt die Notwendigkeit eines nur durch persönliche Erfahrungen zu gewinnenden Gespürs für die richtigen Handlungen. Darum sind Rückschläge und Fehler besonders wertvolle Erlebnisse.

Das *allgemeine Durchwurschteln* stellt den Oberbegriff für viele verschiedene Tätigkeiten dar, deren komplette Auflistung nicht möglich ist. Die Liste müsste, weil wurschtelnde Menschen sehr erfindungsreich sind, laufend aktualisiert werden. Mit dem *Lukubrieren*, *Resignieren* und *Destruieren* sind bereits einige Klassiker genannt worden. Dazu zählen auch so altbewährte Methoden wie das *Improvisieren*, *Ignorieren* oder *Kollabieren*. Daneben gibt es noch weitere Möglichkeiten, die oft dazu dienen, durch entspannende Ablenkung neue Kraft für die wesentlichen Tätigkeiten zu gewinnen: hemmungslos im Shopping-Center *konsumieren*, sich mit einem Computerspiel *amüsieren* oder auf den *Fidschi-Inseln* den Gemütszustand *aufpolieren*. Der diese Methoden anwendende Nachwuchsforscher muss jedoch aufpassen, dass er sich nicht verwurschtelt und ihm eines Tages alles Wurscht ist. Wenn ihm das gelingt, wird er bestimmt bald Wurschtelexperte - und Titelträger.

Ansätze zur Beschreibung, Erklärung und Prognose des Promotionsprozesses: Ein Überblick mit elf Collagen

von

*Hilmar Henselek**

I. Ergebnisse einer Umfrage

II. Der Promotionsprozeß als Black Box

III. Die erleuchtete Black Box

---

* Dr. Hilmar Henselek, wissenschaftlicher Mitarbeiter mit den bevorzugten Forschungsgebieten Unternehmungsführung, Personalwesen und Promotionsökokomik.

I. Ergebnisse einer Umfrage

Die faktoranalytische Auswertung einer repräsentativen Straßenumfrage in einer universitätsfernen Kleinstadt ergab, dass die Befragten mit einem Promotionsprozess einen verkaufsfördernden Werbefeldzug oder ein Gerichtsverfahren gegen einen Prominenten assoziieren.

Entgegen der landläufigen Meinung handelt es sich beim Promotionsprozess jedoch weder um die Promotion-Tour eines Schriftstellers, Schauspielers oder Sängers, der seinen neuesten Roman, Film oder Song vorstellen will, noch um ein Gerichtsverfahren. Während der hier zu behandelnde Promotionsprozess einer Vermarktung des Promotionsergebnisses i. d. R. vorangeht, unterscheidet sich der akademische Promotionsprozess vom juristischen Prozess mit seinen Phasen Tat, Urteil und Strafe dadurch, dass im ersten Falle das Promovieren mitunter schon als Strafe aufgefasst wird und man sich erst nach dem (positiven) Urteil durch den Referenten und den Ko*rr(!)*eferenten der (braven) Tat erfreuen kann. Diese offensichtliche Unwissenheit in weiten Teilen der Bevölkerung über eine der erhebensten Tätigkeiten des menschlichen Geistes zu beseitigen, ist das Ziel dieser Schrift.

II. Der Promotionsprozess als Black Box

Zur Beschreibung, Erklärung und Prognose des Promotionsprozesses soll zunächst der *Ort des Promovierens* vorgestellt werden. Die promotionale Forschung des Doktoranden, im folgenden Dissertator genannt, findet zumeist nicht im luftleeren Raum oder im Elfenbeinturm statt, sondern i. d. R. in einem Wissenschaftsbetrieb. Eine Fakultät als Wissenschaftsbetrieb in ihrer reinen Form wird durch drei Merkmale charakterisiert:

➢ das grundgesetzlich verankerte Prinzip der *Freiheit von Forschung und Lehre* (Autonomieprinzip), welches in Verbindung mit den überlieferten Prinzipien des Berufsbeamtentums jeglichen Reformversuch von vornherein zum Scheitern verurteilt (vgl. *Noé* 1994, S. 23);

➤ das *erkenntnisschaffende Ziel*, das sich am klarsten im Grundsatz der Schriftenmaximierung ausdrückt (Publish or Perish);

➤ das *Bildungsziel*, das in der Transformation möglichst vieler Studenten zu Graduierten (tertiärer Bildungsbereich), einiger weniger zu Promovierten (quartärer Bildungsbereich) und möglichst weniger zu Habilitierten (quintärer Bildungsbereich) besteht.

Nach der Stellung im Promotionsprozess lassen sich Input und Output unterscheiden, womit zumindest Beginn und Ende eines Promotionsprozesses fassbarer werden. Im Rahmen einer Black Box-Betrachtung soll der Throughput, also der eigentliche Promotionsprozess als raumzeitliche Kombination des Inputs, zunächst ausgeklammert werden:

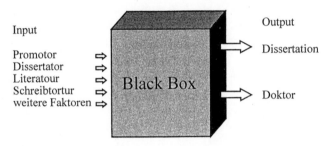

Abb. 1: Die Promotion als Black Box

Output sind Kuppelprodukte immaterieller und materieller Art: Dissertationen stellen als Informationsträger immaterielle Güter dar, Doktoren sind selbst bei höchster Vergeistigung materielle Güter. Als bedeutendste Vertreter dieser Spezies sind zu nennen: der unverzagte *Dr. Eisenbart*, der verzagte *Dr. Faust* und der flüchtige *Dr. Kimble*.

Während der Output relativ leicht bestimmbar ist und wie viele andere Produkte auch einer staatlichen Qualitätskontrolle („Kontrollierte Qualität aus deutschen Landen") unterliegt, ist der *Input* aus strukturellen und prozessualen Gründen schwieriger zu erfassen. Der Input lässt sich unterteilen in den Promotor, den Dissertator, die Literatour, die Schreibtortur und weitere Faktoren.

Wir wollen uns der Fachterminologie anschließen, die den *Professor* in seinen Rollen des Chefs und Experten als Macht- und Fach-*Promotor* in Personalunion bezeichnet. Der Promotor hat so befruchtenden Einfluss auf den Dissertator, dass dieser Faktor volkstümlich treffend *„Doktorvater"* genannt wird. Der Doktor hat somit drei Eltern: einen geistigen Elter und zwei leibliche Eltern. Während die leiblichen Eltern den Dissertator als erwachsen ansehen, zählt er aus der Sicht des Doktorvaters zum wissenschaftlichen Nachwuchs, der erst noch hochgepäppelt werden muss. Das weibliche Gegenstück zum Doktorvater im Wissenschaftsbetrieb, die Doktormutter, beginnt erst langsam Fuß zu fassen. Promotor und Dissertator bilden zum Zwecke der Akkumulation und Akzeleration geistiger Potentiale das nach dem gemeinsamen Suffix benannte *-toren-Gespann* (vgl. zum Begriff des Toren *Goethe* 1984, S. 7). Mitunter nimmt jedoch das geistige Ringen und der verbale Schlagabtausch in Seminaren solche Formen an, dass der Promotor zum *Promoter* wird.

Zu den mit einer Idee schwanger gehenden Dissertatoren - viele behaupten, sie seien vom Promo-Virus befallen - gehören die unbehandelten Naturstoffen gleichenden *wissenschaftlichen Hilfskräfte*, die aus dem schier unerschöpflichen Meer an Graduierten geködert werden und die aufgrund ihrer Semi-Stelle weder Fisch noch Fleisch sind. Nachdem sie im Laufe ihres Studiums erkannt haben, dass das akademische Leben, ähnlich dem Fußball, größtenteils aus Standardsituationen besteht: „immer wieder die längst bekannten Toten, Thesen und Theoreme" (*Barth* 1994, S. 52), hoffen sie im Sinne von *Ernst Bloch* nach dem Studium wirklich neue Erkenntnisse zu gewinnen. Einige wenige Unreife sehen jedoch die Promotion als Fortsetzung des Studiums mit anderen Mitteln bzw. als gesellschaftlich akzeptierten Müßiggang an. Schließlich kann eine Promotion vor der Einberufung schützen (*WAZ vom 11.06.99*), wenn die Unterbrechung dieser „einmaligen beruflichen Chance" eine „unzumutbare Härte" darstellen würde. Die *wissenschaftlichen Mitarbeiter* sind dagegen gereifte, verantwortungsbewusste und selbstaufopfernde Vertreter des Mittelbaus, ohne den der ganze Uni-Bau zusammenbrechen würde. Wissenschaftliche Hilfskräfte und Mitarbeiter setzen in der Forschung verschiedene Bauteile ein, z. B. Exzerpte, Rezepte, Mind Maps, Bit Maps (möglichst in 3D!) oder das Ausmaß von Bibliographien annehmende Literaturverzeichnisse. Des weiteren dekorieren sie ihre Arbeitsplätze mit zahlreichen Requisiten wissenschaftlichen Arbeitens, z. B. Papier und Bleistift, Stethoskope und Isotope. Diese Faktoren werden im Promotionsprozess bis auf Reststoffe oder Abfälle verbraucht, welche zu einem Teil wieder in demselben Prozess als Kreislaufmaterial oder in einem anderen Habilitationsprozess als Einsatzstoffe verwendet werden (Abfallrecycling), zu einem anderen Teil müssen aber strahlende Kerngedankenabfälle mit u. U. erheblichem Aufwand entsorgt werden (z. B. Endlagerung in einer Bibliothek).

Im Promotionsprozess werden ferner aktive und passive Faktoren eingesetzt, die nicht Bestandteil der Dissertation werden. Zu den aktiven Faktoren gehören einerseits geistig und/oder körperlich arbeitende *Menschen* (Kollegen, studentische Hilfskräfte, Freunde und Bekannte), andererseits *Maschinen*, die über eine gewisse Zeitspanne hinweg ihren Dienst tun oder verweigern und dabei zugrunde gehen bzw. unbrauchbar gemacht werden, wie z. B. Kopiergeräte, Personal Computer, Gaschromatographen, Teilchenbeschleuniger und Kaffeemaschinen. Durch den Einsatz möglichst leistungsstarker Prozessoren in seinem PC versucht der Dissertator, zumindest hardwaremäßig, an das Niveau seines Professors heranzukommen oder es zu übertreffen. Auffällig sind die Parallelen zwischen Professoren und Prozessoren. Während man die Professorenschaft in C 2-, C 3- und C 4-Professoren unterscheidet, unterteilen sich die Prozessoren in 2 86er, 3 86er und 4 86er-Prozessoren. Während die letzteren Intel-Lizenz haben, weisen die ersteren Intel-Ligenz auf. Bei beiden gilt: je höher die Zahl, desto größer die Leistung. Da es mittlerweile den 5 86er(Pentium)-Prozessor gibt, sollte aus Gründen der Kongruenz der C 5-Professor eingeführt werden.

Zu den passiven, den Dissertator vor äußeren Einflüssen beschirmenden und beschützenden Faktoren gehören heimelige Universitätsgebäude, schwer gesicherte Universitäts- und Fakultätsbibliotheken, Versuchslabors wie die Mensa, übervolle Cafeterien, kurz, das Gegenstück zum Doktorvater: die *Alma mater*.

Als weiterer wichtiger Faktor beim Pomovieren ist die *Literatour* zu nennen. Im Rahmen einer Promotion sind nach dem Motto „Reisen bilden" zahlreiche Exkursionen zu weit entfernten Bibliotheken zu unternehmen, um an neueste Literatur zu gelangen. So gehören zu beliebten Reisezielen die *Library of Congress* in *Washington D. C.* oder die *Stadtbücherei* in *Gütersloh*. Für Nesthocker gibt es statt der Fernreise die segensreiche Institution der Fernleihe, dabei gestaltet sich das Ausfüllen eines Fernleihformulars mindestens genauso aufregend wie das Ausfüllen eines Visumantrages oder einer Zollerklärung. Erweist sich für die einen das überbrodelnde Literaturangebot als „Gnade der späten Geburt", so sehen andere es als zweischneidiges Schwert an: Einerseits sucht man Autoritäten zur Bestätigung des eigenen Forschungsweges, andererseits verursachen bereits von anderen Autoren veröffentlichte Gedanken dem Dissertator körperliches, geistiges und seelisches Unwohlsein („Wer zu spät kommt, den bestraft das Leben" nach *Gorbatschow* oder „romantische Ironie" nach *Mag*).

Nachdem der Dissertator nach einigen Jahren gelernt hat, die belangvollen von den belanglosen Artikel zu unterscheiden, versucht er die Artikelflut durch die Beschränkung auf die Lektüre renommierter Fachzeitschriften oder auf vielversprechende Teilgebiete des Faches einzudämmen. Dabei stößt er jedoch immer wieder auf das *„Eherne Gesetz der belangvollen Arbeiten"* (vgl. *Holub/Tappeiner/ Eberharter* 1993, S. 207). Dieses Gesetz besagt, dass die Anzahl der belangvollen Artikel eines Fachgebietes (mindestens dreißigmal zitiert) nur mit der Quadratwurzel der insgesamt zu diesem Fachgebiet veröffentlichten Arbeiten steigt. Rechnet man die Eigenzitate der Autoren heraus, ist der Anstieg noch geringer. So sinkt die Wahrscheinlichkeit des Lesens einer belangvollen Veröffentlichung, z. B. in der Wachstumstheorie, von 16 % in der Anfangsphase auf unter 4 % in der Endphase ab: „In dieser Endphase werden selbst fleißige Leser wissenschaftlicher Zeitschriften (Lektüre von 30 Artikeln pro Jahr) bei bescheidensten Ansprüchen (mindestens einen belangvollen Artikel zu lesen) mit verhältnismäßig großer Wahrscheinlichkeit (40 % für Fachneulinge bzw. 60 % für Spezialisten) enttäuscht. Will jemand nur das Fach im Auge behalten und liest er daher nur etwa 12 Wachstumsartikel pro Jahr, so muss er davon ausgehen, nur etwa **alle drei** bis **fünf Jahre** etwas **Belangvolles** zu lesen." (*Holub/Tappeiner/Eberharter* 1993, S. 207).

Vielleicht erklärt sich damit das Bedürfnis des Dissertators, selbst etwas Belangvolles zu schreiben.

Beim Promovieren kämpft der Dissertator gegen ein zweites tückisches Gesetz: das *„Gesetz der Halbwertzeit des Wissens"*, wonach die Zeitspanne, in der die Hälfte des Wissens veraltet, ca. vier Jahre betragen soll. Da die durchschnittliche Promotionsdauer über vier Jahre beträgt, entspricht also weniger als die Hälfte einer Dissertation dem Stand der Kunst (State of the Art). Einen Ausweg sehen manche Dissertatoren darin, die Literatursuche erst in den letzten Monaten ihrer Promotion zu intensivieren oder plötzlich einer neuen Forschungsrichtung zu folgen, die jünger als vier Jahre ist.

Die wichtigste und qualvollste Tätigkeit des Dissertators ist das Schreiben der Dissertation, weshalb diese Tätigkeit zu Recht als *Schreibtortur* bezeichnet wird. Da andere Personen im Umkreis des Dissertators panikartig den Raum verlassen, wenn er seine neuesten Erkenntnisse mündlich vorstellen will, hofft er über die Schriftform geneigte Leser und unvergänglichen Ruhm zu finden. Zwar versucht der Dissertator der Empfehlung „Vom Primitiven über das Komplexe zum Einfachen" gerecht zu werden, doch kommt er kaum über die erste oder zweite Stufe hinweg. Er ist mit dem Geschriebenen nie zufrieden und nimmt immer wieder zirkuläre Änderungen vor. Nur einer Torschlusspanik wird daher eine ultimative Wirkung zugeschrieben (vgl. *Nöllke* 1994, S. 39). Der Schreibprozess wird oft von leidigen Problemen des Formulierens, der Ohrtografie, der Grammatik und der Interpunktion unterbrochen. Hilfe bieten (zufallsgestützte) Schnellformulierungssysteme, bei denen Kombinationen aus einem Adjektiv und einem Determinativ- oder Kopulativkompositum gebildet werden, z. B. *ambivalente Interpretations-Kontingenz* (vgl. dazu Bluffer's Little Helper von *Grebe* 1982, S. 248). Die Rechtschreibreform hat zur Verunsicherung ein übriges beigetragen, bietet dafür aber neue Exkulpationsmöglichkeiten.

Neben dem Promotor, dem Dissertator, der Literatour und der Schreibtortur gibt es eine Reihe von Faktoren, die zwar Kosten für den Dissertator verursachen, denen aber keine eindeutigen Gegenleistungen zugrunde liegen. Es handelt sich dabei vor allem um das *Finanzamt*, welches Promotionskosten oft nicht als Werbungskosten, sondern nur als Ausbildungskosten anerkennen will; die *Versicherungen*, die den Dissertator gegen alle Unbilden des Lebens absichern wollen („Keine Sorge ..."), jedoch nicht den Totalverlust des Manuskriptes durch unbeabsichtigtes Formatieren der Festplatte ersetzen können; und *Kreditinstitute*, die die vorweggenommene postpromotionale Lebensweise gegen geringe Zinsen zu finanzieren bereit sind („Wir machen den Weg frei."). Des Weiteren sind für den Promotionserfolg *soziale Faktoren* von ausschlaggebender Bedeutung: Familie, Freund(in) und andere Haustiere.

III. Die erleuchtete Black Box

Um Licht in das Dunkel der Black Box des Promovierens zu bringen, bedarf es einer Lichtquelle. Nach akademischem Verständnis reicht dafür das *Licht der Vernunft* vollkommen aus. Aus umweltschützenden Gründen wollen wir uns mit einer 15 W Energiesparbirne begnügen.

Erste Erkenntnisse vermittelt der Vergleich des Promovierens mit anderen Formen des wissenschaftlichen Arbeitens. Die Dissertation gestaltet sich nämlich ungleich schwieriger als die Vorstufen des wissenschaftlichen Arbeitens: Hausarbeit und Diplomarbeit. Sie wird, wenn man Gerüchten Glauben schenken darf, nur noch von der Habilitation übertroffen. Die Lösungsräume dieser wissenschaftlichen Arbeiten werden im wesentlichen von zwei Faktoren bestimmt: Themenstellung und Zeitumfang (vgl. Abb. 2).

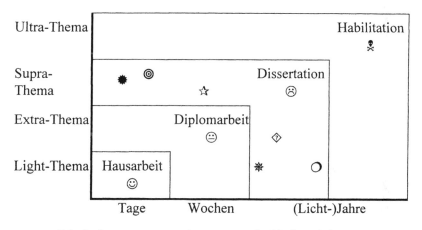

Abb. 2: Lösungsräume des wissenschaftlichen Arbeitens

Während eine Haus- bzw. Diplomarbeit mit vorgegebener oder gewählter einfacher Themenstellung nach lokal begrenzter Literatursuche in wenigen Tagen oder Wochen geschrieben ist, ist die Themenstellung einer Dissertation oder Habilitation so neuartig, dass man noch nicht sagen kann, ob der Lösungsraum weiße Flecken oder schwarze Löcher enthält. Daraus folgt, dass der Zeitbedarf eines Dissertators zwischen sehr sehr vielen Monaten und einigen Lichtjährchen (drei bis siebzehn Jahre nach *Nöllke* 1994, S. 39) schwankt. Leider wird diese theoretisch notwendige Promotionszeit durch solche irdischen Probleme wie befristete Verträge oder das Gespenst des Zwangsrigorosums begrenzt.

Zur Beschreibung, Erklärung und Prognose des Promotionsgeschehens existieren verschiedene Promotionsmodelle. Damit sollen sowohl deskriptive als auch präskriptive Aussagen ermöglicht werden.

Im **euklidischen Promotionsmodell** wird die Promotion als die kürzeste Verbindung p zwischen dem Diplom und der Doktorwürde angesehen, wobei bekanntlich nach *Pythagoras* gilt:

$$p = [(x''-x')^2 + (y''-y')^2]^{1/2}.$$

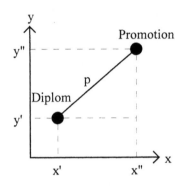

Abb. 3: Das euklidische Promotionsmodell

Nach dem Rationalitätsprinzip empfiehlt sich ein geradliniges Vorgehen nach einem genau einzuhaltenden mehrstufigen Plan: Planung, Vorarbeiten, Materialübersicht und Themenabgrenzung, Materialauswahl, Materialauswertung, Manuskript, Ergebnisgestaltung und Veröffentlichung (vgl. *Theisen* 1998, S. 5 ff.).

Die Vertreter des **evolutionären Promotionsmodells** kritisieren das euklidische Modell zu recht als empirisch nicht bewährt und betrachten die Promotion als offenes, intuitives Suchverfahren nach dem Prinzip von Versuch und Irrtum. Diese Vorgehensweise wird auf die beschränkte Rationalität des Dissertators sowie seine fehlende Selbstdisziplin zurückgeführt. Im günstigsten Falle handelt es sich um einen „Zwei Schritte vor, einen Schritt zurück"-Prozess, der auch „herumdoktern" genannt wird. Damit wird deutlich, warum die Promotion wesentlich länger dauert als das erste Modell erwarten lässt. Der Streit zwischen den Anhängern dieser beiden Promotionsmodelle spaltet die Promotionsforscher in die zwei Lager der *Synoptiker* und der *Inkrementalisten*. Eine vermittelnde Position nimmt *Feyerabend* mit seinem „Anything goes" ein (vgl. *Lütkehaus* 1994, S. 58).

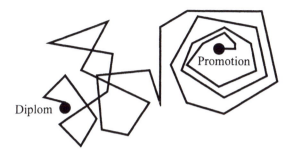

Abb. 4: Das evolutionäre Promotionsmodell

Die Anhänger des **Verdrussröhren-Promotionsmodells** sehen die Promotion als einen zwischen Lust und Frust (Verdruss) alternierenden Prozess, in dem auf das Licht am Ende der Röhre, den Erlösungszeitpunkt (EZP), hingearbeitet wird (vgl. dazu *Behrens* 1986, S. 536 f.).

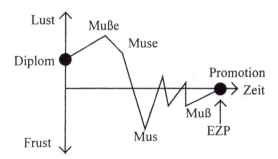

Abb. 5: Das Verdruss-Promotionsmodell

Befindet sich der Dissertator im Verdrusstal, entscheidet die Persönlichkeitsstruktur über das weitere Vorgehen. Der Optimist sagt: „Es ist so schlimm, schlimmer kann es gar nicht mehr werden." Der Pessimist denkt: „Es kann, es kann!" Hier wird also erstmals die kognitiv-psychisch-hedonistische Seite des Dissertators berücksichtigt, die irgendwo auf einer Skala von Muße, von der Muse geküsst, Gedankenmus und Muss anzutreffen ist. Zur Bewältigung der mit der Promotion verbundenen Probleme haben sich im Frankfurter Raum erste Selbsthilfegruppen konstituiert (vgl. zum Doktoranden-Netzwerk *Thesis o. V.* 1993, S. 648). Das auf *Pfähler* zurückgehende **Promotionslustgesetz** widmet sich vertieft der Lust beim Promovieren (*o. V.* 1995, S. 23): „Das Lustempfinden bei der Verfertigung der Dissertation unterliegt einer psychologischen Gesetzmäßigkeit, die der sexuellen Erregungskurve des Mannes ähnelt: Ein steiler Anstieg der Lustintensität führt zu einem frühen Höhepunkt, hinter dem sich ein Abstieg in die lustlose Pflicht zur Hinwendung auftut." Durch mehrfachen Themenwechsel können neue Erregungskurven erzeugt und abgeritten werden. Deren Höhepunkt erreichen aber nicht mehr das ursprüngliche Ausmaß. Auf die Gefahr der zunehmenden Erschlaffung, gar der „research impotence" als einem „vicious circle", wird von *Al. Bundy u. a.* (1995, S. 9 f.) hingewiesen, die in ihrer *Researcher's Bible* Hilfestellung bei diesem Problem bieten.

Das systemisch-kybernetische Modell der Promotion wurde in letzter Zeit zum **Cyberspace-Promotionsmodell** weiterentwickelt und empfiehlt dem Promovenden, seine Forschung in virtuelle und fraktale Welten zu verlegen, sich mit einer ausreichenden Menge knuspriger Mandelbrots und knackiger Apfelmännchen vom Feigenbaum in einem neuronalen Jute-Netz zu versorgen und alles andere dem deterministischen Chaos zu überlassen. Dabei hat sich der Dissertator zu vergegenwärtigen, dass schon das Umblättern einer Seite im Studierzimmer einen tropischen Wirbelsturm am anderen Ende der Welt auslösen kann.

Abb. 6: Das fraktale Promotionsmodell

Im **Katastrophen-Modell** der Promotion wird eine der sieben existierenden Elementarkatastrophen herausgehoben: die *Matter-Horn-Katastrophe*. Die Kombination der beiden Steuerungsfaktoren Promotionsdruck und Promotionswiderstand ergibt in Verbindung mit bestimmten Verhaltensweisen des Dissertators die Verhaltensoberfläche des Katastrophengebirges.

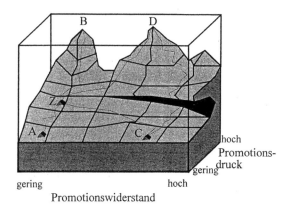

Abb. 7: Das Matter-Horn-Katastrophe-Promotionsmodell

Das Ziel des Dissertators ist der Aufstieg von der niedrigeren Verhaltensoberfläche des Graduierten zur höheren Verhaltensoberfläche des Promovierten. Der Dissertator befindet sich im Basislager A, wenn Promotionswiderstand und -druck gering sind. Steigt der Promotionsdruck, dann ist ein stetiger Promotionsprozess von A über das Zwischenlager Z zum Gipfel B zu erwarten. Befindet sich der Dissertator hingegen im Basislager C, welches durch hohe Promotionswiderstände und geringen Promotionsdruck gekennzeichnet ist, beginnt mit steigendem Promotionsdruck zunächst ein Aufstieg im Schatten des Horns. Befindet sich der Dissertator an der Wand der Falte, wird von ihm höchste Bergsteigerkunst gefordert, um diesen nahezu unüberwindlichen Überhang zu meistern und zum Gipfel D zu gelangen. Viele Dissertatoren werden angesichts der Anforderungen hysterisch und stürzen bei diesem schwierigen Aufstieg ab. Nur wenigen umsichtigen Dissertatoren gelingt es, durch Abbau des Promotionswiderstandes vom Lager C über das Zwischenlager Z zu den Gipfeln B oder D zu gelangen. Sie dürfen den Ehrentitel „Bergdoktor" führen.

Gemäß dem **Konsistenz-Promotionsmodell** ist es für ein erfolgreiches Promovieren empfehlenswert, dass der Dissertator sowohl einen internen Fit in sich selbst als auch einen externen Fit mit seinem Kontext, den Promotionsfaktoren, aufweist (vgl. *Henselek* 1996). Diese doppelte Stimmigkeit sollte weder durch eigene Stimmungsschwankungen noch durch Missstimmungen zwischen dem Dissertator und den Kollegen sowie dem Promotor beeinträchtigt werden. Der interne Fit lässt sich, getreu dem Motto „mens sana in corpore sano", (sehr) frei übersetzt „durch Transpiration zur Inspiration", durch körperliche Betätigung in einem Fitness-Studio herbeischaffen. Wobei allerdings diese schweißtreibende Tätigkeit einem externen Fit eher abträglich ist.

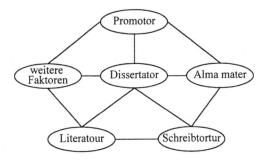

Abb. 8: Das Fit-Promotionsmodell

Das **ethnologische** oder **Initiations-Promotionsmodell** vergleicht interkulturell und intertemporal den Promotionsprozess mit Initiationsriten angeblich unterentwickelter Naturvölker. Die Jünglinge begeben sich dort für einige Stunden oder Tage in den Urwald oder auf die Berge, um in der Abgeschiedenheit durch Grenzerfahrungen zum Manne zu werden. Die Herkunft und die Parallelen der Promotion zu diesen Riten sind offensichtlich. Die Abstammung zeigt sich in den mystischen Prädikaten „non rite" oder „rite". Die Parallelen sind darin zu sehen, dass der Dissertator sich jahrelang durch den Theoriendschungel oder in den sauerstoffarmen Höhen der Theorie bewegt. Die Grenzen der Belastbarkeit werden durch gemeinsame Rituale wie Mensaessen, die Einnahme berauschender pflanzlicher Produkte (Kaffee, Tabak) in der Cafeteria oder durch Dauer-Doppelkopfspielen ausgelotet. Der Vergleich zeigt, dass diese westlichen Initiationsriten wesentlich zeitaufwendiger als bei Naturvölkern und daher, auch unter volkswirtschaftlichen Gesichtspunkten, zur Erlangung eines Balzvorsprunges unterlegen sind.

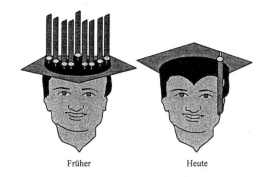

Früher   Heute

Abb. 9: Das ethnologische Promotionsmodell

Im **Faustischen Promotionsmodell** wird für den Erfolg wissenschaftlicher Arbeit die Unterstützung von Geistern als wesentlich angesehen. Wer keinen *Mephistopheles* kennt, kann zumindestens auf die Hilfe von Ghostwritern (vgl. dazu *Andreas* 1993, S. 581) zurückgreifen, denen man zwar nicht die Seele, aber sein Portemonnaie verpfänden muss. Ansonsten bleibt nur das Hoffen auf eine *bezaubernde Jeannie* oder auf die *Heinzelmännchen*. Da diese nur nachts erscheinen, sollte man die eigenen nächtlichen Forschungsbemühungen, die Lukubration, einstellen und ihnen die Arbeit überlassen. Kein geringerer als *Goethe* lässt seinen *Dr. Faust* auf die Gefahren des nächtlichen Forschens hinweisen (ähnlich *Goethe* 1984, S. 80):

> O sähst du, voller Mondenschein,
> Zum letzten Mal auf meine Pein,
> Den zwecks Promotion ich so manche Mitternacht,
> Ob der Interpunktion an diesem Pult herangewacht!
> Dann über Bücher und Papier,
> Trübsel'ger Freund, erschienst du mir.
> ...
> Weh! steck ich in dem Kerker noch?
> Verfluchtes, dumpfes Uniloch,
> Wo selbst das liebe Himmelslicht
> Matt durch trübe Scheiben bricht.
> Beschränkt von all dem Bücherhauf,

Den Würme nagen, Staub bedeckt,
Den bis ans hohe Gewölb hinauf,
Ein angeraucht Papier umsteckt;
Mit Töpfen, Tassen ringsumstellt,
Mit Kamille-Beuteln vollgepfropft,
Zigaretten dreingestopft.
Das ist deine Welt! Und sonst gar nichts!

Das **Argonauten-Modell** der Promotion orientiert sich an der Naturlyrik des ausgehenden 18. Jahrhunderts (der Autor empfiehlt als Hintergrundmusik „Die Moldau" von *Smetana*).

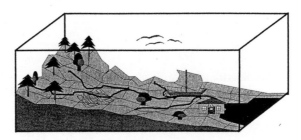

Abb. 10: Das DM-Promotionsmodell

Der Dissertator durchstreift den Theorienwald, steigt im Wissensgebirge über Stock und Stein auf der Suche nach einer oder mehreren Informations- und Finanzquellen, um seinen Wissensdurst bzw. Mittelbedarf zu stillen. Dabei versetzen ihn bislang unentdeckte oder vernachlässigte gehaltvolle Quellen in höchstes Entzücken. Von den Nymphen umgarnt folgt er den ersten Gedankenrinnsalen bis sie schließlich in einen munter plätschernden Bachlauf münden. In dem Fluss begegnet der Dissertator anderen Autoren, die wie er auf der Suche nach der *goldenen Diss* ziellos herumschwimmen. Doch nur der erste Dissertator erhält den begehrten Titel. Schnell wird unser Dissertator von der Modeströmung erfasst und es gelingt ihm immer besser, sich über Wasser zu halten. Aus ersten Bruchstücken baut er sich ein Floß, das er nach einiger Zeit, da es trotz aller Ausbesserungsversuche immer wieder zu sinken droht, auf den Rat der Weisen Paradigma durch ein handwerklich solides Boot ersetzt. Zahlreiche Prüfungen muss der junge Held auf seiner Reise bestehen, wobei zu den einfacheren das Knacken der Nüsse des Theorems gehört. Zu den schwierigeren Prüfungen gehört das Durchwandern der labyrinthischen Gedankengänge des Paradox, aber dank eines roten Fadens behält der Dissertator den Durchblick.

Der Fluss wird in der Ebene zum Strom und windet sich in trägen Mäandern, in denen der Dissertator, eingedenk seines Vorsprunges, den Lockungen der Sirenen erliegt und sich dem Müßiggang hingibt. Plötzlich tauchen Katarakte auf. Der medusengleiche Innere Schweinehund, Gliederungsuntiefen und die Literaturflut gefährden das Boot, doch der Dissertator trotzt unterstützt von erfahrenen Navigatoren, die die gefahrvolle Reise bereits gemacht haben, dem Schiffbruch zwischen *Scylla* und *Charybdis*. Kurz vor dem Ziel erscheinen unerwartet Piraten vom Stamm der Plagiatoren im Kielwasser, die den Dissertator zu überholen drohen. Hektisch legt er sich ins Schreibzeug. Nach heftigen Wortgefechten und durchschwitzten Nächten erreicht der Dissertator erschöpft den Hafen am Meer der Erkenntnis, wo sein Schiff *Argo* als erstes am Dock-Tor festlegt. Dort empfängt der Dissertator seine spektabilische Belohnung und feiert in Alma maters Spelunke *„Summa cum laude"* seinen wohlverdienten Sieg.

Im letzten hier zu behandelnden Promotionsmodell, dem **Lean Promotion-Modell**, werden die Parallelen zu dem Modell der Lean Production, das in den letzten Jahren die Diskussion in der Wirtschaftspresse dominiert, erstmals offengelegt.

Als Merkmale einer fernöstlichen Lean Production werden genannt: *QZ, Kanban, Kaizen* und *JIT*. Eine aufwendige nicht-lineare Cluster-Analyse des Promotionsprozesses hat ergeben, dass abendländische Dissertatoren seit altersher nach diesen Prinzipien arbeiten. So stellen Seminare als Diskussionsrunden mit Kollegen und Promotor nichts anderes dar als Qualitätszirkel (QZ); Material für die Forschung wird nach dem Holprinzip unter Verwendung einer Zettelwirtschaft herbeigeschafft und in Puffern (Stapel von Büchern und Aufsatz-Kopien) zwischengelagert (Kanban); Ideen, Modelle und Manuskripte werden kontinuierlich verbessert (Kaizen), und die Dissertation wird auf den letzten Drücker termingerecht (Just in Time) fertiggestellt.

Abb. 11: Lean Promotion

Die Lean Promotion führt also durchaus nicht zu mageren Ergebnissen. Warum diese Arbeitsweise sich im Fernen Osten und nicht im Nahen Westen über den akademischen Bereich hinaus verbreitete, sollte von zukünftigen Dissertatoren untersucht werden.

Die Fußnote als Höchstmaß wissenschaftlicher Arbeiten[1]

von

Sebastian Hakelmacher[2]

I. Vorkommen und Bedeutung der Fußnoten

II. Begriff und Ursprung der Fußnoten

III. Die Pedinotalogie oder die Wissenschaft von den Fußnoten
   1. Anzahl und Ausdehnung der Fußnoten
   2. Der Inhalt der Fußnoten
   3. Die Artenvielfalt der Fußnoten

IV. Die Entstehung der Fußnoten

V. Ausblick

---

[1] Überarbeiteter, nachträglich um Fußnoten ergänzter Vortrag anläßlich des 65. Geburtstages von Herrn Prof. Dr. Dr. ... (Name ist dem Verfasser bekannt). Der ursprüngliche Titel lautete „Die Kunst der Fußnote"; er wurde in Anpassung an die fortschreitenden Erkenntnisse der Pedinotalogie neu formuliert.

[2] Als sporadischer Gasthörer des bekannten Pedinotalogen Prof. Dr. Dr. Th. sammelte der Verfasser erste Fußnotenkenntnisse. In 1994 wurden seine diesbezüglichen Bemühungen mit der Verleihung des „Prix d'Asterix" der Societé de Pédinotalogie, Paris, gekrönt. Seither ringt sich der Autor ein Fußnote nach der anderen ab.

I. Vorkommen und Bedeutung der Fußnoten

Eine wissenschaftliche Abhandlung unterscheidet sich von banalen Schriften durch Fußnoten[3]. Die Fußnote ist der eigentliche Ausdruck wissenschaftlicher Veröffentlichungen. Anzahl und Umfang der Fußnoten bestimmen den wissenschaftlichen Rang gelehrter Schriften. Das gilt jedenfalls uneingeschränkt für die Geisteswissenschaften, die ja sonst wenig konkret wären. Für Doktorarbeiten sind daher Fußnoten nicht nur unentbehrlich, sondern sogar notenbestimmend[4].

Was die Musiknote für die Musik, ist die Fußnote für die Wissenschaft. Beide garantieren Kontinuität und Werktreue und bewahren vor dilettantischer Improvisation oder gar unprofessioneller Kreativität[5].

Der vor allem in der angelsächsischen Fachliteratur verbreitete Ersatz der Fußnoten durch im laufenden Text verstreute Quellenangaben, die meist in Klammern gesetzt werden, besitzt nicht die hohe wissenschaftliche Anmutung der Fußnoten. Obwohl diese verkümmerte Zitierweise den Leser auf dem höherem Niveau des Haupttextes verwirrt und zur Unübersichtlichkeit der Abhandlung wesentlich beiträgt, leidet der wissenschaftliche Gehalt empfindlich, weil die verklammerten Hinweise im Vergleich zu den Fußnoten schon aus technischen Gründen zu knapp gehalten werden[6].

Mündlichen Vorträgen kann nur außerordentlich selten ein wissenschaftlicher Charakter bescheinigt werden, weil ihnen der Tiefgang der

---

[3] Vgl. M. R. Theisen, ABC des wissenschaftlichen Arbeitens, München 1995, S. 101. E. Schmiedel verdanken wir den Hinweis, dass dies sogar gerichtsbekannt sei und daher Gerichtsgutachten mit Fußnoten honorarmäßig als wissenschaftliche Arbeit eingestuft werden (1992).

[4] Vgl. M. Schaumlöffel, Die Bedeutung der Fußnote für die Note von wissenschaftlichen Arbeiten, Innsbruck 1992.

[5] Vgl. W. Rausch: Noten als ordnende Kraft im Geistesleben, Hamburg 1990.

[6] Beispiel: „Die Wissenschaft der Fußnoten (Murks, Pedinot., 1994, S. 2 f.) dient der Erleuchtung (Lux, Lampenfieber, 1956, S. 277) der Leser wissenschaftlicher Skripten (Knorz-Kappes, ZfP, 1998, S. 146 ff., m. w. N.)". Zitiert nach W. Pagendarm, Evolution und Entartung von Quellenangaben, Köln 1997, S. 18.

Fußnoten fehlt[7]. Einen akzeptablen Ausweg bietet die Visualisierung des Vortrags durch Folien oder Dias, um die sich heute die professionellen Präsentationen ranken. Die visuellen Medien können die sublime Rolle der Fußnoten wenigstens teilweise übernehmen, wenn sie für die Zuhörer unleserlich sind. Daher sind allenfalls visualisierte Vorträge als wissenschaftlich akzeptable Äußerungen anzuerkennen[8].

Jeden ernsthaften Wissenschaftler muss es schmerzen, dass die wuchernde Fußnotenvielfalt bisher nur in Ansätzen erforscht worden ist[9]. Denn Wissenschaft ist ohne Fußnoten nicht denkbar, doch könnten sehr wohl Fußnoten ohne Wissenschaft vorstellbar sein[10]

II. Begriff und Ursprung der Fußnoten

Fußnoten sind wichtige, aber überflüssige Ergänzungen einer schriftlichen Abhandlung, auf die im Text in störender Form, meist durch hochgestellte Sternchen oder Ziffern, hingewiesen wird. Am Ende des Textes werden sie unter Angabe ihrer Kennzeichnung niedergeschrieben. Fußnoten werden also gewissermaßen „zu Füßen des Textes notiert"[11].

Die Entstehung der Fußnote liegt im Dunkeln. Die plausibel klingende These[12], die erste Fußnote befände sich auf einer Grabinschrift für

---

[7] Das Verlesen der im Vortragsmanuskript enthaltenen Fußnoten erwies sich als wenig unterhaltend. So sind z. B. die leichten Heiterkeitsausbrüche der Zuhörer anlässlich des Vortrages dieser Abhandlung erklärbar; siehe Fußnote 1.

[8] Entscheidend ist die Umschlagshäufigkeit der Folien pro Minute. Wissenschaftliche Vorträge beginnen etwa bei fünf Folien pro Minute. Merke: Leserliche Folien wirken kommerziell und nicht wissenschaftlich.

[9] Die einschlägige Literatur gilt volumenmäßig als äußerst dürftig. So selbst der Internationale Pedinotalogenverband e. V. (Hrsg.), Mitteilungen in Fußnoten, Fußgönheim 1998, Band 12.

[10] C. von der Socke verweist hier auf die Notes zu den anglo-amerikanischen Jahresabschlüssen, obwohl bezeichnenderweise immer behauptet wird, jeder Jahresabschluss sei eine Wissenschaft für sich.

[11] Ob sich damit die Bezeichnung „Fußnote" erklärt, konnte der Verfasser literarisch nicht ergründen, da es sich um eine spontane Entdeckung des sonst unbescholtenen Verfassers handelt.

[12] Vgl. O. Riebesehl, Der Ursprung der Fußnote, Köln 1990, S. 41 ff. m. w. N.

den Pharao Fusnotis III, (18. Dynastie, 14. Jahrhundert v. Chr.), konnte bisher nicht zweifelsfrei belegt werden. Schon zur Zeit Ramses III. (11. Jahrhundert v. Chr.) war das verborgene Grab unauffindbar. Auch später war man bemüht, seinen Zugang so unkenntlich zu machen, dass er bis heute nicht wieder entdeckt werden konnte[13]. Die These beruht daher auf einer wohl schon 1832 in Sakkara verloren gegangenen authentischen Kopie der unentdeckten Inschrift. Sie hat sich bis heute gehalten, obwohl die Suche nach der Kopie und dem Original der gut leserlichen Grabinschrift 1948 eingestellt wurde.

Auch für die Ableitung der Fußnote aus dem lateinischen „Notabene"[14] ist ein zweifelsfreier Beweis nicht erbracht worden. Danach sollen die Erfinder der Fußnote die antiken Schreiber sein, die „zu bene" (= germanisch: „zu Beine" oder „zu Füßen") der Autoritäten saßen und wichtige Anmerkungen „notierten"[15].

Spekulativ erscheint die Annahme, dass die Fußnote mit der Etablierung der Lehrstühle an den Hochschulen zusammenhängt, weil die Studenten aus der Fußhaltung des Lehrers, die als seine ganz spezielle Note angesehen wurde, auf dessen Temperament und Stimmung schließen konnten[16].

Wir müssen uns daher mit der vagen Vermutung abfinden, dass die Fußnote keineswegs älter ist als die Schrift, die schlechthin Voraussetzung für die Fußnote ist. Wir können ferner davon ausgehen, dass mit zunehmender Verbreitung von Schrift und Druck die hohe Kunst der

---

[13] Vgl. P. Champignon, A la recherche des mots perdu de Fusnotis III, Paris/Kairo 1994.

[14] M. Heise, Die Bedeutung der Fußnote für den Aufstieg und Abstieg des Römischen Reiches, Berlin 1926, S. 15; siehe auch F. Bratengeier, Die Furor zitandi, Köln 1987, Band 1, S. 112.

[15] Die volksethymologische Verquickung von lateinischen und germanischen Sprachelementen lässt gegenüber dieser Deutung größte Skepsis angebracht erscheinen. So u. a. W. Lüthi, Sprachwurzelextraktion im Vulgärlatein, Trier 1998, S. 121.

[16] Vgl. F. Nötigenfals, Fußhaltung und –spiel als Ausdruck geistiger Verfassung und Haltung, Leipzig 1927, S. 1324 ff., unter Hinweis auf X. Grantlhuber, Was man nicht im Kopf hat..., Heidelberg 1906.

Fußnote entwickelt wurde. In China führte die Einführung des Haarpinsels (200 v.Chr.) zu einer verborgenen Blüte der Fußnoten[17].

Es ist unbekannt, wer die fortlaufende Nummerierung der Fußnoten eingeführt hat und wann dies geschah. Interessant ist die Feststellung, dass die fortlaufende Nummerierung der Fußnoten für jede Seite des zugehörigen Textes („nota paginae") oder durchlaufend für den Gesamttext („nota finalis") erfolgen. Das zweite Verfahren gilt heute als wissenschaftlicher, weil es zu höheren Fußnotennummern führt und den Umfang der Fußnoten besser erahnen lässt.

Neben der Differenzierung bei der Nummerierung der Fußnoten kann ihre körperliche Unterbringung in wissenschaftlichen Werken auf dreierlei Weise erfolgen. Die Fußnoten können entweder den einzelnen Textseiten zugeordnet oder gesamthaft am Ende eines Kapitels oder gar erst am Ende des Gesamttextes aufgeführt werden. Die Gesamtdarstellung, die aus einer gewissen Bequemlichkeit der Autoren oder Setzer entstanden ist, hat den Vorteil, dass sich der Leser unabhängig von dem oft als lästig empfundenen Haupttext leichter auf die Lektüre der Fußnoten konzentrieren kann. Das erstgenannte Verfahren erlaubt dagegen eine attraktivere Textstrukturierung und lässt den Leser unmittelbar den Umfang von Text und Fußnoten erkennen.

III. Die Pedinotalogie oder die Wissenschaft von den Fußnoten

Die in der Vergangenheit oft von Selbstzweifeln geplagte Betriebswirtschaftslehre konnte ihren Rang als wissenschaftliche Disziplin dadurch stabilisieren, dass sie die Grundlagen der Pedinotalogie, also der noch jungen „Wissenschaft von den Fußnoten", gelegt hat[18]. Die Pedinotalogen haben damit begonnen, die Fußnoten nach Inhalt, Zweck, Art und Konstruktion eingehend zu analysieren. Ihre grundlegenden, aber noch

---

[17] Vgl. Fu-No-Teng, Das Aufblühen der Fußnoten während der Han-Dynastie, Peking 1958 (deutsche Übersetzung von G. Füssli, Basel 1972).

[18] Erste Ansätze finden sich bereits bei R. Filzbauer, Die Aussagekraft der Fußnoten in betriebswirtschaftlichen Lehrbüchern, Mannheim 1964.

kaum bekannten Erkenntnisse werden sich besonders segensreich auf die Wirtschaftswissenschaften, aber auch auf die Rechts- und Sprachwissenschaften auswirken.

1. Anzahl und Ausdehnung der Fußnoten

Bahnbrechend für die Begründung der Pedinotalogie war die Erkenntnis, dass die Anzahl der Fußnoten nicht nur von der Forschungstiefe und Zitierfreudigkeit des Autors, sondern auch vom Umfang des Haupttextes abhängt. Denn jede Fußnote braucht eine *Fußnotenangel*, d. h. ein Wort im Haupttext, bei dem die Fußnote angehängt wird[19]. Theoretisch besteht die Möglichkeit, mehrere Fußnoten bei einem Wort vermerken. Praktisch wird davon aber kein Gebrauch gemacht, weil längere Zahlenreihen jeden Geisteswissenschaftler abschrecken.

Wird jedes Wort mit einer Fußnote belegt, spricht man bereits vom *Fußnotenexzess*. Er ist aus ästhetischen Gründen abzulehnen[20]. Dissertationen, die solche Fußnotenballungen aufweisen, werden in der Regel nicht angenommen, weil der starke Verdacht nahe liegt, dass der Haupttext zu kurz gekommen ist[21].

Im Interesse einer ansprechenden und ausgewogenen Darstellung sollte die Anzahl der Fußnoten die Hälfte der Anzahl der Wörter im Haupttext nicht überschreiten. Für Doktor- und andere hochwissenschaftliche Werke wird man eine Fußnote pro Satz der Abhandlung als gesundes Mittelmaß ansehen dürfen.

---

[19] Vgl. K. Bolzenknödel, Der Angelpunkt der Pedinotalogie, Marburg 1984.

[20] Im Interesse der Lesbarkeit hat eine radikale Hochschulgruppe gefordert, dass die Zahl der Fußnoten dadurch begrenzt wird, dass zwischen den einzelnen Fußnoten ein Mindestabstand von drei Wörtern im Haupttext einzuhalten ist. Siehe auch G. Schinken-Häger, Die Renaissance der Anmerkungen, Bremen 1991.

[21] Erste Hinweise finden sich schon bei W. Biesterfeld, Wägbares und Unwägbares in der geistigen Auseinandersetzung des 20. Jahrhunderts, Hamburg 1962, S 154 f. Der entscheidende Nachweis gelang M. Renner, Die fundamentale Bedeutung der Fußnote für das Niveau wissenschaftlicher Leerinhalte, 2. Aufl., München 1998.

Die Anzahl der Fußnoten sagt noch nichts über ihren für die wissenschaftliche Qualität entscheidenden Umfang. Der *Umfang der Fußnoten* konnte nämlich eindeutig als Gradmesser der Wissenschaftlichkeit identifiziert werden. Das Niveau wissenschaftlicher Arbeiten lässt sich durch das Flächenmaß der sog. *Fußnotenzonen* exakt quantifizieren[22]. Es schwankt bei akademischen Schriften zwischen 9,7 % und 31,4 % der gesamten Textfläche[23].

Als Maßeinheit für den Fußnotenumfang wurde vom internationalen Pedinotalogenkongreß in Paris 1991 das *Pedzibel* festgelegt[24]. Ein Pedzibel entspricht bei 20° Grad Celsius und einem Luftdruck von 1.013 Hektopascal sowie bei einer gegenüber dem Haupttext um 50 % reduzierten Schriftgröße der Fußnoten 10% der Gesamttextfläche (= Haupttext und Fußnotenzone)[25]. 1 Pedzibel gilt als Untergrenze für wissenschaftliche Arbeiten. Für Dissertationen, die mit „cum laude" und besser bewertet werden, wurde ein Minimum von 1,68 Pedzibel ermittelt[26].

2. Der Inhalt der Fußnoten

Der Inhalt der Fußnoten lässt sich differenzieren nach Quellenangaben, Zitaten und speziellen Anmerkungen des Autors. Der reflektierende und zugleich ambivalente Charakter der *Quellenangaben* liegt darin, dass zum Nachweis fundierter Recherchen möglichst frühzeitliche, zum Beweis der Aktualität möglichst zeitnahe Quellen anzuführen sind[27]. Mit der enormen Spannbreite kann der Umfang der Fußnoten bedarfsgerecht

---

[22] Siehe W. Beinhart, Die Einrichtung der Fußnotenzone, München 1977.
[23] Vgl. W. Kalkfuß/B. Blender, Die Verbreitung der Fußnote in der wissenschaftlichen Literatur der Nachkriegszeit (1945-1996), Bonn 1997.
[24] Vgl. Internationaler Pedinotalogenverband e. V. (Hrsg.), Kongressbericht 1991, Köln 1991, Abschnitt B.
[25] Vgl. Deutscher Pedinotalogenverband e. V. (Hrsg.), Definition, Messung und Anwendung des Pedzibels, Köln 1992, S. 2.
[26] Vgl. F. Raubeisen, Wissenschaftliches Arbeiten in hektischer Zeit, München 1996, S. 324 f.
[27] Vgl. R. Semmel-Brösel, Der Krampf der Plagiatoren, Bonn 1991, insbesondere Kapitel II.

austariert werden[28]. Die Auswahl lässt Geschick und Geschmack des Autors erkennen.

Die Zitate können sich auf fremde Autoren oder auf eigene Veröffentlichungen beziehen. *Fremdzitate* sollen die Richtigkeit der eigener Aussagen oder die Absurdität abweichender Ideen hervorheben. *Eigen- oder Selbstzitate* unterstreichen die fachliche Autorität des Autors. Um sich nicht dem Vorwurf der Selbstüberschätzung oder Eitelkeit auszusetzen, sollte der Anteil der Eigenzitate nicht mehr als 50 % aller Fußnoten ausmachen. Statt dessen sollte bedacht werden, dass eine ausgewogene Ergänzung durch Fremdzitate subjektiven Äußerungen die Qualität objektiver Befunde verleiht[29].

Das gegenseitige Zitieren verschiedener Autoren bezeugt nicht nur akademische Kollegialität, sondern führt bei professioneller Handhabung zu herrschenden Meinungen. Die Bildung von *Zitierkartellen* schafft schließlich gesicherte wissenschaftliche Erkenntnisse. Der konstruktive Einfluss von zitierenden Fußnoten kann bis zur Besetzung von Lehrstühlen gehen. Der Zitaloge *G. Ableiter*[30] weiß zu berichten, dass ein namhafter Wissenschafter Arbeiten seiner Gattin so oft zitierte, dass ihr ein Lehrauftrag an der Universität Bremen erteilt wurde.

Fußnoten mit *Anmerkungen* sprechen für einen kritischen Sachverstand des Autors. Sie sollten sich aber auf unverbindliche, wenn auch zustimmende oder abstandwahrende Kommentierungen zu zitierenden Meinungen beschränken. Bei Dissertationen sollten die Anmerkungen der wissenschaftliche Treffsicherheit und Universalität des Doktorvaters gewidmet sein. Entschuldigungen für die Themenabgrenzung oder um-

---

[28] Vgl. F. Prunzel, Die Fußnote als Stützpfeiler für die Spannbreite wissenschaftlicher Werke, Hamburg 1995.

[29] Der Griff zum wissenschaftlichen Buch wird durch Fußnoten wesentlich gefördert. Zahl und Art der in Werken Dritter gefundener eigenen Zitate bestimmen deren Akzeptanz.

[30] Festrede zur Eröffnung des Instituts für Zitierbetriebswirtschaft an der Universität Köln, in P. Anders (Hrsg.), Betriebswirtschaftslehre humoris causa, Wiesbaden 1992.

fangreiche Dankadressen[31] gehören in den sonst zu kargen Haupttext, der immerhin ausreichende Anhaltspunkte für die viel wichtigeren Fußnoten bieten muss.

3. Die Artenvielfalt der Fußnoten

Die Pedinotalogen konnten inzwischen eine große Artenvielfalt von Fußnoten identifizieren[32]. Es gibt jedoch zahlreiche Mischformen, die eine klare Identifikation ungemein erschweren.

Die honorarbedingte Neigung, Fachthemen stets ab ovo zu behandeln, führt zu den sog. *Sisyphusnoten*. Es ist unmöglich, aus eigener Anschauung sämtliche einschlägigen Quellen vollständig zu zitieren. Daher beginnen Sisyphusnoten häufig mit dem Zusatz „zitiert nach ...".

Die plagiativen, d.h. den Werken Dritter ohne Kennzeichnung entlehnten Quellenangaben bezeichnet man mit *Gänsefußnoten*. Sie sollen die universelle Bildung des Autors hervorheben und sind beim Verweis auf entlegene Quellen kaum zu vermeiden.

Wer mit Mühe und Zeitaufwand Originalquellen studiert, verfasst die bemerkenswerten Schweißfußnoten, denen aber wegen der Verbreitung der Gänsefußnoten meist die gebührende Anerkennung versagt bleibt.

Zum Verständnis geisteswissenschaftlicher Problemstellungen lassen sich banale Sachverhaltsdarstellungen nicht vermeiden. Der Hinweis auf erleuchtende Gemeinplätze findet sich in den sog. Plattfußnoten. Sollen die Fußnoten die komplizierten Ausführungen des Autors lapidar vertiefen, so handelt es sich um Senkfußnoten. Wer seinen eigenen Aussagen nicht traut, untermauert sie mit Hasenfußnoten.

---

[31] Aufmerksame Autoren zeichnen sich aus durch die umfangreiche Danksagungen an Gattin und Schwiegermutter für Geduld und Nachsicht, an wenigstens fünfzehn namentlich aufgeführte Kollegen für Anregungen oder Durchsicht, an Assistenten und Mitarbeiter für Entwürfe, Grafiken, Literaturverzeichnis und Korrekturen, an die Sekretärinnen für Manuskripterstellung und an den Verlag für die Betreuung und Ausstattung der Publikation.

[32] Vgl. F. Blumenthal, Arten und Fortpflanzung von Fußnoten, München 1992.

Für Diplomarbeiten und Dissertationen sind die sog. Kratzfußnoten der entscheidende Erfolgsfaktor. Mit ihnen werden die betreuenden Professoren möglichst häufig und auch an unpassender Stelle zutreffend zitiert. Solche Zeichen menschlicher Zuneigung schaffen in dem nüchternen Wissenschaftsbetrieb überfüllter Hochschulen Ansätze einer anheimelnden Atmosphäre. Allerdings können an falscher Stelle angebrachte Zitate zu Pferdefußnoten werden, wenn der Zitierte daran Anstoß nimmt.

Umstritten ist, ob für Diplom- und Doktorarbeiten eine Mindestanzahl personenbezogener Zitate vorgeschrieben werden sollte, damit die Geschlossenheit der Fakultät bezeugt und der Hang zu übertriebener Originalität in vertretbaren Grenzen gehalten werden.

Bleibt der Inhalt der Fußnote nebelhaft und geheimnisvoll, so handelt es sich um Konfusnoten. Diese Fußnoten sind die wissenschaftlichsten. Sie eignen sich daher besonders für Doktorarbeiten und Habilitationsschriften. Konfusnoten gelingen am besten, wenn der Autor Probleme erkennt, wo keine sind, oder unverstandene Probleme ausführlich beschreibt. Fälschlicherweise konzentrieren viele Wissenschaftler ihre unverständlichen Ausführungen im laufenden Text und nutzen nicht die wissenschaftliche Anmutung der Konfusnoten.

Zur Vergrößerung der Fußnotenzone eignen sich besonders die Spreizfußnoten. Sie enthalten eine komplette Genealogie der einschlägigen Fachautoren und ihrer Publikationen. Aus Raumgründe vermeiden sie jegliche Abkürzungen.

Fußnoten, die mehr als fünf Zeilen umfassen, nennt man Klumpfußnoten. Sie sind für kritische Anmerkungen beliebt, die aus Taktgefühl oder mangels eines Sinnzusammenhangs nicht im Haupttext untergebracht werden können.

IV. Die Entstehung der Fußnoten

Die Entstehung der Fußnoten ist ein wohlgehütetes Geheimnis der Wissenschaftler aller Disziplinen. Insofern stößt die eigentliche Pedinotalogie hier an die Grenze ihrer wissenschaftlich abgesicherten Forschungsmöglichkeiten[33] und geht in die später entwickelte *Metapedinotalogie* über[34].

Die strenge Geheimhaltung war Ursache dafür, dass man die Anfertigung von Fußnoten ursprünglich für Kunst hielt, die sich in ihrem Wesenskern einer wissenschaftlichen Durchdringung entzog[35]. Bis zur Mitte des 20. Jahrhunderts sprach man daher unkritisch von der Kunst der Fußnote[36].

Die Pedinotalogen befürchteten ernsthaft, dass wissenschaftliche Abhandlungen durch Nachdenken und nach umfangreichem Quellen- und sonstigem Studium verfertigt und im Zuge ihrer schriftlichen Niederlegung die Fußnoten angebracht werden[37]. Ein solches Vorgehen wäre wegen der damit verbundenen Mühsal und Aufwand widernatürlich und irrational gewesen. Um so bedeutender war, dass die Metapedinotalogie durch Langzeitstudien zwei andere, real existierende Konstruktionsarten für Fußnoten nachweisen konnte[38].

Der verbissen arbeitende Forscher und Wissenschaftler beginnt mit einer vorläufigen Formulierung des Themas und klügelt dann unter Hinzuziehung themenverwandter Schriften möglichst viele eindrucksvolle Fußnoten aus. Intelligente Kopien aus der einschlägigen Fachliteratur erleichtern diesen Einstieg wesentlich. Erst danach wird der eigentliche Text geschrieben. Er dient nur dazu, die ausreichende Zahl der Fußnotennummern anbringen zu können. Der Autor kann sich so ganz auf die

---

[33] Diese ohne Fußnotenangel angebrachte Fußnote soll den geneigten Leser auf die Fußnotenöde der vorhergehenden Seite aufmerksam machen.

[34] Vgl. M. Nebel-Krähe, Die Geburtsstunde der Metapedinotalogie, Bonn 1996.

[35] Vgl. dazu die Fußnote zum Titel dieses Beitrages. Der Vereinbarungsbegriff „Kunst", wie ihn Kant und Hegel geprägt haben, wurde spätestens seit den Dadaisten unfassbar aufgelöst.

[36] Vgl. S. Kundt, Die Kunst der Fußnote im Vergleich zur Kunst der Fuge, München 1952.

[37] So u. a. W. Kalkfuß, Methodik wissenschaftlicher Methoden, Bonn 1992; H. Au Pied, Die Entstehungsgeschichte einer Dissertation, Hamburg 1990.

[38] Vgl. R. Dunstbier, Bahnbrechende Erkenntnisse der Metapedinotalogie, Münster 1997.

Schaffung von Fußnotenangeln und die zweckgerechte Ausformung der Fußnoten konzentrieren[39].

Diese originäre Wissenschaftlichkeit durch Fußnoten erschwert die Konstruktion abgewogener Fußnotenzonen. Daher hat sich als alternative Gestaltung die subsidiäre Wissenschaftlichkeit breit gemacht. Hier wird zunächst ein themengerecht verschrobener Text verfasst, der nachträglich unter Beachtung der Pedzibelfaktoren durch möglichst viele und umfangreiche Fußnoten zur wissenschaftlichen Abhandlung aufgewertet wird.

Für Dissertationen, die eine eigenständige wissenschaftliche Arbeit belegen sollen, ist das letztgenannte Verfahren besser geeignet, weil irrtümlich nur der Haupttext als Eigenleistung des Doktoranden gewertet wird. Allerdings ist auch hier auf die Anfertigung der Fußnoten große Sorgfalt zu legen. Zitate erfordern höchste Präzision, weil sie der einzige Teil der Dissertation sind, der objektiv geprüft werden kann[40].

V. Ausblick

Aus Raumgründen kann auf die wirtschaftliche Bedeutung der Fußnote nicht näher eingegangen werden, obwohl sie in der gegenwärtigen Diskussion über den Standort Deutschland eine dominierende Rolle spielen dürfte[41]. Zur weiteren Blüte der Fußnoten dürfte der durch das Internet erleichterte Zugang zu zitierfähigen Quellen wesentlich beitragen[42].

---

[39] Vgl. P. Pedeström, Der Angelpunkt wissenschaftlicher Veröffentlichungen, Stockholm 1989.

[40] Die Richtigkeit der Fußnoten beeinflusst die Benotung mit einem durchschnittlichen Anteil von etwa 28,4 %. Siehe dazu L. Rottner, Notengerechtigkeit und Lehrstuhlvielfalt, Hamburg 1998, S. 218 ff. Die Erkenntnisse beruhen auf statistischen Erhebungen an 14 ausgesuchten Hochschulen im Bereich der Rechts-, Staats- und Wirtschaftswissenschaften vom Sommersemester 1992 bis zum Wintersemester 1995/96.

[41] Vgl. E. Runke, Die Auswirkungen der Fußnotenzone auf Umsatz und Beschäftigung im Papier- und Druckgewerbe sowie im Rohstoff- und Buchhandel, Hamburg 1992.

[42] Siehe dazu B. Gaetz, Die Erweiterung des Fußnotenhorizonts durch Surfen im Internet, München 1999, S. 87 ff.

Die wissenschaftlichen Aspekte der Fußnote lassen sich so zusammenfassen: Die Fußnote ist unscheinbar, aber für die Wissenschaft essentiell[43].

---

[43] So schon in Andeutungen A. Schmuh, Die Bedeutung des Kleingedruckten, Frankfurt 1978.

2. Teil

Erstmaliger Einblick:
Der Nachwuchsforscher aus seiner eigenen Sicht

„Na, was macht die Diss?" – oder: Promotion und Sozialverhalten – ein Phasenmodell

von

Alexander Arnold[*]

I. **Das Modell im Überblick**

II. **Die Phasen im Einzelnen**

    1. Uninformierter Optimismus

    2. Informierter Pessimismus

    3. Tal des Todes

    4. Hoffnung

    5. Informierter Optimismus

    6. „Weg damit"

---

[*] Dr. Alexander Arnold, passionierter Träger des Titels „Doktor der Wirtschaftswissenschaften", lässt derzeit nach einem Ausflug in die industrielle Praxis seinem wissenschaftlich-missionarischen Drang als Unternehmensberater freien Lauf.

I. Das Modell im Überblick

Um die Entstehung von Dissertationen ranken sich etliche Mythen. Bei deren Urhebern handelt es sich meist um Personen aus dem direkten sozialen Umfeld der Promovierenden, die mit großem Erstaunen und steigender Verwunderung das oftmals wunderliche Treiben dieses Menschenschlages zur Kenntnis nehmen.

Der Artikel hat keineswegs zum Ziel, mit diesen Mythen aufzuräumen, erweisen diese sich doch als viel zu nützlich im täglichen Kampf um Anerkennung und höherem Gehalt. Vielmehr soll ein weiterer hinzugefügt werden, der sich von den anderen durch die wissenschaftliche Fundierung unterscheidet. Zu diesem Zweck hat der Autor ein Experiment am lebenden Objekt durchgeführt und sich vorsätzlich mit dem Promo-Virus infiziert. Als Nebenprodukt dieser anspruchsvollen Forschungsmethodik erlangte er die Doktorwürde, das eigentliche Ergebnis seiner Tätigkeit wird auf den folgenden Seiten in geraffter Form präsentiert.

Dabei handelt es sich um ein Phasenmodell, welches das Sozialverhalten des Doktoranden in Abhängigkeit vom jeweiligen Entwicklungsstadium der Doktorarbeit betrachtet. Das Modell selbst hat sich bereits bei der Beschreibung des phasenmäßigen Verlaufs organisatorischer Veränderungen bewährt. Etwas angepasst auf die vorliegende Thematik lauten die Phasen im einzelnen:

1. Uninformierter Optimismus

2. Informierter Pessimismus

3. Tal des Todes

4. Hoffnung

5. Informierter Optimismus

6. „Weg damit"

Sie unterscheiden sich durch die Veränderung der Wahrnehmung des sozialen Umfeldes durch den Doktoranden. Dieser Perzeptionswandel wird anhand der an sich harmlosen Anfrage „Na, was macht die Diss?" seitens vermeintlich interessierter Mitmenschen verdeutlicht.

II. Die Phasen im Einzelnen

1. Uninformierter Optimismus

Anfrage: *„Na, was macht die Diss?"*
Unterstellte Bedeutung: *Synonym für „Hallo, wie geht's"*
Dauer: *ca. 6 Monate*
Anzahl wahrgenommener Nachfragen pro Tag (im Durchschnitt): *10*
Anzahl tatsächlicher Nachfragen pro Tag (im Durchschnitt): *10*

Was bewegt einen Menschen, der sich und seiner Umwelt durch den erfolgreichen Abschluss eines regulären Studiums hinreichend Intelligenz, Durchsetzungs- und Leidensfähigkeit bewiesen hat, zum Promovieren?

Es scheint nur eine vernünftige Begründung in Frage zu kommen: Eine unselige Mischung aus Schmerzverlangen, Ignoranz und Eitelkeit. Erkenntnisgewinn im Dienste der Menschheit dürfte nur bei wenigen Personen eine tragende Rolle spielen, diese werden dann Professoren oder Taxifahrer.

Ausschlaggebend muss aber Eitelkeit sein.[1] Dafür sprechen die unzähligen Schmierzettel, die nicht für die Erstellung des Grob- oder Feinkonzeptes, sondern für die elegante Integration des magischen Kürzels „Dr." in die Unterschrift verschwendet werden.

Unwissend, optimistisch und angetrieben von maßloser Eitelkeit wird der Schritt ins Doktorandendasein vollzogen. Der Beginn gestaltet sich wie der Freiflug in der Ersten Klasse einer Concorde von Air France. Ohne große Eigenleistung ruft alleine die Berufsangabe „Doktorand" anerkennendes Nicken und Ausrufe der Bewunderung hervor. Auch die Nachfrage, was denn die Diss mache, ruft noch keine Schweißausbrüche hervor, da wegen der erst kurzen Promotionsdauer kaum (eigene oder fremde) Erwartungen bestehen. Probleme bereitet alleine die Frage nach dem Thema. Die meisten Doktoranden verstehen es zu Beginn selbst kaum, sind meistens noch mit der korrekten

---

[1] Zudem gibt es überzeugte Anhänger der Theorie, dass ein Doktortitel insbesondere bei Männern nicht unwesentlich zur Anziehungskraft auf das andere Geschlecht beiträgt. Auf diese elegante und gesellschaftlich akzeptierte Art und Weise soll die Lücke zu Brad Pitt, Keanu Reeves oder Donald Trump geschlossen werden.

Aussprache der vielen fremdländisch anmutenden Ausdrücke beschäftigt.[2]

Wurde diese Klippe erst einmal erfolgreich umschifft, so kann sich der angehende Doktor im Lichte der Anerkennung sonnen. Dabei kommt ihm entgegen, dass die Ehrfurcht einiger Gesprächspartner so weit reicht, dass er behaupten könnte, Mutter Theresa sei die Ordensschwester der *Klosterfrau Melissengeist*, ohne größeren Imageverlust zu erleiden.

Da - wie bereits erwähnt - Eitelkeit die Mutter aller Promotionsmotive ist, legt es der Promovierende selbstverständlich darauf an, sooft wie möglich ein „Bad in der Menge" zu nehmen, jovial und huldvoll rechts und links dem gemeinen akademischen Nachwuchs zuwinkend. Geeignete Orte dafür sind (geordnet nach Attraktivität):

➢ Mensa, wegen der großen Anzahl an Jung-Studenten, für die das Bestehen des Vordiploms bereits der Inbegriff des Paradieses darstellt.

➢ Feste, besonders diejenigen zur Begrüßung der Erstsemestrigen aus oben genanntem Grund.

➢ Die Bibliothek, da sich dort so schön mit dem für Doktoranden meist andersartig gestalteten Ausweis protzen lässt (ist dies nicht der Fall, so kann man der Umwelt durch geschickte Wahl der Bücher einen Hinweis auf seinen privilegierten Status geben).

Ohne es zu wissen, legt er mit diesem Verhalten den Grundstein für sein späteres Verderben, denn jede Person, die über sein Doktordasein informiert ist, kann sein zukünftiges Leiden erheblich erhöhen.

2. Informierter Pessimismus

Anfrage: *„Na, was macht die Diss?"*
Unterstellte Bedeutung: *Synonym für „Na, wirst du jemals fertig"*
Dauer der Phase: *ca. 2 Wochen*

---

[2] Die einzige Anforderung an ein Thema am Anfang der Promotionszeit besteht darin, dass es sich wissenschaftlich anhört und potentiellen Fragern bereits bei der Nennung so langweilig erscheint, dass sie auf unangenehmes Nachhaken verzichten.

Anzahl wahrgenommener Nachfragen pro Tag (im Durchschnitt): *10*
Anzahl tatsächlicher Nachfragen pro Tag (im Durchschnitt): *5*

Meistens merkt der Student beim Wechsel seiner Bettwäsche, dass schon wieder ein halbes Jahr verstrichen ist. Geschieht dies das erste Mal beim Doktoranden, so werden Erinnerungen wach an den Tag nach der Diplomfeier, als er komatös aber voll freudiger Erwartungen in sein Doktorandendasein gewankt ist. Schnell wird ihm dann aber bewusst, dass der Wechsel der Bettwäsche den seit langem radikalsten Wandel in seinem Tagesablauf darstellt. Sogleich meldet sich etwas, was das letzte Mal bei Verzug in den Examensvorbereitungen auf sich aufmerksam gemacht hat: das schlechte Gewissen. Zur Bekämpfung dieses unangenehmen Gefühls stehen dem Gepeinigten verschiedene Möglichkeiten zur Verfügung:

1. Beschluss fassen, nicht mehr die Bettwäsche zu wechseln.
2. Hinsetzen und auflisten, welche dissertationsrelevanten Leistungen bereits erbracht wurden.

Variante 1 erweist sich kurzfristig als erfolgreich, wird jedoch mittel- bis langfristig das Zusammenleben mit anderen Menschen auf engstem Raum erschweren. Variante 2 endet meistens mit dem folgenden Resultat:

➢ Vorwort und Danksagung anderer Dissertationen gelesen,
➢ Druck der Visitenkarten mit Doktortitel in Auftrag gegeben,
➢ Doktortitel nahtlos in die eigene Unterschrift eingepasst,
➢ Bibliothek lokalisiert, Eingangsbereich sondiert (siehe oben),
➢ Thema auswendig gelernt und bereits mehrfach stolperfrei artikuliert,
➢ Professor im Gang gegrüßt.

Glücklich angesichts dieser Pionierleistungen begibt sich der so Wiedergenesene zur täglichen Audienz in die Mensa, doch schon nach wenigen Minuten bemerkt er, dass die Welt nicht mehr die gleiche ist wie noch vor wenigen Stunden. Denn die vorher noch so unbeschwert entgegengenommene und voller Arroganz übergangene Begrüßungsformel „Na, was macht die Diss?" hat plötzlich ihren unschuldigen Klang verloren. Und seit wann grinst denn der Fragende so hämisch dabei? Erste Zweifel keimen auf, jemals auch nur eine Dissertation vom Umfang einer Spielanleitung für Mikado zustande zu bringen.

3. Tal des Todes

Anfrage: *„Na, was macht die Diss?"*
Unterstellte Bedeutung: *„Wer bis jetzt noch nichts gebacken bekommen hat, sollte besser aufhören"*
Dauer: *1 Tag bis lebenslänglich*
Anzahl wahrgenommener Nachfragen pro Tag (im Durchschnitt): *100*
Anzahl tatsächlicher Nachfragen pro Tag (im Durchschnitt): 2

Mit dem Tag, der so unschuldig mit dem Wechsel der Bettwäsche begann, startet die unaufhaltsame Einfahrt in das „Tal des Todes".[3] Im ersten Teil dieser Phase begibt sich der Doktorand in eine mehrwöchige Klausur. Sie beginnt mit dem panikartigen Aufräumen des zum Arbeitszimmer erkorenen Wohnraums. Um den Zustand des Zimmers um mehrere Evolutionsstufen der Menschheitsentwicklung auf einen in Mitteleuropa akzeptierten Standard zu bringen, vergehen zwei anstrengende Wochen.

Danach werden erste zarte Versuchen unternommen, sich mit dem Textverarbeitungsprogramm auf dem bisher nur für Spiele genutzten Computer vertraut zu machen. Anfangs sind auch meist erste Erfolge zu verzeichnen, die u. a. darin bestehen können, dass die ungelenk gewordenen Finger nach einem Tag Übung nur eine Taste statt dreier treffen (Schritt 2 besteht dann darin, die richtige zu treffen). Derart ermutigt wird das Deckblatt gestaltet, was trotz der strengen Formvorgaben eine geraume Zeit in Anspruch nimmt, da aufgrund der vielen Fremdwörter im Titel entweder der Fremdwörterduden zur Hilfe genommen oder der Spellcheck verwendet werden muss.

Ist das Tagwerk vollbracht, beginnt der schwere Teil: den Titel auch verstehen. Dazu muss auf die Bücher zurückgegriffen werden, die nicht durch Zufall ein ähnliches Thema behandeln wie das gewählte Dissertationsthema. Der Promovierende verlässt den Klausur-

---

[3] Damit sei auch eine Warnung an alle, die sich mit Promo-Viren infiziert haben, ausgesprochen: es handelt sich um eine Infektion mit manchmal lethalem Ausgang für das Doktorandendasein.

ort, um sich in der Bibliothek die notwendige Literatur zu beschaffen. Dort begegnet ihm dann das fleischgewordene Grauen: ein Bekannter. Voller Naivität hofft er noch, mit einem banalen Gespräch über die letzten Bundesligaergebnisse, das Wetter oder die Entwicklung der Riesenflughund-Population auf Java davonzukommen. Aber alleine die Mimik lässt schon schlimmes befürchten.

Die Augen funkeln hinterhältig, und die Brauen sind voller Vor- und Schadenfreude nach oben gerissen. Dann gleiten die Mundwinkel quälend langsam und in beherrschter Synchronität wie Theatervorhänge nach oben, um lustvoll in einem breit-sadistischen Grinsen einzurasten. Leichtes Unbehagen macht sich beim Opfer breit, was sich in vermehrter Schweißproduktion äußert. Darauf scheint der Peiniger gewartet zu haben, geht er doch nun dazu über, auch noch den Rest eines Zweifels über sein Vorhaben zu beseitigen. Mit geheucheltem Interesse in der Stimme setzt er zum entscheidenden Schlag an: „Na!" (theatralische Pause - Mundwinkel rasten eine Stufe höher ein - dem Gepeinigten rinnt der Schweiß nun auch deutlich sichtbar die Wange herunter) „Was macht die Diss?".

Dem mitleidigen Blick ausweichend und etwas vom „embryonalen Zustand" der Arbeit stammelnd mogelt sich der Delinquent unter Verweis auf ein bald beginnendes Doktorandenkolloqium am Inquisitor vorbei. Schwer getroffen schleppt sich der Promovierende mit letzter Kraft nach Hause. Dieses schmachvolle Erlebnis leitet den zweiten Teil der „Tal des Todes"-Phase ein: als Konsequenz aus dem schmachvollen Erlebnis werden alle Besuche an der Universität auf ein absolutes Minimum reduziert.

Nicht von den Einschränkungen betroffen bleiben vorerst die regelmäßigen bereits erwähnten Dissertationskolloquien mit Leidensgenossen, die vorzugsweise in einschlägig bekannten Studentenkneipen stattfinden. Diese akademischen Zirkel dienen vornehmlich zwei Zwecken: zum einen der Sicherung der alkoholischen Grundversorgung und zum anderen der Vergewisserung, dass man nicht alleine dasteht mit seinen Problemen.

Teil 3 der Phase beginnt, wenn die Solidargemeinschaft durch das strebsame Arbeiten einzelner Kolloquiumsteilnehmer zerstört wird. Berichten diese bereits von der Endkorrektur während sich die Struktur der eigenen Arbeit noch auf dem Niveau „Einleitung -

Hauptteil - Schluss" bewegt, dann steigt die Gewissheit, dass man am Ende des Tages doch alleine dasteht mit seinen Problemen. Erschwerend kommt hinzu, dass sich der erste Zweck der Treffen auch in den eigenen vier Wänden verwirklichen lässt. Also werden auch die Kolloquien aus der Agenda gestrichen.

Zur vollkommenen Vereinsamung und damit zu Teil 4 des „Tales des Todes" kommt es, wenn selbst der Wurstverkäufer im Supermarkt ein plötzliches Interesse am Fortschritt der Dissertation entwickelt. Damit fallen auch die täglichen Einkäufe als Möglichkeit der Kontaktaufnahme mit menschlichen Lebewesen weg.

Und so vegetiert der Promovierende vor sich hin. Tagaus, tagein der gleiche Kampf mit der Tastatur, die sich weiterhin partout weigert, die Gedanken tippfehlerfrei in eine digitale Form zu überführen. Die einzige Abwechslung bietet die Lektüre zeitgenössischer Werke (z. B. *TV Today*, *Bunte*, *Men's Health* etc.) oder die akademischen Diskussionsforen, die private Fernsehsender im Rahmen ihres (Nach-)Mittagsprogramms eingerichtet haben. Nachdem die Zeitschriften-Abonnements gekündigt wurden und der Fernseher wegen der Überbeanspruchung der Bildröhre das Zeitliche gesegnet hat, sind die letzten Ausreden weggefallen, warum man sich nicht seiner wissenschaftlichen Tätigkeiten widmet. In dieser Phase wird aus der puren Not ein Großteil der Dissertation geboren.

4. Hoffnung

Anfrage: *keine mehr*
Unterstellte Bedeutung: *keine*
Dauer: *3 Monate*
Anzahl wahrgenommener Nachfragen pro Tag (im Durchschnitt): *0*
Anzahl tatsächlicher Nachfragen pro Tag (im Durchschnitt): *0*

Das Durchschreiten des Tals des Todes hat zur pausenlosen Produktion von dissertationstauglichem Schriftmaterial geführt hat, was die Seitenzahl in den stark dreistelligen Bereich hat wachsen lassen. Fatamorganenhaft beginnt der Doktorand den Brunnen der Weisheit am Ende des Tals wahrzunehmen. Derart mit Mut und Hoffnung versorgt bricht er sämtliche Kontakte zur Außenwelt ab.

Besessen von der Vorstellung, einen bedeutsamen Beitrag zum wissenschaftlichen Diskurs zu leisten, träumt er von höheren akademischen Weihen: Summa cum laude, Ehrendoktortitel, Aufnahme in die Royal Academy, Nobel-Preis.

Voller Übermut erfolgt nach geraumer Zeit der erste soziale Kontakt: der Wurstverkäufer im Supermarkt erhält die Anfangskapitel des Jahrhundertwerkes zur Begutachtung. Schlaflos verbringt der Promovierende die nächsten Tage, unendlich gespannt auf das Feedback. Die Fettflecken auf allen Seiten lassen reges Interesse beim Leser erkennen. Lediglich kleinere Anmerkungen mit Bleistift deuten auf Verbesserungspotential hin. Der Doktorand fühlt sich dem Himmel nah. Seine Schrift hat die erste Hürde genommen.

5. Informierter Optimismus

Anfrage: *„Na, was macht die Diss?"*
Unterstellte Bedeutung: *„Wann lädst du mich zur Promotionsfeier ein?"*
Dauer: *2 Monate*
Anzahl wahrgenommener Nachfragen pro Tag (im Durchschnitt): *10*
Anzahl tatsächlicher Nachfragen pro Tag (im Durchschnitt): *20*

Mit dem sicheren Gefühl, den Geschmack des Lesers getroffen zu haben, beginnt sich der Tagesablauf des Promovierenden zu normalisieren. Furchtlos begibt er sich sogar in sein Schlafzimmer, um die Bettwäsche zu wechseln. Nachdem auch die tägliche Körperpflege wieder ihren festen und angestammten Platz im Tagesprogramm gefunden hat, wird die nächste Hürde anvisiert. Der Gang in die Mensa.

Ganz den Anweisungen des Trainers im Kurs „Selbstverteidigung für Doktoranden" folgend, signalisiert er schon durch sein selbstbewusstes Auftreten Überlegenheit. Dieser Habitus bleibt nicht ohne Wirkung auf die Mitmenschen. Aus der vorher so direkt und schnörkellos artikulierten Frage nach dem Status der Dissertation wird eine höflich vorgetragene Anfrage, über den Stand der Dinge auf dem laufenden gehalten zu werden: „Na, was macht die Diss?".

Anstatt hektisch nach einem Versteck Ausschau zu halten, erwidert der Angefragte festen Blickes, das Werk stünde kurz vor dem Abschluss und es hätten sich bereits erste Kontakte zu namhaften

Verlagen ergeben, die um eine Vorabversion bitten, um die Höhe der Auflage abschätzen zu können. Dass dies nicht ganz den Tatsachen entspricht, spielt in diesem Fall nur eine Nebenrolle. Die Wirkung zählt und die ähnelt derjenigen zu Beginn der Promotionszeit als bereits der Hinweis auf den Doktorandenstatus gereicht hat, um „La Ola" im Auditorium Maximum in Bewegung zu setzen.

Ähnlich wie damals gestaltet sich auch wieder das gesellschaftliche Leben. Die regelmäßigen Besuche der Doktorandenkolloquien werden aufgenommen, um die anderen bei ihrer Arbeit zu unterstützen (die jedoch unverständlicherweise die Hilfsangebote mit hartnäckigem Fernbleiben von den akademischen Zirkeln quittieren). Ein neuer Fernseher erlaubt die telemediale Teilnahme an den nachmittäglichen Diskussionsforen, auch die wissenschaftlich eher als peripher relevant einzustufende Literatur findet wieder ihren Weg in den Zeitungsständer. So erfolgt Schritt für Schritt die Rückkehr zur Normalität.

Voller Optimismus wird das letzte Kapitel in Angriff genommen, was sich jedoch als nicht so trivial erweist wie anfangs gehofft. Denn dieses Kapitel lässt sich nur schwer dem reichen Wissensschatz des akademisch akzeptierten Teils der Menschheit entnehmen. Hier sollte der eigene wissenschaftliche Fingerabdruck hinterlassen werden.

6. „Weg damit"

Anfrage: *keine mehr*
Unterstellte Bedeutung: *„Ich möchte nichts von deiner bevorstehenden Promotion hören"*
Dauer: *2 Monate*
Anzahl wahrgenommener Nachfragen pro Tag (im Durchschnitt): *10*
Anzahl tatsächlicher Nachfragen pro Tag (im Durchschnitt): *0*

Der Promovierende befindet sich jetzt an einer bedeutenden Weggabelung. Ein Weg führt in die wissenschaftliche Champions League, zu den Koryphäen der jeweiligen Disziplin. Der andere Weg führt in die akademische Amateurliga. Da aber beide Wege am Ende mit dem Doktortitel belohnt werden und die gesellschaftliche Anerkennung damit meist ausreichend gesichert ist, fällt die Entscheidung leicht (siehe auch den Abschnitt über die Motivation zur Promotion).

Unterstützt wird der Promovierende dabei von den Reaktionen seiner Umwelt. Erstaunlicherweise erkundigt sich niemand mehr nach dem Stand der Dissertation. Zu groß scheint die Furcht, eine überlegen vorgetragene Vollzugsmeldung entgegennehmen zu müssen. Anerkennende Blicke und Äußerungen lassen den Doktoranden am sich abzeichnenden Ruhm naschen. Derart verführt reift der Entschluss, dem ganzen (und der Arbeit) ein Ende zu setzen, wenn auch meist ein schreckliches. Hastig werden die Schlussfolgerungen formuliert, die letzten Formatierungen vorgenommen, Freunde und Bekannte zum Korrekturlesen geworben.

Mit der Abgabe der Dissertation nimmt der angehende Doktor meist auch Abschied vom vielleicht einmal gehegten Wunsch nach Verbleib in der wissenschaftlichen Gemeinschaft. Zu wenig bereichernd dürfte dazu sein Beitrag gewesen sein. Sollten diesbezüglich noch irgendwelche Zweifel bestanden haben, so werden diese spätestens in der Disputation beseitigt. Aber dies berührt den Geadelten nun nicht mehr. Mit stolz geschwellter Brust verlässt er den Disputationssaal, die vorsorglich gedruckten Visitenkarten in der Jackentasche, und begibt sich auf den Weg in Richtung Bibliothek und Mensa. Und dann passiert es. Er erkennt ihn an dem unsicheren Gang und den panisch weit aufgerissenen Augen, als sich ihre Blicke kreuzen. Erste Schweißränder bilden sich unter den Achselhöhlen. Die Basisliteratur wandert nervös von einer Hand in die andere. Es gibt kein Entweichen mehr. Die Augenbrauen des frisch gebackenen Herrn Doktor gehen arrogant nach oben, gefolgt von den Mundwinkeln, die kurze Zeit später ein fieses Grinsen formen werden. Langsam lässt er sich jedes Wort auf der Zunge zergehen, immer die Augen auf sein Opfer fixiert: „Na, was macht die Diss?"

Bittere Wahrheiten. Neues aus dem Alltag wissenschaftlicher Mitarbeiter

zugemutet von

Reinhard Schulte[*]

I. **Einführung**
  1. Universitäre Alltagsforschung
  2. Aufbau und Ziel der Untersuchung

II. **Akteure**
  1. Der Professor
  2. Die Sekretärin
  3. Die studentischen Hilfskräfte
  4. Der Hausmeister
  5. Der Innere Schweinehund

III. **Standardsituationen**
  1. Szenen eines Vorzimmers
  2. Am Schreibtisch
  3. Die Chefbesprechung

IV. **Schlussfolgerungen**

---

[*] Dr. Reinhard Schulte, Alltagsforscher und Wissenschaftsvoyeur, als Habilitand getarnter Ermittler der Forschungsgruppe „Promo-Viren", noch immer im Untergrund.

I. Einführung

1. Universitäre Alltagsforschung

Oft wird im Rahmen der Promotionslehre der graue Alltag, der sich an einem universitären Lehrstuhl abspielt, unterschätzt. Eine seriöse Promotionslehre kommt aber in keinem Fall umhin, die Lehrstuhltätigkeiten als wirtschaftliches Fundament des Promotionslebens in ihre Betrachtungen einzubeziehen. Ökonomisch betrachtet ist die Erzielung von Einkünften während einer Promotion eine strenge Nebenbedingung des Doktorandendaseins.

Eine analytisch befriedigende, empirisch wie theoretisch ausgereifte wissenschaftliche Betrachtung des Tagesgeschäftes eines universitären Lehrstuhls konnte bisher allerdings nie vorgelegt werden. Dafür sind zwei wesentliche Ursachen zu nennen: Zum einen erfordert eine solche Arbeit eine besonders behutsame Annäherung an den intimen Mikrokosmos eines Lehrstuhls: Der universitäre Mensch ist oft schreckhaft, scheut die Öffentlichkeit und bevorzugt statt dessen die entspannte Abgeschiedenheit von der grausamen Praxiswelt. Er lässt sich nur widerwillig in die Karten sehen. Er arbeitet viel und gern im Dienste der Forschung, hasst es aber, selbst erforscht zu werden. Er selbst stellt also das größte Hindernis bei der Alltagsforschung dar. Zum anderen ist das Thema völlig irrelevant. Insgesamt besteht also Grund genug für eine intensive Auseinandersetzung damit.

Da theoretische Betrachtungen zum Thema noch in keinerlei Publikation Eingang finden konnten, ja offenbar bisher gar nicht existieren, muss die vorliegende Studie einen empirisch-explorativen Ansatz verfolgen. Sie stützt sich auf diverse, im Laufe mehrerer Jahre entstandene grundlegende Feldstudien, bei denen der Verfasser als verdeckter Beobachter in die Rollen des Studenten, der studentischen Hilfskraft des Doktoranden und des Habilitanden schlüpfte (für ein ähnliches Vorgehen vgl. *Wallraff* 1985). Diese Methode erweist sich aus den weiter oben genannten Gründen als unumgänglich. Die gesammelten Erkenntnisse werden im Interesse der Erhaltung weiterer Forschungsmöglichkeiten auf diesem Gebiet zu anonymisierten Idealtypen des universitären Alltags im Hinblick sowohl auf das Rollenhandeln der beteiligten Personen (rollentheoretischer Ansatz) als auch auf die Situationen dieses Handelns (situativer Ansatz) verdichtet.

Damit wird zugleich gewährleistet, dass jeder potentielle oder tatsächliche Promovend gewisse Rollen- oder Situationsarchetypen wiedererkennen kann.

2. Aufbau und Ziel der Untersuchung

Die Studie gliedert sich wie folgt: Wir werden zunächst die Besetzungen der den Doktoranden umgebenden *Kernrollen* analysieren, um anschließend anhand einiger *Standardsituationen* exemplarisch das Wesen des Hochschulalltags zu erhellen. Ziel dieses Beitrages ist es, dem orientierungslosen Doktoranden nicht nur das nötige Wissen zum Überleben im alltäglichen Wahnsinn eines Lehrstuhls zu vermitteln, sondern auch einige handfeste Handlungsempfehlungen abzuleiten.

II. Akteure

1. Der Professor

Fixpunkt eines jeden Lehrstuhls, um den alle anderen Akteure satellitenartig kreisen, ist der *Professor*. Versuchen wir, ihn zu skizzieren. Der Professor weiß alles. Ihm ist nichts fremd. Selbst über Dinge, über die er nie zuvor etwas gehört hat, vermag er endlose Monologe von ebenso epischer Breite wie wissenschaftlicher Tiefe vorzutragen. Ständig versucht er, alles, was ihm über den Weg läuft, zu „systematisieren". Er gibt sich erst dann zufrieden, wenn die Vielfalt der Welt bis in kleinste Verästelungen geordnet ist. Jeder Studierende weiß, dass der ihm eigene Ordnungssinn, gepaart mit intuitiver pädagogischer Allkompetenz, es ihm erlaubt, scheinbare Petitessen in den Rang mehrstündiger Lehrvorträge zu erheben.

Ein Professor wächst meist gut behütet vor den grausamen Anfechtungen der Praxis auf. Die reservatartigen Lebensbedingungen des Beamtenstatus, die Entfaltungsmöglichkeiten bieten, wie sie sonst nur vom Aussterben bedrohte Tierarten genießen, verleihen dem Professor die Aura unantastbarer Würde und prägen nicht selten seinen Charakter. Jedermann ist ihm wohlgesonnen. Das ihm *unter*gebene Sekretariat ebenso wie der ihm *er*gebene wissenschaftliche Mittelbau. Sein einziger Vorgesetzter ist ein Minister, der im Zweifel andere Sorgen hat, als eine inhomogene Schar von Professoren seines Bundeslandes im Zaum zu halten. Außerdem kann ein Minister schon morgen zum Rücktritt gezwungen sein - ein Umstand, den ein Professor nie zu befürchten hat. Das weiß auch der Professor und freut sich darob insgeheim. Sein einziger wirklicher Gegner ist - neben den ihm verhassten *„Praktikern"* und dem mächtigen *Hausmeister*, die er nach Möglichkeit meidet - er selbst in Gestalt anderer Professoren, die oft der gleichen Fakultät angehören. Hin und wieder drängt es ihn, in kleine fachbereichsinterne Scharmützel zu ziehen. Es geht dabei vor allem um Fragen der Hackordnung. Diese Gebärden halten ihn jung. Es gilt seit langem als bekannt, dass Professoren deutlich gesünder sind, älter werden und zeitlebens vitaler wirken als ein repräsentativer Bevölkerungsquerschnitt. Dies ist allein der erfrischenden Fachbereichsarbeit zuzuschreiben. Die stolz zur Schau gestellte Vitalität drängt die durch intensive nächtliche Forschung ständig übermüdeten Doktoranden in tiefe Depression.

Zusammenfassend kann die Rolle des Professors durch die Begriffe Würde, Wissen und Vitalität charakterisiert werden. Die dadurch entstehende Kluft zu den Doktoranden gilt als kaum überbrückbar.

2. Die Sekretärin

Das Sekretariat wird in der Regel durch ein Wesen von himmlischer Güte vertreten, der sogenannten *Sekretärin*. Die Sekretärin ist dafür zuständig, Licht in das von Frustrationen überschattete Leben des Doktoranden zu bringen. Sie versteht sich als Mutter aller Doktoranden. Wie jede Mutter ist sie ständig um das geistige, seelische und körperliche Wohlbefinden ihrer Zöglinge bemüht. Im günstigsten Fall beglückt sie den Kreis der Doktoranden fast täglich mit selbstlosen Spenden von Kuchen, Obst, Gebäck und Druckwerken der Tagespresse, die zu Beginn der Frühstückspause gerecht unter allen Doktoranden aufgeteilt werden. Nicht selten erheitert sie die frohe Runde mit dem Verlesen von Schlagzeilen. Das trainiert die in den Sport- oder Wirtschaftsteil vertieften Kollegen im gleichzeitigen Aufnehmen und Verarbeiten verschiedenster Informationen. So bleibt der Doktorand bis ins höchste Dienstalter geistig sehr rege.

Neben den Doktoranden gilt die Sorge der Sekretärin vor allem ihrem zärtlich PC genannten *Personal Computer*. Einerseits, weil dieser eine nie versiegende Quelle des Ärgers und der Aufregung darstellt, andererseits, weil sie ihn zur Entspannung benötigt. Wie ungeniert ein PC die Sekretärin zu ärgern vermag, erkennt der Doktorand dann, wenn sie an seinem Schreibtisch erscheint und vorwurfsvoll erläutert: *„Meine Tabs sind weg!"* Falsch wäre es hier, Hilfsmittel der Gebissreinigung zu assoziieren, wie es unerfahrenen Doktoranden immer wieder passiert. Tatsächlich handelt es sich um schwerwiegende Anfechtungen der Textverarbeitungssoftware, deren Bekämpfung mit den genannten Worten in als sachverständig erhoffte Promovendenhände gelegt werden soll. Der Doktorand sollte sich durch den anklagenden Charakter solcher Äußerungen keinesfalls verunsichern lassen und diese als bedauerliche Anzeichen höchster Verzweiflung betrachten, die letztlich nur belegen, welch innige Bande zwischen Sekretärin und PC bestehen. Es gilt als Tatsache, dass der Doktorand die mütterliche Zuneigung der Sekretärin mit ihrem PC zu teilen hat. Ursache dieser Innigkeit sind u. a. die geselligen Spiele des PC mit seiner Sekretärin. So verschmelzen Mensch und Maschine fast täglich zur virtuellen Amazone *Lara Croft*.

3. Die studentischen Hilfskräfte

Studentische Hilfskräfte gelten als elitäre Teilmenge der gemeinen Studentenschaft. Sorgsam ausgewählt aus den prall gefüllten Hörsälen unserer Zeit werden ihnen zu Rekrutierungszwecken schon während ihres Studiums wirtschaftswunderähnliche Jahre an fetten Trögen universitärer Lehre und Forschung in Aussicht gestellt. Solche Verlockungen erweisen sich allerdings bald als irrig. Der Preis für derart strahlende Träume besteht darin, gegen bescheidene Entlohnung der untersten Kaste akademischer Forschung und Lehre beizutreten, die allerlei Anfechtungen zu ertragen hat. Charakterlich weniger gereifte Doktoranden machen sich gern einen Spaß daraus, junge Hilfskräfte 3000 Lehrstuhlbriefbögen mit veralteten Telefonnummern einzeln in den Reißwolf stecken zu lassen. Zeigt der nicht mehr enthusiastische Jungmitarbeiter nach einigen Stunden erste Ermüdungserscheinungen, wird zur Aufmunterung gerne auf die Tragweite dieser Aufgabe unter Datenschutzaspekten verwiesen. Von solchen Gefügigkeitstests ist dringend abzuraten. Merke: studentische Hilfskräfte sind Larven, aus denen später selbst Doktoranden werden können.

4. Der Hausmeister

Der *Hausmeister* ist das eigentliche Oberhaupt einer Hochschule. Er hat die uneingeschränkte Verfügungsgewalt über Räume, Schlüssel, Möbel und Geräte. Er hütet seine Besitzstände argwöhnisch vor fast allen Hochschulangehörigen, weil außer ihm niemand über die nötige charakterliche Reife im Umgang damit verfügt. Besonders verhasst sind ihm die streitlustigen Promovenden, die immer wieder arrogante Forderungen nach Beheizung der Hörsäle, Einschaltung der Mikrofonanlagen oder Bereitstellung von Tageslichtprojektoren äußern. Gegen *Professoren* hegt der Hausmeister keine nennenswerten Vorbehalte. Schließlich weiß er sehr genau, dass sie seiner Gnade uneingeschränkt ausgeliefert sind und sich ihm gegenüber spätestens nach einigen Amtsjahren nur noch ausgesprochen devot nähern. Er ordnet sie deshalb einer ähnlichen Kategorie wie die ihm unterstellten *Raumpflegerinnen* zu. Aus nicht restlos geklärten Gründen pflegt der Hausmeister allein zu *Sekretärinnen* ein nahezu freundschaftliches Verhältnis, die ihn als liebenswertes Faktotum beschreiben.

Der Hausmeister unterscheidet sich rein äußerlich von allen anderen Handelnden durch seine Dienstkleidung. Sie besteht grundsätzlich aus einem grauen Kittel, der in manchen Fällen durch eine Knickerbockerhose, Tennissocken und Plastikbadelatschen ergänzt wird. Da sonst niemand in der Hochschule über ein derartiges Gewand verfügt, erlangt der Hausmeister eine optisch herausgehobene Stellung unter den Hochschulmitarbeitern, die alle weiteren Dienst- oder Rangabzeichen erübrigt. Natürlich gehören sämtliche Hochschulräume dem Hausmeister. Sein Hauptquartier ist jedoch meist ein Keller in der Nähe der zentralen Heizungsanlage, den er sich u. a. mit Hilfe eines üppig gefüllten Kühlschrankes, einiger Geweihe sowie einer sich variantenreich darbietenden Plüschausstattung urgemütlich hergerichtet hat.

5. Der Innere Schweinehund

Frisch als wissenschaftlicher Mitarbeiter vereidigt, verfügt jeder Doktorand über unglaublichen Elan. Allmorgendlich um sechs klingelt der Wecker, um schon vor dem Frühstück in interessanten wissenschaftlichen Monographien schmökern zu können. Der ganze Tag ist ausgefüllt von effizienter, zielgerichteter Arbeit. In jeder freien Minute wird die Forschung gedanklich vorangetrieben. Erst in tiefer Nacht wird die Fachliteratur aus der Hand gelegt und der Doktorand sinkt in erholsamen, gerechten Schlaf.

Nach etwa einem Jahr kommt es zu signifikanten Verhaltensänderungen. Die Dynamik der Anfangstage hat noch immer keine Früchte getragen und zu einer gewissen wissenschaftlichen Verdrossenheit geführt. In diesem Zustand beginnt der Doktorand, sich zu entspannen. Statt sich mit allzu frühem Aufstehen aufzureiben, versucht er in stärkerem Umfang, Muße zu tun. Eine intensive Hinwendung zu diversen Freizeitaktivitäten beginnt. Ein neuer Kumpan begleitet Promovenden von nun an bis zum Tage der Einreichung ihrer Dissertationen: der *Innere Schweinehund*. Klingelt am Samstagmorgen um neun der Wecker, weil auf dem Schreibtisch 27 Fachaufsätze liegen und durchgearbeitet werden wollen, drückt der Promovend gern die Schlummertaste, weil der Innere Schweinehund, ein Promotionsfeind erster Güte, dies unter Androhung von Lustlosigkeit nahe legt. Aber der Promovend kämpft verbissen weiter. Um elf wird der Wecker ganz ausgeschaltet oder unter Kissen begraben. Der Innere Schweinehund liegt jetzt nach Punkten klar vorne. Um eins hat er endgültig gesiegt: Der Promovend fährt zum *Baggersee*, der Tag ist für die Forschung verloren. Es bleibt nur die Hoffnung auf den nächsten Morgen, wenn die Karten neu gemischt werden.

III. Standardsituationen

1. Szenen eines Vorzimmers

Räumliche Enge gilt seit Jahren als obligatorisch für wissenschaftliche Institutionen. Das Vorzimmer stellt daher nicht nur den beliebtesten Treffpunkt des gesamten Lehrstuhlpersonals dar, sondern auch dringend benötigten Arbeitsraum für Sekretärin und Hilfskräfte, um den gnadenlos gekämpft werden muss. Friedliche Lösungen dieses Engpassproblems sehen ein Ausweichen auf Früh-, Spät- oder Feiertagsschichten vor. Diese Strategie wird vor allem von Hilfskräften propagiert, da sich dabei die Möglichkeit der von Doktorandenwillkür unangefochtenen Entspannung ergibt. Entspannung anderer Art bietet die von einer männlichen Hilfskraft vorgeschlagene „Chair-Sharing"-Lösung. Demnach solle jeder Kollege einen Bürostuhl mit einer Kollegin teilen. Bei gleichzeitiger Anwesenheit beider müsse die Dame auf dem Schoß des Herrn Platz nehmen. Die Reaktion der Kolleginnen ist strikt ablehnend.

Mitten in der hitzigsten Diskussion klingelt das Sekretariatstelefon. Die Sekretärin, in höchster konzentrativer Anspannung auf ihren Bildschirm fixiert, meldet sich mit den Worten *„Format Tab Setzen!"*. Der Anrufer hält das für einen äußerst ungehörigen Scherz und verlangt, unverzüglich den Doktoranden zu sprechen, der Beisitzer seiner verrissenen mündlichen Prüfung war. Wie sich bald herausstellt, fühlt er sich betrogen, weil ihm in Aussicht gestellt worden sei, dass nur Fragen prüfungsrelevant seien, die sich ohne Taschenrechner beantworten lassen. Tatsächlich sei er aber aufgefordert worden, 40 mit 50 im Kopf zu multiplizieren - ein schier unmögliches Ansinnen, wie er mit ansteigendem Pegel vorträgt.

Die großzügige Zeitungsspende der Sekretärin ermöglicht allen Mitarbeitern, sich während der Kaffeepause einen Überblick über die Weltlage im allgemeinen und die täglichen Comic-Strips im besonderen zu verschaffen. Einer der Doktoranden referiert währenddessen ausschweifend über die deutsche *Bundesliga*. Augenblicklich wird allen Anwesenden klar, was sein Forschungsschwerpunkt ist. Die ihm gegenüber sitzende Doktorandin nimmt von all dem nichts wahr. Mit höchster Konzentration studiert sie die Prospekte von Möbelhäusern und träumt von einer 120-Stunden-Stelle, die es ihr erlauben würde, sämtliche Konsumwünsche mit ihrem Einkommen zu vereinbaren. Nach und nach gesellen sich alle Mitarbeiter hinzu. Lediglich der *Habilitand* fehlt. Sein ausnahmsweise leeres Postkörbchen beweist aber, dass er sich in der Nähe aufhält. Als er schließlich die Szenerie betritt, atmen alle Anwesenden auf. Bereits mehrfach hat er, völlig in sich gekehrt und gedanklich die Forschung vorantreibend, die Orientierung auf dem massenuniversitären Campus verloren und musste von Kennern der Hochschulgeographie aufgespürt werden. Doch es geht ihm sichtlich gut. Salbungsvoll erklärt er, dass er bereits in der Cafeteria hervorragend gefrühstückt habe. Der Habilitand ist ein Mensch, der sich vorwiegend von Frikadellen ernährt, nach Möglichkeit mit Senf. Davon macht er auch beim Frühstück keine Ausnahme. Er lehnt sich zufrieden zurück.

Die morgendliche Phase zwangloser Geselligkeit endet, als der *Professor*, von einem Kondensstreifen gefolgt, in sein Büro eilt. Seine Tür schließt sich. Alarmstufe Rot. Die Frühstückspause geht in eine Phase hektischer Betriebsamkeit über, wie sie etwa in den nachfolgenden Kapiteln III. 2. und III. 3. beschrieben wird. Stunden später betritt der Hausbote das Vorzimmer mit einem schlichten *„Mahlzeit!"*. Dieser Ausruf verweist nicht nur auf die fortgeschrittene Zeit, sondern läutet auch das *„Mittagessen-Spiel"* ein. Ohne dass je ein umfassendes Regelwerk niedergeschrieben wurde, läuft es üblicherweise so ab: Einer der Doktoranden fragt verschiedene Kollegen, wer mit zum Essen gehen wolle. Ca. vier Kollegen stimmen zu. Da zwei dieser vier *„eben noch den Satz beenden"* oder *„eben noch telefonieren"* wollen, geht er *„solange wieder an den Schreibtisch"*. Die beiden anderen warten auf dem Flur. Sie werden von neu hinzukommenden Essinteressenten überzeugt, *„doch lieber in die Pizzeria zu fahren"*. Zwischenzeitlich tauchen die beiden ursprünglichen Verzögerer wieder auf und vertreten gegenteilige Ansichten über die zu wählende Küche. Es fehlt jedoch der frühere Initiator, der augenblicklich in ein Gespräch von höchster Dringlichkeit mit seinem Tennispartner verwickelt wurde. Der weitere Ablauf vollzieht sich nach ähnlichem Muster. Einige der Wartenden verlassen den Flur mit Sätzen wie: *„Dann kann ich ja solange auch noch was erledigen"*. Andere gesellen sich zwanglos hinzu. Komplette Präsenz wird nie erreicht; von Einstimmigkeit ganz zu schweigen. Nach etwa 45 Minuten ist nur eins klar: Alle haben Hunger. Bevor es zu einer Einigung kommt, werden einzelne Mitspieler bereits wieder in bedeutende Lehraufgaben eingebunden: So legt der Professor in Zusammenhang mit seinen Vorlesungen großen Wert darauf, dass vor seinem Einmarsch in den Hörsaal die Tafel geputzt ist und das Mikrofon bereitliegt. Bekanntlich geht er Auseinandersetzungen mit dem Hausmeister gezielt aus dem Wege, denn nur Hausmeister sind mächtiger als er selbst. Der Professor zieht hier das Gladiatorenmodell vor, wonach jeweils ein Vertreter der Doktorandenschaft oder eine besonders streitbare Hilfskraft in den

Ring gegen den Hausmeister steigen müssen. Unter bedauerndem Verzicht auf den Gladiator füllt der verbleibende Lehrkörper die leeren Körper dann gern mit Hilfe des örtlichen Pizzataxis.

2. Am Schreibtisch

Der Promovend kauert vor seinem Schreibtisch und versucht, über den Titel seiner Arbeit nachzudenken. Er weiß: Jede Arbeit sollte einen Titel haben. Allerdings würde die allzu frühe Festlegung des Themas die eigene Schaffenskraft unnötig einengen oder gar zu dessen Verfehlung führen. Also wird dieses Detailproblem zunächst vertagt. Betrübt über den tristen Zustand seines Wissens flieht er in die angenehme Gedankenwelt des nächsten Treffens mit seiner neuesten amourösen Eroberung, statt sich in das weitaus ungeordnetere, gestrüppartige Dickicht seines Dissertationsthemas einzudenken. Derart eskapistische Züge sind jedem Promovenden zu eigen; sie sind ein lebensnotwendiger Schutzwall vor der grausamen Wirklichkeit seiner exponentiell wachsenden Frustrationen.

An Tagen wie diesem pflegt manches im Leben des Promovenden zu misslingen. Einen gewissen Schutz vor seelischen Tiefpunkten bietet jedoch das ständig klingelnde Telefon. Betrachten wir eine Auslese der schönsten Anrufe:

➢ Ein freundlicher Diplomand ruft an. Er ist so freundlich, dass er fast täglich anruft. Er teilt mit, dass die Literaturrecherche für seine Diplomarbeit nunmehr den Zenit wissenschaftlicher Vollendung erreicht habe; jede weitere Veränderung könne nur noch zur qualitativen Reduktion beitragen.

➢ Anruf des Prüfungsamtes. Immer darum bemüht, evtl. bei Promovenden aufkommende Langeweile bereits im Keim zu ersticken, wird darum gebeten, die Zwischenprüfungsklausuren zur Korrektur abzuholen: *„Haben Sie in den nächsten sechs Wochen schon etwas vor?" „Wieso?" „Sie müssen jetzt sehr tapfer sein. Wir hatten diesmal 2857 Klausurteilnehmer."*

➢ Die Sekretärin meldet sich. Dass sie über die Entfernung von zwei Räumen anrufen müsse, entschuldigt sie vorweg damit, dass ein Verlassen ihres PC gegenwärtig undenkbar sei, ohne den High Score bei einem bezaubernden neuen Jump'n'Run-Spiel zu gefährden. Sie bittet dringend um Auskunft, wo die verfluchte Pausentaste sei.

➢ Das Rechenzentrum überbringt herzliche telefonische Grüße. Man werde in Kürze einen neuen PC vorbeibringen, der nur noch angeschlossen und konfiguriert werden müsse. Die dazu erforderlichen vierundsechzig Disketten würden gern bereitgestellt und könnten nächste Woche abgeholt werden. Doch Halt! ....ob man dann nicht auch den PC gleich mitnehmen könne?

➢ Der Verleger des neuen professoralen Buches verlangt dringend nach *Abbildung 44* von *Seite 527*, da andernfalls der geplante Erscheinungstermin gefährdet sei und der Verlag dadurch in den Ruin gestürzt werde. Noch während der Promovend zu artikulieren versucht, dass es diese Seite nicht gibt, wird der Verleger in ein Gespräch auf *Leitung 2* verwickelt. Aus Gründen der Pietät wartet der Promovend einige wertvolle Minuten seines kürzer werdenden Lebens ab, bevor er auflegt.

➢ Ein zweiter Diplomand meldet sich. Ihn beschäftige gerade der Entwurf des Vorwortes seiner Diplomarbeit. Aus vielen Dissertationen wisse er, dass es üblich sei, zu Beginn einer wissenschaftlichen Arbeit selbst flüchtigsten Bekanntschaften für allerlei Belanglosigkeiten zu danken. Selbstverständlich dürfe dabei sein Opa, der ihm das Fischen beigebracht habe, auf keinen Fall fehlen. Ein Kommilitone habe jedoch Bedenken hinsichtlich eines sechsseitigen Vorwortes geäußert.

Nach spätestens vier Jahren in solchem Ambiente ist klar, dass der Promovend nur noch eines will: Rentner werden.

Die zentrale Rolle im Schreibtischleben des Promovenden spielt jedoch der Postkorb. Er enthält sämtliche Informationen von existentieller Bedeutung über den Lehrstuhl, die gesamte Fakultät und den Rest der Welt. Betrachtet man die Relationen dieser drei Komponenten untereinander, lässt sich im langjährigen Mittel feststellen, dass auf Lehrstuhl und Fakultät jeweils etwa 10 Prozent aller abzuzeichnenden Papiere entfallen, während Werbesendungen von Verlagen und Softwareherstellern, Hinweise auf Kaffeefahrten und esoterische Tagungen des vergangenen Monats oder schlicht der Geschäftsbericht eines Unternehmens, das hier niemanden interessiert, immer wieder den ihnen gebührenden restlichen Raum einnehmen. Beeindruckt war ein Promovend, als er im Postkorb eine Waschanleitung für eine elektrische Heizdecke entdeckte. Die geschätzten Kollegen gaben sich hier pflichtbewusst: Da offenbar niemand wagte, die Bedeutung dieses denkwürdigen Dokuments in Zweifel zu ziehen, wurde der Laufzettel schon von diversen Mitarbeitern abgezeichnet und weitergegeben.

Besonders wichtig erscheint der Hinweis, dass es niemals ratsam ist, allzu lange am Schreibtisch zu verharren, weil infolgedessen Vereinsamung droht. Der Promovend braucht Kontakte zur Außenwelt. Kommunikation allein auf die Sekretärin zu beschränken, kann trotz des hervorragenden Postkorbwesens leicht zu ernsten Informationsstörungen führen. Nur wenig im Leben des Promovenden ist so wichtig wie Kommunikation, um ständig auf der Höhe neuester wissenschaftlicher Erkenntnisse sein zu können. Eine Schlüsselrolle verbalkommunikativer Auseinandersetzung spielen naturgemäß Professoren und Kollegen. Betrachten wir den Promovenden etwa bei einer Begegnung auf dem Flur mit einem Promovenden des Nachbarlehrstuhls. Der Nachbar beginnt das hochkultivierte Begrüßungsritual mit einem schlichten *„Na?"*. Der Promovend kennt solche Flurriten und antwortet pflichtbewusst *„Na?"*. Darauf folgt das unvermeidliche *„Alles klar?"* seines Gegenüber. Jetzt ist er wieder dran. Mit den Worten *„Und selbst?"* (etwa wenn beide Kontrahenten auf gleicher Höhe sind) beschließt er die Begegnung und entfernt sich schnellen Schrittes. Flurbegegnungen mit Professoren sehen dagegen völlig anders aus. Sie sind stark von charmanter Zurückhaltung im Zusammenspiel mit einer ebenso demütigen wie herzlichen Begrüßungsformel gekennzeichnet. Wir sehen hier deutlich, wie das von Wissen, Würde und Vitalität geprägte Rollenhandeln des Professors die situative Analyse beeinflusst.

3. Die Chefbesprechung

Doktoranden versammeln sich in mehr oder weniger regelmäßigen Abständen um den Professor. Solche Treffen sorgen wegen der damit verbundenen Risiken schon Stunden vorher für Nervosität unter den Doktoranden. Das Risiko besteht insbesondere aus den in einem geheimnisvollen Mäppchen des Professors verborgenen Zettelchen. Diese Zettelchen sind den Ereigniskarten beim Monopoly nicht unähnlich. Sie enthalten professorale Notizen und können erfreuliche oder unerfreuliche Überraschungen bieten. Allerdings überwiegen regelmäßig die negativen Zettelchen, die mit zusätzlicher Arbeit, Tadel oder ähnlichem Verdruss verbunden sind, so dass jeder Doktorand sich glücklich schätzt, zettelmäßig unerwähnt zu bleiben.

Während der Professor seine Zettel verliest, kauen alle Mitarbeiter konzentriert auf ihren Kugelschreibern. Sie richten die Augen nachdenklich auf imaginäre Wandbilder und versuchen dadurch den Eindruck höchster Kompetenz zu vermitteln. Es hilft aber nicht. Die inquisitorische Frage des Chefs nach den Urhebern der Stempelpanne (ein Lehrstuhlbriefbogen hat ungestempelt das Postausgangskörbchen passiert) oder den Verantwortlichen der Heizdeckenaffäre folgt schließlich doch und verändert die Körpersprache der Mitarbeiter plötzlich und nachhaltig. Alle starren jetzt verschüchtert auf ihre Fingernägel oder beginnen unvermittelt mit dem intensiven Studium der Oberflächenstruktur der Tische.

Schließlich wirbt der Professor für die Übernahme diverser Nebentätigkeiten an allerlei öffentlichen und privaten Akademien, um die charakterliche und fachliche Reifung seiner Mitarbeiter voranzutreiben. Insbesondere jüngere Kollegen lassen sich leicht von der Aussicht auf akademischen Ruhm, Zusatzeinkünfte und die Bewunderung attraktiver Studentinnen blenden und gehen schnell ins professorale Netz. Der erfahrene Doktorand denkt dabei mit Grauen an seinen letzten Auftritt dieser Art und blickt taktvoll zur Seite. Verschiedene Unzulänglichkeiten der Mikrofonanlage führten dabei schnell zur sicheren Erkenntnis, dass es besser sein würde, die Darbietung unplugged zu geben. Solcher Beanspruchung sind Doktorandenstimmen aber nicht immer gewachsen. Weitere Anfechtungen ergaben sich durch einen Gummistiefelträger in der zweiten Reihe, dem sich die Ideen gleichgewichtstheoretischer Wertpapieranalysen auch nach wortgewaltigsten Erklärungen partout nicht erschließen wollten und die ebenso lautstarke wie desinteressierte Kartenspielerfraktion am hinteren Ende des Hörsaals, die Vorlesungen als lästige Unterbrechung ihres seit dem ersten Semester andauernden Doppelkopfmarathons betrachtet.

Nachdem das besagte Zettelmäppchen geleert wurde, lehnt sich der Professor genüsslich zurück. Reihum haben nun alle Doktoranden das Wort und versuchen, den Professor mit epochalen Forschungsresultaten zu beeindrucken oder Zeugnis von den seit der letzten Chefbesprechung erledigten Arbeiten abzulegen. Das muss in kurzen, prägnanten Sätzen geschehen, denn der Professor liebt keine ausschweifenden Geschichten, es sei denn, er trägt sie selber vor. Damit nähern wir uns einem weiteren Parameter der Chefbesprechung, nämlich ihrer Dauer. Chefbesprechungen sind wichtig und deshalb dauern sie lange. Eine kurze Chefbesprechung könnte bei den Beteiligten den irrigen Eindruck erwecken, sie sei entbehrlich. Daher füllt der Professor zu kurz geratene Chefbesprechungen mit einigen Anekdoten aus seiner Doktorandenzeit auf, stellt unangenehme Fragen nach Betitelung und Fortgang der Dissertationen seiner Schutzbefohlenen oder legt seine Finger in immer neue Wunden der hausinternen Lehr- und Forschungsorganisation. Bis zum Einbruch der Dämmerung hat der Professor die eklatantesten Schwächen der Lehrstuhlarbeit analysiert und ein Bündel neuer Lösungen entworfen, die es bis zum nächsten Mal von den Doktoranden umzusetzen gilt. Alle seine Zöglinge wurden in tiefe Betrübnis gestürzt. Dies ist der richtige Zeitpunkt, die Chefbesprechung zu beenden.

IV. Schlussfolgerungen

Wie die vorangegangenen Ausführungen erahnen lassen, erfordert das Leben an einem universitären Lehrstuhl die höchste Konzentration des Promovenden. Leider bietet die wissenschaftliche Literatur aller dem Verfasser bekannten Fachrichtungen nicht die geringsten Hinweise auf situativ angepasstes Optimalverhalten des akademischen Mittelbaus. Durch eine aufwendige Inhaltsanalyse der seit 1945 publizierten Computer-Software konnte der Verfasser jedoch folgende wertvolle Hinweise (aus *Rodent's Revenge, Windows Entertainment Pack II*, Tipp unter *Strategy and Hints*) zutage fördern:

Play fast. Be smart. Wear your lucky shoes.
And don't step in any sinkholes.

Diese wichtigen Verhaltensmaßregeln können erstaunlicherweise ohne die geringste Modifikation jedem Promovenden ans Herz gelegt werden.

Pecunia non olet - Nebentätigkeiten des Nachwuchsforschers als Hürden auf dem Weg zum Doktortitel

von

Ulrike Kesten[*]

I. Der Aufbruch

II. Der Einbruch

III. Der Zusammenbruch

---

[*] Dr. Ulrike Kesten, akademische Hürdenläuferin, widerspricht auf's Energischste allen Stimmen, die irgendwelche Zusammenhänge zwischen ihr und dem hier geschilderten Fall vermuten. Ähnlichkeiten mit anderen Personen sind rein zufällig, keineswegs beabsichtigt und hoffentlich vermeidbar.

I. Der Aufbruch

Es ist schon ein erhebendes Gefühl, nach langem, aufreibenden Studium endlich jenes Dokument in Händen zu halten, das den - mehr oder weniger - gerechten Lohn für alle erlittenen Qualen darstellt: *Die Examens-Urkunde.*

Abgesehen von der Tatsache, sich nun ein für alle Male und endgültig von allen ordinären Studenten abheben zu können, hat dieses Dokument noch eine weitere lukrative Eigenschaft: Gegen seine Vorlage im Verwandtenkreis - vorzugsweise gegenüber Großeltern und Patentanten - kann der Ex-Student in der Regel mit einer angemessenen Würdigung in Form finanzieller Zuwendungen rechnen. Und was macht man nun mit diesem erfreulichen Geldregen? Richtig, man geht erst mal auf die schwer verdiente *Weltreise*. Getreu dem Motto: Wer nach dem Studium noch mehr Geld auf dem Konto hat, als er für die Bahnfahrt vom Flughafen nach Hause benötigt, ist selber Schuld. Mit etwas Glück (und verwandtschaftlichen Beziehungen) wartet der erste Job bei der Rückkehr womöglich schon auf einen, und für die dringend nötige Wiederbelebung des Girokontos ist somit gesorgt.

Sollte es sich jedoch bei unserem frischgebackenen Titelträger um ein bedauerliches Geschöpf ohne hilfreiche Eltern handeln und - was noch schwerer wiegt - um einen jener Streber-Studenten, die das Studium mit recht passablem Erfolg absolvierten, könnte ihn statt der steilen Karriere in freier Wirtschaft jenes Schicksal ereilen, das fälschlicherweise oftmals als die große Chance angesehen wird: Ein Angebot, an einem Lehrstuhl zu noch höheren Weihen zu gelangen, sprich: *zu promovieren.*

Auch unter Studienabgängern ist dieser Irrglaube von der einmaligen Chance weit verbreitet. So weit, dass viele von ihnen ein derartiges Angebot mit Freuden annehmen, ohne sich bewusst zu sein, welchen Zukunftsaussichten sie sich damit aussetzen. Der begehrte Doktortitel - schön und gut, aber der Weg dorthin ist mit mindestens ebensovielen Fallstricken gepflastert, wie das soeben abgeschlossene Studium.

Rufen wir uns die Situation unseres noch nichts ahnenden Nachwuchsforschers in Erinnerung: Mit recht leerem Portemonnaie steht er derzeit noch am Flughafen und wartet auf die nächste S-Bahn, die ihn nach Hause und zu Mutters Waschmaschine bringt (manche Studenteneigenschaften lassen sich eben nur schwer ablegen - auch, wenn man Anwärter auf einen Doktortitel ist). Am nächsten Tag soll nun das große Abenteuer beginnen: der erste Arbeitstag! Das Konto hat es auch dringend nötig. Die geldschöpfende Wirkung der Diplomurkunde hatte leider recht bald nachgelassen und die letzten Groschen gingen für die Examensfeier mit den 213 engsten Freunden drauf.

Zu diesem Zeitpunkt ist unserer angehender Promovend noch recht optimistisch: Pünktliche Gehaltszahlungen warten auf ihn, die die Höhe dessen, was ihm als Student in unregelmäßigen Abständen zur Verfügung stand, bei weitem übertreffen. Vor seinem geistigen Auge ziehen Bilder vorbei von *Urlauben*, ähnlich dem gerade verlebten, von *kleinen roten Sportwagen* und von weniger kleinen *Penthouse-Wohnungen*. Er träumt von Wochenendtrips zum *Surfen, Abenden beim Nobelitaliener* und vom *langen Schlafen* am nächsten Morgen. Dass er zu all dem Zeit finden wird, bezweifelt er keine Sekunde lang - schließlich weiß er noch aus seinen eigenen Studententagen nur allzugut, wie häufig die Mitarbeiter von Lehrstühlen in ihren Büros zu erreichen sind ...

Apropos Büro: Dort sitzt er nun und weiß so recht nichts mit sich anzufangen. Natürlich könnte er nun mit der Suche nach einem Dissertationsthema beginnen, aber gleich am ersten Tag? Ist das nicht etwas überstürzt? Schließlich hat er sich für die ganze Geschichte etwa 5 Jahre seines Lebens reserviert, da kann so eine Themensuche doch nicht so dringend sein.

Aber es gibt noch bedeutend erfreulichere Dinge, die jetzt zu erledigen wären. Im Hinblick auf die Annehmlichkeit eines regelmäßigen Gehaltes wäre es nun an der Zeit, sich endlich von jenen Nebenjobs zu trennen, mit denen man sich als Student über Wasser zu halten versuchte. Also nichts wie zum Telefon gegriffen. Zuerst das, was am meisten Genugtuung bereitet: Die *Nachbarn* anrufen und ihnen mitteilen, dass sie sich zur Beaufsichtigung ihres antiautoritär verzogenen Nachwuchses doch jetzt bitte um jemand anderen bemühen müssten - sofern sich für diesen nervenaufreibendsten aller Jobs überhaupt noch ein Interessent findet. Dann in der *Kneipe*: Zum Kellnern von 20.00 Uhr bis zur Sperrstunde steht man ab sofort nicht mehr zur

Verfügung. Nein, auch nicht in absoluten Notfällen. Doch, das wäre durchaus ernst gemeint. Schließlich noch *Mutters alte Schulfreundin*: Die Nachhilfestunden für den Jüngsten seien nun endgültig vorbei, jetzt werden Aufgaben mit mehr Aussicht auf Erfolg angegangen. Nachdem das letzte dieser Gespräche vorbei ist, kann sich unser junger Assistent beruhigt zurücklehnen und sich der Vorfreude auf ein gemütliches Leben in finanziellem Wohlstand hingeben.

Dieser Zustand hält ungefähr acht Wochen an. Nach diesen acht Wochen ist es an der Zeit, sich mal wieder mit alten Studienfreunden in der Stammkneipe zu treffen, um zu erfahren, wie es ihnen denn seit dem Examen ergangen ist.

Beim Eintreffen in der Szenekneipe sitzen dort bereits jene armen Seelen, die aus hier nicht näher zu untersuchenden Gründen bislang nicht das Glück hatten, einen Job zu finden. Nachdem er sich die lange Geschichte der 185 erfolglosen Bewerbungen angehört hat, nimmt unser künftiger Doktor sogar noch eine gute Tat vor und versucht, ihnen zumindest zu einem Nebenverdienst zu verhelfen („Wie wär's mit Babysitten oder Nachhilfe geben? Ich könnte da bei jemanden ein gutes Wort für dich einlegen!"). Dann berichtet er über das eigene angenehme Lehrstuhlleben als wissenschaftliche Hilfskraft. Bis hierhin ist die Welt noch in Ordnung.

Nach dem etwa sechsten Bier trifft endlich auch das letzte Mitglied der alten Truppe ein und entschuldigt sich mit einer Sitzung, an der er noch teilnehmen musste und die mal wieder zu den üblichen Überstunden geführt hat. Mitleidig lächelnd denkt unser Promovend an den freien Nachmittag, den er am *Baggersee* verbracht hat, als sein Blick auf das Outfit des Neuankömmlings fällt. Moment mal, so tolle Designerklamotten hatte der doch als Student noch nicht! Und der Autoschlüssel, der so demonstrativ auf dem Tisch liegt, zeigt auch nicht mehr das Emblem einer kleinen französischen Automarke, sondern das eines bedeutenden deutschen Automobilkonzerns! Sollte es der Kollege etwa eher zu dem begehrten Sportwagen gebracht haben als man selbst?

II. Der Einbruch

In dieser Nacht schläft der zukünftige Doktor ziemlich schlecht und zum ersten Mal kommt ihm der Gedanke, dass die Promotion doch nicht gerade eine Abkürzung auf dem Weg zum großen Reichtum darstellt. Und ein Blick auf sein Konto sagt ihm, dass die Träume, mit denen er einst seine Karriere begann, noch weit von ihrer Erfüllung entfernt sind.

Der nächste Tag beginnt für unseren Promovenden mit einer Fülle guter Vorsätze. Er glaubt erkannt zu haben, dass der beste Weg zu schnellem Reichtum über eine zügige Promotion führt. Folglich stürzt er sich - zum Erstaunen seiner Kollegen - voll Eifer in die Themensuche. Dabei fällt ihm unter anderem ein wissenschaftliches Werk in die Hände, von dem er sich zunächst wertvolle Tipps und Hinweise erhofft: *Grundlagen der Promotionslehre* (*Meuser* 1993). Dieses vielversprechend klingende Heftchen wird sofort aus der Bibliothek mit nach Hause genommen (ein guter Anlass übrigens, um sich endlich einen Ausleihausweis zu besorgen!). Nachdem sich unser Promovend mit dem Buch an ein stilles Örtchen zurückgezogen hat, wird er jedoch schon beim ersten Durchblättern völlig desillusioniert. Bereits auf den ersten Seiten stößt er auf eine Auflistung, welche Zeit ein angehender Doktor mit diversen promotionsfördernden Tätigkeiten verbringt, die die Hoffnung auf eine schnelle Titelerlangung abrupt schwinden lässt. *10000 Stunden!* So lange kann er nicht warten - zumindest nicht, was den angestrebten Reichtum angeht.

Zudem wird dem Unglücklichen schnell klar, dass sich die aufgezählten Tätigkeiten kaum schneller erledigen lassen. Die einzige Möglichkeit, ein Verzicht auf Begrüßung und Verabschiedung von studentischen Hilfskräften, würde ihm insgesamt höchstens einige Minuten einbringen. Der Versuch, bei anderen Beschäftigungen anzusetzen, liegt nahe. Unser Promovend erwägt, sich die 1-2 Stunden Haushaltsführung täglich zu sparen, diese Tätigkeit könnte er sich noch am ehesten verkneifen. Wie wär's überhaupt mit einer Haushaltshilfe? Aber nein, die kostet ja wieder Geld, und genau das will er doch erst mal verdienen. *Ein Teufelskreis!*

Nach einigen weiteren Wochen Grübelei - die die Themensuche auch nicht gerade vorantreiben - erscheint plötzlich die Rettung in Gestalt eines überaus sympathischen Kollegen. Dieser unterbreitet ein verlockendes Angebot: Eine Weiterbildungsinstitution, für die er bereits seit einiger Zeit arbeitet, sucht dringend qualifizierte Fachkräfte für die *Aufsicht bei Klausuren*; 14 Tage lang zweimal vier Stunden täglich und zu einem Stundenlohn, der das Herz unseres Promovenden höher schlagen lässt. Und so findet er sich wenige Tage darauf in einem großen Prüfungsraum wieder und wartet gespannt auf die Kandidaten, die hier in einigen Minuten ihr Wissen und Können unter Beweis stellen sollen. Doch die Realität des Prüfungsalltags stellt die Belastbarkeit unseres Promovenden auf eine harte Probe.

Zaghaft nähert sich der erste Prüfling, steuert auf ihn zu, streckt die Hand aus und verkündet: „G. Horsam, guten Tag. Ich soll hier eine Klausur schreiben!" Von soviel Höflichkeit und Entgegenkommen beeindruckt, hat unser Promovend schon ein paar lobende Worte auf den Lippen, als plötzlich die Tür aufgerissen wird und die 83 Leidensgenossen dieses disziplinierten Prüflings hereinstürmen - weit weniger diszipliniert, versteht sich - und unter Gerenne und Geschrei versuchen, die ihnen vorbestimmten Plätze aufzufinden. Meistens ohne Erfolg.

Am nächsten Tag ist unser Geld verdienende Nachwuchsforscher schlauer und schreibt das System, nach dem die Plätze angeordnet sind, an die Tafel. Leider muss er jedoch recht bald feststellen, dass anscheinend die wenigsten der Klausurteilnehmer in der Lage sind, das Alphabet oder das numerische System einigermaßen sicher zu beherrschen. Fragen wie „Mein Name ist B. Kloppt, wo sitze ich?", „Meine Kennnummer ist 08/15, wo ist mein Platz?" bzw. „Gibt es hier ein System?" prasseln trotzdem von allen Seiten auf ihn ein. Verbürgt sind auch die folgenden schwerwiegenden Probleme: „Mein Stuhl ist kaputt, was soll ich machen?", „Ich habe meinen Taschenrechner/Ausweis/Brotbeutel vergessen, kann mir jemand aushelfen?" oder auch „Ich will nicht in der ersten Reihe sitzen, da habe ich noch nie eine Prüfung bestanden!". Der zukünftige Doktor schlägt drei Kreuze, als die Prüfungsaufgaben endlich ausgeteilt sind und langsam ratlose Ruhe einkehrt.

Jetzt bleibt noch die Aufgabe, zu kontrollieren, dass bei der Bearbeitung der Klausur alles mit rechten Dingen zugeht. Nach einer Woche nimmt er auch dieses mit Gelassenheit, da inzwischen alle Tricks bekannt sind (schließlich war er selber mal Student) und auch

Ausreden wie diese werfen ihn nicht mehr aus der Bahn: „Ich kann mit einem nicht-programmierbaren Taschenrechner nicht umgehen, ich bin Ingenieur!"

Je länger die Aufsichten dauern, desto mehr fragt sich unser Promovend, was er seinem an sich überaus sympathischen Kollegen eigentlich angetan haben könnte, dass dieser ihm einen solch nervenaufreibenden Job angedreht hat. Dagegen war ja das Babysitten früher ein Kinderspiel (im wahrsten Sinne des Wortes). Nach den nervenzehrendsten zwei Wochen seines Lebens steht der Entschluss unseres Promovenden fest: Nebentätigkeiten zwecks Einkommenssteigerung ja - aber nicht mehr so!

Ein halbes Jahr später - es ist wieder Klausurzeit - sitzt er erneut im Hörsaal und beaufsichtigt die Prüflinge. Der Lockruf des Geldes war lauter als das Locken des Doktortitels. Allerdings ist er inzwischen einen nicht unerheblichen Schritt weitergekommen: Die Themensuche wurde mittlerweile so weit vorangetrieben, dass das erste Doktorandenseminar unmittelbar bevorsteht. Deshalb hätte er eigentlich die Zeit sinnvoller nutzen können als mit Klausuraufsichten - aber jetzt absagen? Wer weiß, wozu es einmal gut ist, eine Nebentätigkeit zu haben, diese sollte man daher nicht leichtfertig auf's Spiel setzen.

Die Stille im Klausurraum lässt sich leider auch nicht zum Ausarbeiten des Seminarpapers nutzen, sie ist dringenderen Aufgaben vorbehalten. Immerhin hat unser Doktorand (so kann man ihn ja dank des gefundenen Themas jetzt nennen) doch vor ein paar Wochen zusätzlich noch einen ganzsemestrigen *Lehrauftrag* an einer hohen Fachschule angenommen, an der auch sein überaus sympathischer Kollege bereits nebenbeschäftigt ist, und muss nun Unterlagen dafür erstellen. Eine gute Gelegenheit, all das, was einen an den Vorlesungen aus eigenen Studententagen störte, endlich besser zu machen! So macht er sich auch gleich mit Feuereifer ans Werk. Es werden Fachbücher gewälzt, Gliederungen entworfen, Manuskripte erstellt und Beilagen kopiert (letzteres natürlich nicht während der Klausuren). Obwohl - so viel, wie er gehofft hatte, schaffte unser bald eigene Vorlesungen haltende Nachwuchsforscher in dieser Zeit nicht. Resigniert stellt er fest, dass diese Beschäftigung wohl oder übel noch ein paar Tage in Anspruch nehmen wird. Er tröstet sich damit, dass ein sorgsam ausgearbeitetes Vorlesungsprogramm immer wieder von neuem zu verwenden ist und sich die Mühe daher lohnt.

Drei Monate später steht das Manuskript endlich. Gerade noch rechtzeitig. Als die Vorlesungsreihe am nächsten Tag beginnt, muss unser Promovend zu seiner Enttäuschung feststellen, dass die meisten seiner neuen Zöglinge seinen Vortrag wohl doch nicht so spannend finden, wie er sich das bei seiner Ausarbeitung erhofft hatte. Zudem - so ganz Unrecht haben sie damit vielleicht auch gar nicht. So manches, was ihm vorher einleuchtend, unbedingt erwähnenswert und ungeheuer interessant erschien, kommt ihm jetzt doch eher praxisfern, unlogisch und völlig nebensächlich vor. Als aufmerksamer Dozent merkt er sehr bald, an welchen Stellen seine Zuhörer abschalten, aus dem Fenster starren oder unter dem Tisch die Comics auspacken. Sollte er trotz aller guten Vorsätze den gleichen Fehler gemacht haben wie seinerzeit seine Professoren? Vielleicht hat er den Stoff der Veranstaltung doch zu wenig auf die speziellen Interessen seiner Zielgruppe zugeschnitten? Eines weiß er jedoch mit Sicherheit: In dieser Form kann er im nächsten Halbjahr die Vorlesung nicht mehr halten. Eine Überarbeitung scheint dringend notwendig.

Vorrangig ist derzeit jedoch die Fertigstellung seiner Unterlagen für das bereits lang geplante *Doktorandenseminar*. Nun, nach einigen Wochen intensiver Arbeit (schließlich muss man die Zeit nutzen, in der weder Aufsichten noch Vorlesungen anliegen) ist auch dieses geschafft und das Seminar wird wider Erwarten ein großer Erfolg. Doktorvater und Kollegen sind von seinen Ideen begeistert und bringen massenhaft neue Gedanken in die Diskussion mit ein. Eine Fülle nicht zu vernachlässigender Aspekte offenbart sich unserem Promovenden, aber auch die Erkenntnis, dass einige der von ihm ins Auge gefassten Untersuchungen von seinem Professor anscheinend nicht für so revolutionär gehalten werden, wie von ihm selbst. Nach einer Ergänzung um eine empirische Erhebung sowie unter Einbeziehung der dogmatischen Entwicklung seit Beginn der Neuzeit wurde das Thema jedoch für durchaus tragfähig erachtet. Nachdem schließlich noch der geplante Arbeitstitel geringfügig modifiziert wurde, steht dem Beginn einer erfolgversprechenden Dissertation eigentlich nichts mehr im Wege - nur der Doktorand selbst.

Derart beflügelt möchte sich unser Promovend am liebsten sofort an die Arbeit begeben und möglichst noch in den nächsten Tagen den Definitionsteil fertig stellen, wenn - ja, wenn da nicht noch dieses *Wochenendseminar zur Weiterbildung von Fach- und Führungskräften aus der Wirtschaft* wäre, zu dem er sich leichtfertigerweise von dem überaus sympathischen Kollegen hat überreden lassen und das ja noch vorbereitet werden muss. Allerdings steht der Aufwand für so ein kurzes Seminar Gott sei Dank in keinem Verhältnis zu dem einer Vorlesung. Ach ja, die muss natürlich auch noch überarbeitet werden, bevor das nächste Semester beginnt ...

Entgegen aller Hoffnungen nimmt das Wochenendseminar doch mehr Zeit in Anspruch als erwartet. Nur gut, dass man rechtzeitig damit begonnen hatte! Und kaum wieder im heimatlichen Büro angelangt, ist es auch schon höchste Zeit, sich endlich an die zweite, stark verbesserte Auflage des Vorlesungsmanuskriptes zu begeben. Diese Aufgabe bewältigt unser bald seine eigene Vorlesung erstmals wiederholende Nachwuchsforscher schon in der Hälfte der Zeit, die er für den ersten Entwurf benötigt hatte. Übung macht sich eben doch bezahlt.

Apropos bezahlt: Ein Blick auf das Konto - sofern zum Besuch der Bank überhaupt mal Zeit bleibt - lässt das Herz unseres Doktoranden höher schlagen. Der kleine rote Sportwagen scheint in durchaus greifbare Nähe gerückt zu sein. In Anbetracht dieser Tatsache ist die Überlegung, ob in bezug auf die Nebentätigkeiten nicht doch etwas kürzer getreten werden sollte, relativ schnell zugunsten der nächsten Klausuraufsicht-Staffel gefallen. Dafür waren die bisherigen Nebenjobs einfach zu lukrativ. Nur, was die Fortschritte der Dissertation angeht - das Konto entwickelt sich bedeutend besser als die Doktorarbeit. In diesen Klausurtermin geht unser Doktorand mit dem festen Entschluss, sich nach Beendigung dieses Aufsichtsmarathons mindestens ein Vierteljahr intensivst seiner wissenschaftlichen Karriere zu widmen.

Dass auch hier wieder etwas dazwischen kommt, braucht eigentlich kaum noch erwähnt zu werden. Denn nach beinahe 18 Monaten harter Arbeit für andere ist es an der Zeit, auch mal an sich zu denken und jeglichen Stress zu reduzieren. Dummerweise ist aber auch das Promovieren mit Stress verbunden, so dass in den nächsten Wochen weder mit Fortschritten bei der Dissertation noch beim Konto zu rechnen ist. Immerhin rafft sich unser Promovend nach drei erholsamen Wochen auf den *Fidschi-Inseln* auf, sich zumindest mal wieder die alten Aufzeichnungen zum Promotionsthema vorzunehmen, um sich so langsam wieder mit der Materie vertraut zu machen. Eigentlich wäre jetzt der richtige Augenblick, voll einzusteigen und anzufangen, einige Quellen des immerhin schon auf mehrere Seiten angewachsenen Literaturverzeichnisses auch endlich mal zu lesen oder gar die ersten Seiten zu Papier zu bringen. Fatalerweise ist dies jedoch auch der richtige Augenblick für einen Anruf einer der bereits erwähnten Weiterbildungsinstitutionen: „Sie haben doch bereits für uns *Klausuraufsichten/Vorlesungen/Wochenendseminare* übernommen. Wären Sie auch bereit, uns bei *Korrekturtätigkeiten* behilflich zu sein?" Nun, zu guter Letzt wäre dies auch der richtige Augenblick zum Nein-Sagen, doch wer weiß, wozu es einmal gut ist, eine weitere Nebentätigkeit zu haben ...

Einen Vorteil hat dieser neue Job immerhin: er lässt sich - rein theoretisch - abends zu Hause erledigen. So ein Stapel von 170 Klausuren kann doch prima bei der Sportschau nebenbei korrigiert werden. Wie gesagt: rein theoretisch. Der Unterschied zwischen Theorie und Praxis liegt in der fehlenden Motivation. Die Abende kann man schließlich besser verbringen und zum Korrigieren in Kneipen eignen sich diese Klausuren zugegebenermaßen doch nicht so gut. Das Ende vom Lied: Der Stapel bleibt so lange zu Hause unter dem Schreibtisch liegen, bis der Abgabetermin in bedrohliche Nähe gerückt ist und unserem Doktoranden mal wieder nichts anderes übrig bleibt, als ein wenig Zeit von der geplanten Promotionstätigkeit abzuzwacken und für die Klausuren aufzuwenden.

Diese schlechte Erfahrung ist aber noch lange kein Grund, diesen Nebenjob wieder abzusagen, denn die Ursache dafür liegt schließlich nicht in der Tätigkeit, sondern in einem selber und kann so relativ leicht behoben werden. Rein theoretisch (s. o.). Außerdem ließe sich eine solche Korrekturtätigkeit doch wunderbar mit den *Klausuraufsichten* verbinden, die ja auch bald wieder vor der Tür stehen. So lassen sich zwei Fliegen mit einer Klappe schlagen.

Von diesem Gedanken beseelt zeigen sich bei unserem Promovenden deutliche Anzeichen von Selbstüberschätzung. Und so ist es nicht weiter verwunderlich, dass auch das nächste *Wochenendseminar* nicht lange auf sich warten lässt (immerhin liegt es thematisch nicht allzuweit von dem ersten entfernt, so dass sich der Aufwand für die Manuskripterstellung mit nur wenigen Wochen beziffern lässt). Und auch für die *Vorlesung*, die er selbstverständlich immer noch hält, sind unserem Doktoranden noch einige neue Ideen gekommen, die bei Gelegenheit mal zu einer Überarbeitung der Unterlagen führen sollten ...

III. Der Zusammenbruch

Leichte Unruhe bei unserem Promovenden löst kurz darauf die Tatsache aus, dass ein Kollege, der fast 2 Jahre nach ihm am Lehrstuhl begonnen hat, zu seinem ersten *Doktorandenseminar* einlädt. Und auf die bohrenden Fragen seiner Freunde und Bekannten, die sich in regelmäßigen Abständen nach seinen wissenschaftlichen Fortschritten erkundigen, findet er auch keine glaubwürdigen Antworten mehr. Obwohl, was wirklich gute Freunde sind, die fragen schon gar nicht mehr ... Und so kommt es, dass unser Promovend eines Tages in seinem kleinen roten Sportwagen auf dem Weg zur Arbeit den endgültigen Entschluss fällt: *Jetzt wird ernsthaft und mit aller Energie promoviert!* Er wird sich sofort an die Arbeit begeben - er muss vorher nur noch eben einen etwa 10-seitigen Aufsatz für ein Buch schreiben, dass der überaus sympathische Kollege von ihm über die Promo-Viren herausgeben möchte ...

3. Teil

Elendiger Anblick:
Der Nachwuchsforscher aus der Sicht arg Betroffener

Promo-Viren aus der Sicht des Doktorvaters. Vorüberlegungen zum Entwurf einer humorontologischen Realtypologie des (der) Erstgutachters(In)

von

Hartmut Kreikebaum[*]

I. Grundlagen

    1. Ausgangssituation

    2. Problemstellung

II. Methodologische Grundlegung einer humorontologischen Realtypologie des Doktorvaters

    1. Methodologische Vorbemerkungen genereller Art

    2. Methodologische Vorbemerkungen spezieller Art

III. Inhaltliche Ausprägung des PATDOC als Realtypus Erster Ordnung

    1. Überblick

    2. Virotypologie des PATDOC

IV. Grundsätzliche Überlegungen zu einer humanontologischen Idealtypologie Zweiter Ordnung: Vom Patdoc zum Partdoc

    1. Historische Analyse

    2. Content Analysis

---

[*] Prof. Dr. Hartmut Kreikebaum: Einzige selbständige Promotion vor 74 Semestern, an ca. ebenso zahlreichen Promotionen passiv beteiligt, seit einem Semester emeri- und seitdem irreversibel irritiert infolge fast lustvoller Liaison mit der Promo-Virologie.

I. Grundlagen

1. Ausgangssituation

Beim Studium der Erstauflage von *Promo-Viren* fällt dem aufmerksamen Leser sogleich ein eklatanter Mangel derselben auf: die für das Gelingen einer Promotion wirklich entscheidende Person wird in keinem der insgesamt 14 Einzelbeiträge im Titel erwähnt.[1] Dies ist kein triviales Problem. Der Verlag hat deshalb auch unverzüglich reagiert und das Schließen einer so empfindlichen Lücke in der zweiten Auflage beschlossen. Zwar ist schon in der ersten Auflage vom „Doktorvater", „Professor" oder „Referierenden Professor" die Rede. Dies geschieht im wesentlichen auch zutreffend und objektiv richtig. So weiß beispielsweise *Schulte* den kritischen Leser für sich einzunehmen, wenn er die Rolle des Professors mit den Begriffen „Würde", „Wissen" und „Vitalität" umschreibt und auf dessen „intuitive pädagogische Allkompetenz" verweist. In cumulo: „Der Professor weiß alles, ... selbst über Dinge, über die er nie zuvor etwas gehört hat..."[2]

Insgesamt gesehen ist aber erstens die beschämenswert niedrige Zitierfrequenz (matte 0,371%) zu beklagen - das hat kein(e) DoktorvaterIn verdient! Zweitens (= qualitatives Argument) ist von ihm/ihr auch dann nicht die Rede, wenn man es von der Kapitelüberschrift mit Fug und Recht erwarten müsste.[3]

Das beklagenswerte Ergebnis der Erstauflagenanalyse führt uns unmittelbar zum nächsten Punkt: der

2. Problemstellung

Das zentrale Anliegen dieses Beitrags ist es, die beschriebene Lücke mit Hilfe eines in mehrfacher Sicht innovativen Ansatzes zu schließen. Die „humorontologische Typologie" wird hier erstmals als Kryptologik der Neo-Promo-Viren-Forschung vorgestellt.

---

[1] Vgl. Meuser, Th. (Hrsg.): Promo-Viren. Zur Behandlung promotionaler Infekte und chronischer Doktoritis, Wiesbaden 1994.

[2] Vgl. den Beitrag von Schulte in diesem Band.

[3] Vgl. z. B. S. 104-106: „Der STAR".

Zwar kann die oben genannte Charakterisierung des PATDOC als unmittelbar einleuchtend, unanfechtbar und, wie bereits zutreffend hervorgehoben wurde, objektiv richtig bezeichnet werden.[4] Doch sind unter Anlegung psychovirologischer Maßstäbe gewisse Einseitigkeiten nicht zu übersehen. So trägt sie beispielsweise nicht den bodenbrechenden Forschungsergebnissen Rechnung, die mit der kürzlich bekannt gewordenen Synthese des Antipromo-Virus durch *Carl Djerassi* verbunden sind. Hellsichtig machte das Nominierungskomitee die Vergabe eines zweiten Nobelpreises an Djerassi davon abhängig, dass die galenische Spezifizierung des Antikörpers auf die humorontologische Typologie des PATDOC abgestimmt wird. Der damit verbundene Zeitdruck zwingt uns, unmittelbar zum Kern der Dinge vorzustoßen, d. h. zu Teil II.

II. Methodologische Grundlegung einer humorontologischen Realtypologie des Doktorvaters

1. Methodologische Vorbemerkungen genereller Art

Wie wir bereits intutiv erkannten, erscheint die in der ersten Auflage enthaltene Darstellung von Wesen und Bedeutung des Doktorvaters als unanfechtbar und empirisch fundiert. Dennoch haften ihr gewisse Einseitigkeiten an. Es fehlen nämlich vollständig die signifikanten Eitelkeiten, die dem manipatholoexzentrischen Persönlichkeitsspektrums des Referierenden Professors[5] zuzurechnen sind.

Alle Doktoranden, und zwar in der doppelten Ausprägung als Jedermann und Jederfrau, sowie alle Menschen wissen aber aus der populistischen Anekdotenliteratur, dass im Ausnahmefall selbst ein Professor irren kann. Zum ergänzenden Beweis:

Alfred Müller-Armack, bekannt als Vater der „Sozialen Marktwirtschaft", prüfte einstens den Autor im Fach Wirtschaftspolitik. Zu diesem Behufe hatte letzterer sich vorausschauend auf die gerade abgeschlossenen Römischen Verträge von 1957 präpariert. Auf die all-

---

[4] Eine Falsifizierbarkeit scheidet damit aus grundsätzlichen Überlegungen praktisch aus.

[5] Im deutschen Sprachraum spräche man sinnvoller vom ERST-Gutacht-ER.

fällig zu erwartende Frage nach dem sog. Magischen Dreieck reagierte unser Kandidat mit gespieltem Gleichmut wie folgt: „Um diese Frage zu beantworten, ziehen wir am besten den Wortlaut des Artikels 2 des Vertrags zur Gründung der Europäischen Gemeinschaft vom 25. März 1957, BGBl 1957 II, S. 766 in der Fassung des Unionvertrags heran", und zitierte denselben aus dem eine Stunde vor Prüfungsbeginn aufgebauten Kurzzeitgedächtnis. Ihn verwunderte allerdings nicht wenig, dass er erstens im weiteren Verlauf der Gruppenprüfung übergangen und zweitens beim Abendessen in der sog. Baracke[6] von einem Kommilitonen mit der Frage konfrontiert wurde: „Stimmt es, dass dir *Müller-Armack* heute seinen Lehrstuhl angeboten hat?"[7]

Zweitens zeigt auch der ERST-Gutacht-ER im Ausnahmefall dadurch humane Züge, dass er sogar den Dissertator als „Mensch" wahrnimmt. Zum Beweis diene erneut ein bekannter Patdoc aus Köln. Als jener dem Kandidaten[8] eine examensorientierte Frage stellte, bestand dessen prompte Antwort in einem einleitenden „Je nun!" Der betreffende Patdoc schob darauf das Sitzmöbel zurück und ließ seinen Unterkiefer leicht sinken. *Felix Rexhausen* interpretierte diesen Prüfungsverlauf mit den Worten: „Das machte mich direkt menschlich!"

2. Methodologische Vorbemerkungen spezieller Art

Die humorontologische Realtypologie verzweigt sich in eine berückende Fülle von Subtypoi, auf die hier wirklich ungern nicht im einzelnen eingegangen werden kann. Wir betrachten deshalb nur besonders prägnante Untergattungen. Die Auswahl folgt dem Postulat der mythologischen Vollflexibilität der positiven Realtypologie. Abgehoben wird daher primär auf das in der Neolinguistik entwickelte Verfahren der antipodischen Realkonstrukte.

Es geht dabei im Kern um die Implementierung des Prinzips der doppelten Bejahung. Diese erwächst aus dem Umkehrschluß zu der

---

[6] Ecke Weyertal/Lindenallee in Köln-Lindenthal.

[7] Die Frage musste verneint werden.

[8] Er sei an dieser Stelle aus Datenschutzgründen noch nicht genannt. Der formlose Ersteinsender des richtigen Lösungswortes erhält vom Autor eine Flasche 1999er Hallgartener Jungfer Riesling Spätlese trocken aus dem Weingut Riedel, 65375 Hallgarten über Oestrich-Winkel.

jedem Promo-Virenden geläufigen mathematischen Regel der Ableitung einer Bejahung aus der doppelten Verneinung. Das Verfahren der doppelten Bejahung beinhaltet also, im Lichte der Kryptokonstruktivistik beleuchtet, die einfache Verneinung. Welcher der beiden Untertypen, ob überhaupt keiner oder ob auch der Obertypus als eher nicht realitätsabbildend anzusehen ist, ergibt sich hier wie überall aus den besonders situationsspezifischen Umständen.

Damit sind die meisten methodologischen Vorfragen so schnell vorgeklärt, dass wir nun unmittelbar auf den noch folgenschwereren Punkt inhaltlicher Festlegungen eingehen können.

III. Inhaltliche Ausprägung des PATDOC[9] als Realtypus Erster Ordnung

1. Überblick

Hier wie überall steht vor allem der ERST-gutacht-ER im Vordergrund. Die Anzahl der Typen ermitteln wir mit Hilfe der in der Phänohermeneutik bekanntgewordenen Splittingmethode. Sie ergibt sich zweifelsfrei durch die einfache Bindestrich-Operation ERST-gut-acht-ER.

Die Abbildung rechts enthält die vollständige Enumeration der acht Einzeltypen.[10] Dabei gilt folgende

Legende:

1) Zu diesem Artefakt liegen bisher keine gesicherten Befunde aus der nudolomogolischen Forschung vor.
2) Am Beispiel dieses Typentupels bestätigt sich besonders augenfällig das Prinzip der doppelten Bejahung!
3) Ist am sichersten über Interpol zu erreichen, da er üblicherweise sein Internet mitzunehmen vergisst.
4) Wie die episodische Literatur zum überkonzentrierten (fälschlich „zerstreuten") Professor leider eindeutig belegt, existiert dieser Typus zumindest dem Anschein nach. Es ist aber noch nicht ge-

---

[9] Aus dem englischen „to pat" = (neudeutsch) pazifizieren abgeleitet.
[10] Empfohlener Rechenschritt: Vier Bazillustypen mal zwei = acht Einzeltypen.

lungen, den sog. Z-Typus für die Zwecke der Neo-Promo-Virenforschung überzeugend zu nomenklassifikationieren.

5) Deshalb sind beim beklagenswerten Stand des Haupt-Strom-Wissens auch keine inhaltlichen Angaben über die zwei noch fehlenden Untertypen möglich.

Art der PromoViren \ Art des Typus	Ober-Typus	Unter-Typus
Bazillus abstractus	Patdoc theoreticus	PD theoreticus purus PD theoreticus nudus 1)
Bazillus abstrusus	Patdoc practicus	PD practicus absolutis PD practicus totalis } 2)
Bazillus absens	Patdoc transteutonicus internationalis 3)	PD eurozentris PD globalis
Bazillus abstinens	Patdoc 'zerstreutus' 4)	P.D.N.N. P.D.N.N. } 5)

Abb. 1: *Humorontologische Klassifikation des Patdoc-Typus in erster Annäherung.*

Betrachten wir nun ausgewählte virotypologischinfizierte Unter-Typen im einzelnen.

2. Virotypologie des PATDOC

a) Der Patdoc theoreticus purus

Dieser Typus demonstriert erstens: ganz ohne Praxis geht der Typus nicht. Auch er folgt nämlich dem Ersten Hauptsatz der Humorontologie: „Fiat[11] modello, pereat bisinesso".[12] Zweitens ist die Behauptung unwahr, für die reife Ausprägung dieses Typus werde eine dreijährige (für Abiturienten vierjährige) Lehre in einer mittelmäßigen Modellschreinerei vorausgesetzt. Wahr ist drittens vielmehr, dass er ausschließlich diejenige Fähigkeit besitzen muss, welche als „horror simplifikationis" kürzlich in der promo-virologischen Tiefensondologie identifiziert worden ist.[13]

b) Der Patdoc practicus absolutis und der Patdoc practicus totalis

Wir können diese beiden Ausprägungen gemeinsam behandeln, denn erstens entbehrt bereits die methodenzentrierte Vorgehensweise ohnehin derjenigen Grundlage, die als gesicherte Basis eines geeigneten Fundaments anzusehen wäre.[14] Zweitens, und dieses Argument wiegt im Zweifelsfall noch schwerer, treten beide Untertypen hauptsächlich im Grenzbereich zwischen Leger- und Laxizität auf.[15] Die letztere Erscheinung hängt offensichtlich mit der geradezu epidemischen Ausbreitung des bazillus abstrusus zusammen. Die weltweiten Anstrengungen müssen sich deshalb darauf konzentrieren, die genannte

---

[11] Künftigen Promovierenden ist aus nur dem Autor bekannten Gründen dringend davon abzuraten, mit diesem „Auto" zu allfälligen Konsultationen mit ihrem Patdoc anzureisen.

[12] Leser, die des Lateinischen nicht besonders mächtig sind, können eine kostenlose Übersetzung des Ersten Hauptsatzes vom Autor anfordern (gegen Einsendung eines selbstadressierten, freigemachten Umschlags unter Beifügung einer beglaubigten Kopie des Matura-Zeugnisses, aus dem zweifelsfrei das Nichtvorhandensein des Großen Latinums hervorgeht).

[13] Siehe dazu die bisher unveröffentliche Dissertation von Karl H. Plaumenstrauch: Wider den Ungeist des praxozentrierten Denkens. Eine selbstkritische Auseinandersetzung mit der landläufigen These: „Warum so umständlich, wenn es ein- bis zweifach geht", Hammerklein im Sauerland, o. J., S. 34-99.

[14] Ein scherzhaft gemeinter Satz. In leichter Abwandlung angelehnt an die utopisch gesicherte 68er Kernaussage: „Die Basis ist das Fundament der Grundlage."

[15] Im Unterschied gegenüber Typ 2 wird bei Typus 3 immerhin vom Promovenden verlangt, dass er regelmäßig den Wirtschaftsteil von „Metas-Mega-Moden" studiert.

Grenzschicht mit allen verfügbaren Mitteln zu reduzieren. Glücklicherweise kann heute berichtet werden, dass ein erster entscheidender Erfolg gegen den bazillus abstrusus nicht fern zu sein scheint. Brüssel ist es nämlich inzwischen gelungen, eine Kommission zur Vorbereitung des Aufbaus eines Forschungsinstituts zur Entwicklung von Anti-Promo-Viren für die EU-Staaten vorzuschlagen, die über die Zertifizierung eines garantierten AntiVirenschutzes beraten soll. Die Kommission wird sich, wie durch eine gezielte Indiskretion aus höchsten politischen Kreisen bekannt geworden ist, voraussichtlich noch in diesem Jahrhundert treffen, um einen Entwurf zur Einrichtung einer Unterkommission zu konzipieren, deren Erste Ordensklasse die wichtigsten strukturalenistisch-personalistischen Voraussetzungen klären wird. Sie wird ferner, wie ebenfalls aus professionalistisch-geschwätzigen Kreisen zu erfahren ist, ihre Arbeit an den zentralen Aussagen des Grien-Nolitschmanagements orientieren.

c) Der Patdoc eurozentris

Die beiden Ausprägungen des PD-Obertypus transteutonicus internationalis unterscheiden sich in einem winzigen Ponkt[16]: dem PD eurozentris geht Europa über alles, dem PD globalis ist in Europa alles wurscht. Ihm sein Feld ist die Welt.[17]

Die Eurozentrierung des Patdocs sei am Beispiel eines Falles dargestellt, der die Wirkmächtigkeit des bazillus absens in der Spezialform des PD absens in mente (= neurotische Distanz zur Realität des Seienden) verdeutlicht. Sie entzündete sich an einem Fall, der als „Eurojapoparadigma" in die verwaltungswissenschaftliche Lehrbuchliteratur eingegangen ist. Das Zentralinstitut zur Erforschung makrobiotischer Antiviren hat ihn im Rahmen einer von der genannten EU-Kommission vergebenen Auftragsforschung unter dem Thema eruiert:

„Die japanische Herausforderung und wie ihr schlagkräftig durch verstärkte Zentralisierung sowie den dynamisch-progressiven Perso-

---

[16] Punkt wäre zu schwach.

[17] Preisfrage: Welchem intragermanischen Volksstamm ist dieses Sprachgut zuzuordnen? (Erster Preis: eine Urlaubswoche Sommerreigen im Sauerland. Zweiter Preis: zwei Wochen Sommerregen im Hochsauerland.)

nalausbau auf allen administrativen Ebenen europäischer Behörden begegnet werden kann."

d) Der Patdoc globalis

Dieser auf der Höhe der Zeit stehende und noch weit darüber hinaus strebende Typus hebt sich durch zwei Merkmale von allen bisher genannten Vertretern ab. Erstens lässt er auch die meisten gängigen Neue Welt-Idiome wie z.b. Bakschies, Taschkelt oder Mafiosar zu und übernimmt klaglos-kompetent deren Übertragung in den Deutschen Dissertationsductus. Zweitens lässt er sich diese Uneigennützigkeit dadurch entgelten, dass er ohne Ansehen der Person bei der Vergabe z. B. des Doctor honoris causa transozeanicus et latinoamericanicus an ver-diente und -dienende Praktiker[18] unterstützend mitwirkt.[19]

In diesem Zusammenhang sei abschließend darauf hingewiesen, dass die einzelnen Vertreter der humorontologischen Realtypen nicht isoliert auftreten, sondern realiter als vermischte Erscheinungen. Vernetzungen können auch in Verbindung mit den Dissertatoren identifiziert werden. Erwähnenswert ist hier das *Dr. Jehkyll/Mr. Hyde*-Modell: Es erklärt die Wissenschaftlich-Praktische Kooperation zwischen dem Patdoc practicus absolututs globalis und dem Doctorandus nullus theoreticus internationalis, bei der ein symbolischer Rollentausch stattfindet. Die entsprechende Anreiz-Beitragsfunktion kommt im Symbiosemodell beispielsweise dadurch zu einem sehr schönen Ausdruck, dass sich der Patdoc (Agent) an Bord der vom Doktoranden (Prinzipal) in *Uhbar Diba* registrierten *Boeing 800-1200* praktisch zuhause fühlt.

---

[18] Positiv hervorzuheben sei hier speziell der Practicus contributionis generosis. Man beachte auch die sehr schöne Ausprägung der Verwandtschaft mit den Patdoctypen 2 und 3.

[19] Diesen Hinweis auf ein bisher noch weißes, genauer: weites Feld der Neuen Promo-Virenleere verdanke ich Inge S. K., die den jungen Doc vor 40 Jahren an der playa timmendorfensis mit dem virus amoris infizierte, gegen den sich bisher noch kein Kontrastmittel im Wettbewerb durchzusetzen vermochte.

IV. Grundsätzliche Überlegungen zu einer humanontologischen Idealtypologie Zweiter Ordnung: Vom Patdoc zum Partdoc

1. Historische Analyse

Dank seiner herausragenden Bedeutung stand bisher der Doktorvater als mythisch-unmodisches Wesen im Vordergrund. Dabei kann es sich jedoch nur um eine erste Annäherung handeln: weder aus theoretischer noch aus praktischer Sicht erscheint es befriedigend, von der Gestalt eines mit den verschiedensten Viren (insbes. dem bazillus vanitatis, bazillus supremationis und bazillus omnispotentis[20]) vollgestopften Doktorvaters bzw. einer verseuchten Vaterin auszugehen. Vielmehr muss mit Modischen Maßnahmen, Moderaten Modellen und Müßigen Methoden daran gearbeitet werden. Folglich sind vor der weiteren Vervollkommnung der Theorie vorrangig und fehement[21] fruchtbare Vorhyypothesen zu verorten, um den voll-virtuellen Patdoc Erster Ordnung nicht voll von Viren auf allen Vieren vogelfrei[22] verenden zu sehen. Wir gelangen nun zur normativ orientierten Umformulierung der humorontologischen Realtypologie Erster Ordnung. Diese muss notwendigerweise inhaltlich normiert sein.

2. Content Analysis

Die Fastfood and -Druck Administration hat soeben unter der Handelsmarke „Antidovolin" den von *Stanley D.* entwickelten Antivirus freigegeben, der den virus professoralis improfessionalis flexibel einzukapseln vermag.

---

[20] Der Verfasser verdankt den Hinweis auf diesen in den Urzeiten der Menschheit entstandenen Virus der Aussage eines Mitschülers am Städtischen Gymnasium Altena. Dort war es usus, in lateinischen Klassenarbeiten einen Hexameter zu einem vorgegebenen Thema, in diesem Falle „Jupiter", zu dichten. Nach fünfstündigem Kauen am Bleistift lag dem Korrektor folgendes Ergebnis vor: „Jupiter, omnis potens, help mi mine carmina maken". Jupiter respondit: „Mak du dine carmina sülwer!"

[21] Unter Anlehnung an die Neuen Amtlichen Rechtschreibregeln (NARR).

[22] Vogel„frei" träfe es nicht genau, entspräche auch nicht dem zweiten Hauptsatz der Dritten Lautverschiebung.

Dementsprechend hat die betriebswirtschaftliche Begleitforschung ihre Verantwortung für Vorklärungen in vorausschauender Vorwegnahme dieses Jahrtausendereignisses nicht außen vor gelassen. Vielmehr schlägt sie folgende Umformulierung zur Begründung einer ide-realbasierten Partdoctypologie Zweiter Ordnung vor.

a)   Der Partdoc collegialis

Wie wir wiederholt gesehen haben, steht der PATDOC stets ganz oben, weit sichtbar und erhaben über allen Menschen und über jedem Dissertator. Er fühlt sich als Spitze und ist einsa(r)me Spitze. Das Sitzen auf der Spitze macht ihm so leicht keiner nach. Dem Patdoc geschieht es ganz recht. Schließlich hat er auch als Emeritus noch alle Rechte. Und er sitzt nun einmal Gern Groß ganz oben. Er bescheidet sich einfach mit der Pole Position.

Gegen die raue Wirklichkeit und den Zwang zu eigen-operativen Ausführungen aller Art schirmt ihn eine wohlgeordnete Lehrstuhlhierarchie ab. Der Wandel zum PARTDOC in der Form des Partdoc collegialis kann am ehesten durch einen transozeanischen Tätigkeitstransfer gelingen, z.B. in eine Vereinigte Staaten von Amerikazentrierte oder Asienbasierte Gastprofessur. Hier gilt das „do it yourself otherwise helps you noman". Der „bazillus autocraticus" überlebt diesen geographischen Positionswechsel seines Wirtes zum Partdoc collegialis gewöhnlich nicht.

b)   Der Partdoc partneralis

Beim Übergang vom PATDOC zum PARTDOC geht es darum, Bazillen auszurotten, die zum ganz überwiegenden Teil seit der Gründung der ersten Universitäten, d. h. bereits über 800 Jahre zum genetischen Vorrat eines Patdocs zählen. Hier liegt erneut kein triviales Problem vor. Der Partdoc partneralis zeichnet sich als Kontrastmittel durch die Besonderheit aus, dass eine kooperationszentrierte Beziehung allein und ausschließlich vom Doktoranden aufgebaut werden kann. Speziell der ERST-Gutacht-ER ist dazu prinzipiell nicht fähig, da ihm von Natur aus einfach das Organ fehlt, ausgerechnet den Umgang mit von ihm in jeder Hinsicht abhängigen Promovenden als eine relatio parterneralis zu begreifen. Mit hoher Wahrscheinlichkeit kann vermutet werden, dass der Übergang von „pater" zu „partner" deshalb kaum zu bewältigen und überaus selten in der belebten Natur akademischer Wirkungsstätten anzutreffen ist.[23] Der entscheidende Grund liegt darin, dass der Patdoc normalis nur unter extremem Druck über die Phantasie[24] verfügt, das theoretische Konstrukt „Partnership" ins Lebenspraktische („Partner:Schipp!") umzudenken.

c) Der Partdoc humanis

Hier dominiert der soziokognitive Ansatz: der Mensch ist ein ens sociale, der Partdoc ist in der Regel ein Mensch, also ebenfalls ein soziohumanes Wesen (cum grano salis). Das hat verschiedene Konsequenzen. Zum Beispiel muss er mit dem/der DissertatorIn reden (= kommunikationszentrierter Ansatz (KOZ[25])). Da diese Interaktion stets bewusstseinsgesteuert und damit vom Kopf (caput) her abläuft, nisten sich Promo-Viren auch primär hier ein (als Caput-Koz-Bazillus). Um die Kommunikation herzustellen, muss der Partdoc sich aus seiner angeborenen Alleinredefähigkeit (monologia naturalis) herauslösen und den ihm wesensfremden Dialog er-lernen.[26]

In letzter Konsequenz kommt es zur realkonstruktiv-kooperativen Kommunikation im Rahmen der Doktoral-Dialogischen Disputation.

---

[23] Die Anrede „Chef" auch seitens nichtpromovierender Studierender erscheint eher verräterisch. Siehe dazu u. a. Rainer Türck, Käpt'n, mein Käpt'n. Hommage an einen vergreisenden Emeritus, Unveröffentliches Manuskript, Frankfurt 1999, S. 437.

[24] „Phantasie haben heißt Schöpferwonnen fühlen, die Welt in sich nachbilden." Diese auf den Altvirenforscher Carl-Ludwig Schleich zurückgehende Definition findet sich entweder in „Es läuten die Glocken" oder „Besonnte Vergangenheit". Ich bitte hiermit letztmalig meine Mitarbeiter Glenn Reinhardt (Ober-Assi, insbes. im Bereich des Lehrstuhl-Sozialraums), Isabel Herbold und Gerrit Rützel (= Stellen-Partner) und Daniel Berndt (= Erster Hiwi) darum, dem bereits vor fünf Monaten erteilten Auftrag nach genauer Angabe der Fundstelle nachzukommen.

[25] Den Hinweis auf die zentrale Bedeutung der Prägung ...zentrierter Ansätze für die BWL speziell verdanke ich Werner Meißner, dem Präsidenten der Goethe-Universität, Frankfurt am Main (im Ernstbach am 15.08.1997).

[26] Diesen zu lehren würde ihm leichter fallen.

Hier erweist sich in glänzender Weise **die** Weisheit der Römer - vielfach bestätigt unweit des Römers in Frankfurt-Bockenheim und unweit von Frankfurt in Römersheim: „Per aspera ad Astra[27]!"

<u>Exkurs:</u> Erweiterung des humortypologischen Ansatzes

In der Älteren Promo-Viren-Theorie wird gelegentlich die Ansicht vertreten, dass der Dissertator erst mit abgeschlossener Habilitation zum Menschen werde. Stellt man sich auf den Boden dieser Prämisse, so können die Ausführungen in Teil IV 2. c) verständlicherweise nur mit kaltem Spott übergossen werden. Insbesondere erscheint es dann undenkbar, vom „Partdoc humanis" anders zu reden als von der krankhaften Ausgeburt phantasmagorischer Wunschvorstellungen. Richtig wäre es dann vielmehr, die Verknüpfung mit dem Epitaph „Mensch"[28] erst im Rahmen einer Theorie zu suchen, die einen doktorhabilzentrierten Ansatz zum Gegenstand hat: Das Epitheton ornans[29] „Mensch" könnte dann epigenetisch weiterentwickelt werden zum Episyllogismus:[30] Die gesamte humorontologische Realtypologie steht auf tönernen Füßen. Ihr fehlt die fundamentalorientierte Basierung auf homo-logischer Grundlage: Nulla ontologia humoris sine homuncoli!

Die Neuere Promo-Viren-Forschung bleibt aufgerufen, jeder noch so hochmuskelreizenden Meinungsäußerung nachzugehen, so sie nur von einem habilitierten und habilitierenden ERST-gut(en)acht-ER stammt.[31] Es bleibt zu hoffen, dass diesbezügliche Forschungsergebnisse bereits in der dritten Auflage von *Promo-Viren* in bedrückender Fülle vorgestellt werden können.

---

[27] Welche Schönheit, Kraft und Eleganz steckt doch gerade in dessen 1999er „Silver-Edition"!

[28] Im Sinne einer österreichischen Grabinschrift: „35 Jahre war er Junggeselle, dann wurde er Mensch".

[29] Lat. = häufig wiederholtes Beiwort ohne tieferen Sinn.

[30] Gr. = Schlussfolgerung.

[31] Dies gilt auch für den Sonderfall des Epilemnas!

Studenten am Rande des Nervenzusammenbruchs

von

Michael Werner*

I. Die Theorie

II. Die Genese

III. Exkurs: über Schmarotzer

IV. Die Praxis
   1. Die todsichere Methode
   2. Die sichere Methode
   3. Die tödliche Methode

---

* Michael Werner, seines Zeichens Diplom-Ökonom, hat sich auch als langjähriger Akteur des akademischen Zirkus' dem morbiden Charme einer Promotion bis heute tapfer entziehen können.

> *„Na Prosit!"* sagte Fritzchen Köhler,
> *„Nach dem Examen ist mir wöhler."*
> Wilhelm Busch

I. Die Theorie

Dass der Weg zum Examen lang, dornenreich und bitter ist, ist eine weitverbreitete Erkenntnis. Viele der Faktoren, die für die mit dem Studium verbundenen Mühsalen verantwortlich sind, wurden in der Literatur hinlänglich gewürdigt: etwa sich ins uferlose ausdehnende Prüfungsinhalte, unerfüllbare Prüfungsansprüche oder aber die beklagenswerte Qualität des Mensaessens.

Einem entscheidenden Faktor für die brutale Härte des Studiums ist dagegen bislang erstaunlich wenig Aufmerksamkeit entgegengebracht worden: Dem promovierenden Lehrstuhlassistenten. Zur terminologischen Abgrenzung sei angemerkt, dass promovierende Assistenten mitunter auch als *wissenschaftliche Mitarbeiter* (Inhaber einer vollen Stelle), als *wissenschaftliche Hilfskraft* (Inhaber einer weniger vollen Stelle) oder kurz als *Assis* (letzteres eher in studentischen Kreisen) bezeichnet werden.

Wie die Bezeichnung Assistent bereits erahnen lässt, bezieht sich die hochschulbezogene Tätigkeit eines solchen auf Handlangertätigkeiten für den - in der Regel referierenden - Professor. Im Dunstkreis dieser Handlangerdienste vollziehen sich die schicksalhaften Begegnungen zwischen Studenten und Assistenten. Geradezu dramatisch verdichtet sich dieser akademische Kontakt im Falle von

➢ Hausarbeiten, Referaten oder Seminararbeiten,

➢ Diplom- oder Magisterarbeiten,

➢ Verständnisfragen im Rahmen der Sprechstunde.

Damit ist aus studentischer Sicht Aufgabe und Daseinsberechtigung eines Lehrstuhlassistenten beschrieben: Assis betreuen Haus-, Seminar-, Diplom- und andere Arbeiten, halten manchmal Seminare oder Übungen ab und sind ansonsten dazu da, kluge Fragen zu beantworten. Es ist demnach die edle Aufgabe eines Assistenten, die ihm anvertrauten Studenten ein Stück ihres langen Weges zu den akademischen Weihen zu begleiten und die eherne Pforte zum Schatz des Wissens einen Spalt weit aufzustoßen.

So weit die studentische Sichtweise von den Aufgaben eines Assistenten - *so weit und so naiv*. In der Praxis verhält es sich nämlich so: Wenn ein Assi einen Studenten ein Stück weit akademisch begleitet, dann nur um diesen zu schikanieren; Pforten werden nicht aufgestoßen, sondern zugeschlagen und möglichst sofort abgeschlossen. Am liebsten die zum eigenen Büro. Die Erkenntnis ist bitter, aber wahr - der Assistent ist der Feind des Studenten.

Womit lässt sich dieser traurige Sachverhalt erklären? Einen hilfreichen Erklärungsansatz mag hierzu die *Promotionslehre* bieten. Schenkt man der gängigen Interpretation dieses Wissenschaftszweiges Glauben, so hat der durchschnittliche Assistent immer nur das Eine im Kopf: seine Promotion. Zumindest, solange er nicht schläft, lukrativen Nebentätigkeiten nachgeht oder sich im Urlaub befindet. Den Stellenwert der Studenten für einen von Promo-Viren befallenen Assistenten macht ein Rückgriff auf die einschlägigen Untersuchungen zur zeitlichen Struktur der Promotionstätigkeit in äußerst anschaulicher Weise deutlich: Der Student taucht im Ablaufschema der Promotionstätigkeiten überhaupt nicht auf; er ist schlichtweg überflüssig. Einzig in der Eigenschaft als studentische Hilfskraft finden Studenten Erwähnung. Dabei beschränkt sich der Kontakt mit den Hilfskräften während der gesamten Promotionszeit auf 36 Stunden und 33 Minuten. Das sind statistisch gesehen 1,2 Minuten täglich! Sinnfälliger kann man die Missachtung der Studenten seitens der Assistenten kaum dokumentieren.

Betrachten wir die Rolle der studentischen Hilfskräfte etwas genauer. Ihre Aufgabe besteht darin, den Assistenten zuzuarbeiten, also ebenfalls in der Bereitstellung von Handlangerdiensten. Diese Handlangerdienste sind letztlich der Grund dafür, dass Studenten ausschließlich in ihrer Funktion als Hilfskräfte in die Promotionslehre Eingang gefunden haben. Denn Relevanz hat in den Augen eines promovierenden Assistenten eben nur das, was für die Promotion von Nutzen ist. Vor diesem Hintergrund bedeuten nicht-zuarbeitende Studenten für einen Assi nur eines: lästige Arbeit. Entsprechend wird die Betreuung von Referaten u. ä. in Assistentenkreisen wie ein *Schwarzer-Peter-Spiel* gehandhabt - wer sich die Betreuung einer Hausarbeit auf's Auge drücken lässt, hat verloren und ist dem Gespött der Kollegen preisgegeben.

Mindestens ebenso verhasst ist den Assistenten die *Sprechstunde*. Grenzt es schon fast an den Tatbestand der Nötigung, mindestens eine Stunde in der Woche für die dummen Fragen der Studenten reservieren zu müssen, so ist die Sprechstunde aus der Sicht der Assistenten eine prinzipiell überflüssige Einrichtung. Denn schließlich wären ca. 25 % der Fragen vermeidbar, würden die Studenten nur aufmerksamer den Vorlesungen lauschen, 25 % könnten mit Hilfe der Literatur beantwortet werden, weitere 25 % sind so dumm, dass darauf einzugehen unter der Würde eines Assis wäre, während die restlichen Fragen auch genausogut von anderen Kollegen hätten beantwortet werden können.

Folgerichtig ist es das Ziel eines jeden Assistenten, sich die Studenten möglichst vom Leibe zu halten. Zu diesem Zweck wird versucht, die studentische Hemmschwelle zum Betreten eines Büros möglichst hoch zu setzen. Eine gängige Methode hierzu ist das Anbringen von einschüchternden Zetteln, Aufklebern und Schildern an den Bürotüren. Während sich die einen hinter dem Schild *„Elektrischer Betriebsraum - Unbefugter Zutritt verboten"* verschanzen, versuchen andere, lästige Studenten mit dem Hinweis *„SARG-Research-Lab - Do not disturb"* auf Abstand zu halten. (Sie fragen sich, was ein *SARG-Research-Lab* ist? Keine Ahnung, der Verfasser hat sich nicht zu fragen getraut.) Liebevoll angebrachte Zettelchen mit dem Inhalt *„Hier gibt's keine Skripten!"* oder *„Hier gibt's keine Vorlesungsbeilagen!"* sollen dem verunsicherten Studenten signalisieren, dass es hier auch sonst nichts gibt. Da dieser Abschreckungseffekt immer schwächer wirkt, je selbstsicherer die Studenten werden, wird versucht, die studentischen Zecken auf andere Weise loszuwerden.

Hat sich ein mutiger Student nicht durch die eindeutigen Hinweiszettel (*„Bin in der Mensa, - Bibliothek, - auf Reisen, ..."*) am Betreten des Büros hindern lassen, so muss halt tiefer in die Trickkiste gegriffen werden. Der Assistent wird also ein Gesicht aufsetzen, das einem Besuch beim Zahnarzt zur fünffachen Wurzelbehandlung durchaus angemessen wäre. Jeder mit nur einem Hauch von Mitgefühl ausgestattete Student wird sich beim Anblick eines solch gepeinigten

Antlitzes sofort unter hundertfachem Murmeln von Entschuldigungen wieder aus dem Büro zurückziehen.

Problematisch sind jene hartgesottenen Studenten, die sich auch hiervon nicht abhalten lassen, den Assistenten zu nerven. Solchen Studenten wird dann ein *„Jaaaaa...?"* entgegengehaucht, welches alles Elend dieser Welt in sich vereint (eine Kunstfertigkeit übrigens, die selbst frischgebackene Assistenten mit schlafwandlerischer Sicherheit beherrschen). Hat der Student endlich den Mut gefunden, seine Frage zu stammeln, so wird ihm mit höhnischer Stimme postwendend eine Antwort aus dem folgenden Auswahlkatalog um die Ohren gehauen:

➢ Also, mit dieser Frage bist du bei mir vollkommen falsch!
➢ Bevor du dumme Fragen stellst, solltest du vielleicht mal in ein Buch gucken!
➢ Wen interessiert denn sowas?
➢ Darauf kann ich leider aus Prinzip keine Antwort geben.
➢ Weiß ich nicht!

Um zu unterstreichen, dass die Audienz damit beendet ist, wird der Assi entweder in das vor ihm liegende Buch oder auf seinen Computerbildschirm starren. Nur die Härtesten halten jetzt noch durch - diese landen dann in der Regel auf der assistenten-internen Abschussliste.

Auf der anderen Seite verhilft diese Abschottungsmanie den Studenten nicht selten zu jenen kleinen Glücksmomenten, die das Leben erst lebenswert machen. Gerade die Assistenten, die noch frisch in ihrem Job sind, gehen in ihrer grenzenlosen Naivität davon aus, dass sich selbst die mit allen Wassern gewaschenen Studenten von irgendwelchen Zettelchen an der Tür abschrecken ließen. Hört ein Student hinter einer solchen Tür Geräusche wie *ziiirpp*, *krusch*, *pöööp* oder *toktoktoktoktok*, so hat nun nur noch eines zu geschehen: Anklopfen, danach sofort die Tür aufreißen und mit unschuldigster Miene nach Vorlesungsbeilagen fragen! Wendet sich der ertappte Assi verlegen und mit hochrotem Kopf von seinem Computerspiel ab, so ist der Triumph nahezu perfekt. Dieser Assi wird heute ganz sicher keinen High Score mehr aufstellen! Absolut ist der Triumph, wenn er einen Assi beim Klamotten-Pokern mit seinem Computer erwischt.

II. Die Genese

Verlassen wir nun für einen Moment die gängige Promotionslehre und wenden uns anderen Erklärungsansätzen für das gespannte Studenten-Assistenten-Verhältnis zu. Eine der hervorstechendsten Eigenschaften der Assistenten ist wohl deren studentenverachtende Arroganz. Ein Grund für dieses Phänomen lässt sich unschwer im akademischen Werdegang eines Durchschnittsassis festmachen: Gerade an der Hochschule eingeschult, kennen solche Typen nur noch ein Ziel: Möglichst schnell möglichst nah an die Sonne zu gelangen - also eine Promotionsmöglichkeit angeboten zu bekommen. Da diese Möglichkeit jedoch nur einer handverlesenen Schar aus der Masse der hoffnungsvollen Nachwuchswissenschaftler offensteht, will die hindernisreiche Reise zur Sonne gradlinig (und vor allem rücksichtslos) angegangen werden. Dass man schön strebsam ist, dem Professor in der Vorlesung von den Lippen liest und potentielle Konkurrenten möglichst schon im Vorfeld ausschaltet (*Grundregeln:* Nicht abschreiben lassen! Keine Mitschriften verleihen! Keine Informationen oder Tipps weitergeben!) gehört zum kleinen Einmaleins des zukünftigen Assistenten. Entsprechend werden für die eigene Promotion in Frage kommende Professoren schon frühzeitig ausgewählt, um sie systematisch an das Gesicht ihres zukünftigen Handlangers zu gewöhnen.

Im nächsten Schritt wird unser *Dr.-in-spe* versuchen, sich an dem Lehrstuhl seiner Wahl als studentische Hilfskraft einzunisten. Zwar ist die Tätigkeit als Kopiersklave unter dessen Würde, ermöglicht aber immerhin ein Sondieren des Umfeldes. Ist es dem aufstrebenden Studenten gelungen, durch ständige Präsenz in der ersten Reihe, kluge Fragen, Einwürfe und Statements sowie durch ständiges Tür-aufhalten und Tasche-tragen die wohlwollende Aufmerksamkeit des zukünftigen Chefs zu erlangen, so stellt die letzte Hürde, das Bestehen der Examensprüfung, dank einer umfassenden Spickzettelsammlung nur noch ein formales Problem dar.

Mit der Berufung in den Assistentenstand ist der Platz an der Sonne endlich erreicht, und mit der Gewissheit, dass 99 % des studentischen Gewürms niemals werden erreichen können, was er selbst erreicht hat, wendet sich unser frischgebackener Assistent seinem Computerspiel zu. Zumindest solange, bis es an der Tür klopft ...

(*Apropos:* Wie kann man über die Hände eines Assistenten auf die Mittelausstattung seines Lehrstuhls schließen? Ganz einfach - betrachten Sie seine Zeige- und Mittelfinger: Sind die Fingerkuppen völlig verhornt, so hat der Lehrstuhl noch nicht einmal genügend Geld, um seine Computer mit einer Maus auszustatten. Der Ärmste muss seine Computerspiele immer noch über die Pfeiltasten bedienen ...)

III. Exkurs: über Schmarotzer

Wie alle jungen bzw. jung gebliebenen Wissenschaftszweige zeichnet sich auch der über die Promo-Viren durch mehr oder weniger schwerwiegende Lücken in seiner theoretischen Fundierung aus. Unterzieht man das in der Theorie der Promotionslehre übliche System der promovierenden Faktoren einer kritischen Überprüfung, so wird nicht nur dem Promotionsexperten das Fehlen eines entscheidenden Faktors unmittelbar ins Auge springen. In trauriger Tradition wird auch im Kernbereich der Promotionslehre die Bedeutung der Studenten - hier als promovierender Faktor - völlig verkannt, wenn nicht gar ignoriert. Eine Unterschlagung der Studenten im *System der pomovierenden Faktoren* ist in ihrer praktischen Bedeutung höchst gefährlich; kann sie doch unter Umständen zu einer grotesken Fehleinschätzung der tatsächlichen Promotionsarbeit führen.

Diese Gefahr besteht besonders dann, wenn sich Assistenten über eine geschickte Auswahl der Hausarbeits- und Diplomarbeitsthemen von den Studenten mit Literaturhinweisen und thematischen Anregungen versorgen lassen. Einige Assistenten leben in wissenschaftlicher Hinsicht geradezu davon, Themen zu stellen, die inhaltlich mit dem Thema ihrer Dissertation zusammenhängen. Von den Studenten wird dann erwartet, dass deren Arbeit eine umfangreiche und gut recherchierte *Literaturliste* beinhaltet, die sich dann hoffentlich für die Dissertation verwerten lässt. Auf diese Weise nehmen die Studenten den zum eigenständigen Arbeiten verpflichteten Assis einen nicht unbeachtlichen Teil der zeitraubenden Literatursuche ab. Dass sich der eine oder andere studentische Einfall auch glänzend für das eigene Werk ausschlachten lässt, freut den Assi natürlich besonders. Es soll sogar Assistenten geben, die den einzigen Zweck der Vergabe von Diplomarbeitsthemen darin sehen, sich auf diese zweifelhafte Weise von den Studenten zuarbeiten zu lassen. Die Vernachlässigung der Studenten als ein tragender promovierender Faktor erscheint vor diesem Hintergrund als höchst bedenklich.

IV. Die Praxis

Nach diesen bisher eher theoretischen Erörterungen wollen wir uns nun den praktischen Aspekten des Studenten-Assistenten-Verhältnisses zuwenden. Obwohl sich beide Seiten - wie gezeigt - nicht unbedingt wohlwollend gegenüberstehen, befinden sie sich in einem *gegenseitigen Abhängigkeitsverhältnis*. Diese Abhängigkeit ist dadurch geprägt, dass die Studenten auf die wohlwollende Beurteilung ihrer schriftlichen Ausarbeitungen durch die Assistenten angewiesen sind, während jene den Studenten ihren Arbeitsplatz verdanken. Die Lebenswirklichkeit macht jedoch schnell deutlich, dass in dieser schicksalhaften Zwangsbeziehung die Assistenten am längeren Hebel sitzen. Es ist nun mal leichter einen Studenten abzusägen, als einen Assi von dessen Arbeitsplatz zu entfernen. Ein Faktum, dessen sich die Assistentenschaft durchaus bewusst ist.

Welche Möglichkeiten bieten sich nun dem Studenten, der auf eine möglichst positive Beurteilung seiner Arbeit angewiesen ist, nicht von den akademischen Mühlsteinen - sprich Assistenten und Professoren - zermalmt zu werden? Die Antwort auf diese Frage hängt natürlich von der jeweiligen Situation, der Risikoeinstellung des Studenten sowie von den Schwächen des betrachteten Assistenten ab.

Gehen wir davon aus, dass die Situation ernst, der Student zu allem entschlossen und der Assistent in höchstem Grade unkooperativ ist. *Eine klassische Situation also.* Eine der wichtigsten Aufgaben des Studenten besteht nun darin, möglichst viele Informationen über seinen Assi zu sammeln, um sich ein realistisches Bild über die Stärken und Schwächen seines Gegners machen zu können. Die gewonnenen Informationen werden in einem Dossier zusammengefasst und stehen nun zur Auswertung bereit. Nützliche Informationen können sein: Familienstand, politische Einstellungen, Hobbys, sportliche Interessen, Lieblings-Automarke, Lieblings-Kuchen, Kaffee- oder Tee-Trinker?, modischer Geschmack und spezifische Interessen. Nun ist taktisches Können gefragt. Theoretisch bieten sich dabei die folgenden drei Varianten an.

1. Die todsichere Methode

Hat man sich auf o. g. Weise ein Bild seines Gegenspielers machen können, so geht es nun darum, mögliche Schwachstellen zu finden und diese eiskalt auszunutzen. Handelt es sich bei dem betroffenen Assi um einen Kuchenliebhaber, so sollte der kluge Student immer wieder mal ein Stückchen der begehrten Leckerei mit in die Sprechstunde oder zur Gliederungsbesprechung bringen. Das Wohlwollen des Assistenten wird proportional zur Qualität des Kuchens steigen.

Weitere Möglichkeiten, sich dem Assistenten unauslöschlich positiv ins Hirn zu brennen, bieten die kulinarischen Anlässe des Alltags. Jeder fleißige Student sollte deshalb darüber informiert sein:

➢ wann sein Assi in der Regel die Cafeteria aufsucht,

➢ wann er mittags zur Mensa geht,

➢ wo er normalerweise in der Mensa/Cafeteria sitzt.

Im *zweiten Schritt* laufe man seinem Assi auf dem Gang zur Mensa wie durch Zufall über den Weg (freundlich grüßen!) oder stelle sich in der Kaffee-Schlange direkt hinter ihm an (freundlich grüßen!). Im *dritten Schritt* wähle man seinen Platz in der Mensa/Cafeteria in unmittelbarer Nähe zum Assi (freundlich grüßen!). Grüßt der Assi nach einigen Wochen endlich zurück, dann wird es Zeit für *Schritt vier*: Der Student sollte sich nun ohne falsche Scheu direkt zu seinem Assi setzen und ihn in ein Gespräch über dessen Lieblings-Mannschaft/-Automarke/-Hobby verwickeln. Von nun an kann es für beide nur noch aufwärts gehen.

2. Die sichere Methode

Mit einer gewissen Sensibilität sind direkte Einladungen zum Kaffee zu handhaben. Erstens muss im Vorfeld eindeutig geklärt sein, ob es sich bei dem Ziel der Einladung um einen Kaffee- oder Tee-Trinker handelt, zweitens ist entscheidend, wie die Einladung übermittelt wird. Als allgemein unbedenklich gilt es, den Assistenten nach einer lockeren Plauderei über dessen Lieblings-Mannschaft/-Automarke/-Hobby zu fragen, ob man nicht in der Cafeteria ein Tässchen Kaffee oder Tee ...? Nimmt der Assi die Einladung an, so ist das Spiel schon halb gewonnen.

3. Die tödliche Methode

Als weniger probat hat sich die Methode erwiesen, Zettelchen mit einer Einladung zum Kaffee unter der Tür des Assistenten hindurch zu schieben. So etwas wird dem Studenten niemals als Romantik, immer jedoch als Schüchternheit und damit als Schwäche ausgelegt. Entsprechend werden solche Zettelchen unter boshaften Bemerkungen am Lehrstuhl herumgereicht und zu guter Letzt zusammen mit einem Passbild des Studenten am *Schwarzen Brett* ausgestellt.

Neigt dennoch jemand zur Methode der Zettelchen, so sollte er vorher sicherstellen, dass er schon im Vorfeld, z. B. durch eine entsprechende äußere Erscheinung, die Aufmerksamkeit des Assistenten weckt. Hierzu sind die Punkte *„modischer Geschmack"* und *„spezifische Interessen"* aus dem Dossier zu Rate zu ziehen.

Ebenfalls abzuraten ist von Kompromissen in ästhetischen Fragen. So hat es erfahrungsgemäß keinen Sinn, den Assi die Farbe des Einbandes der Diplom- bzw. Magisterarbeit auswählen zu lassen. Denn die Farbe des Einbandes hat nach neueren wissenschaftlichen Erkenntnissen leider keinen nachweisbaren Einfluss auf die Bewertung der Arbeit. Der Student sollte daher im Zweifel dem eigenen guten Geschmack folgen.

Beherzigt der Student alles bis jetzt Gesagte und beweist dazu noch etwas Fingerspitzengefühl, dann steht er vielleicht eines Tages vor der größten Entdeckung seines akademischen Daseins: vor der Entdeckung der menschlichen Seite seines Assistenten - *Happy End nicht ausgeschlossen.*

Die DV-technische Betreuung von Promotionsprojekten. Oder: Auch ein Pentium III allein macht keinen Doktor!

von

Dagmar Günther und *Stefan Krebs*[*]

I. **Am Anfang steht der Promovend, allein**

II. **Zum Glück gibt es DV-Experten**

III. **Einflussfaktoren auf die DV-technische Betreuung**

    1. Die Hardware

    2. Die Software

    3. Der zu betreuende Nachwuchswissenschaftler

IV. **Happy End**

---

[*] Dagmar Günther weiß seit vielen Jahren mit WORD und BNW umzugehen und hat ihre Betreuung inzwischen auch auf andere Benutzergruppen ausgeweitet. Stefan Krebs doktert seit ebenso vielen Jahren an fremden wissenschaftlichen Arbeiten herum, statt seine eigene Promotion voranzutreiben.

I. Am Anfang steht der Promovend, allein

Professor: „*Na, lieber ..., wie steht es denn mit Ihrer wissenschaftlichen Arbeit?*"

Promovend: „*Äh ja, ich hab' jetzt das meiste Material zusammen, ... mit dem Schreiben der Arbeit habe ich begonnen, ... im Kopf bin ich aber schon viel weiter, ...*"

Professor: „*Sie wissen, wir haben bald einen Termin für ein Doktorandenseminar, es wäre schön, wenn Sie dort vortragen würden. Bitte legen Sie mir doch in der Woche vorher die ersten drei Kapitel ihrer Arbeit vor.*"

Im Laufe seiner Forschungsarbeiten gelangt der Promovend unweigerlich an einen Punkt, an dem es notwendig wird, seine oft mühevollen Überlegungen und deren Ergebnisse zu Papier zu bringen. Die heute fast allen jungen Forschern hierfür zur Verfügung stehende Technik besteht nicht mehr aus einer Schreibmaschine und passendem Papier, sondern aus einem Personal Computer, einem hoffentlich dazu passenden Drucker sowie der notwendigen Software. Damit, und mit den Versprechungen von Herstellern und Händlern dieser Ausrüstung sowie mit guten Ratschlägen von Freunden und Bekannten ausgestattet, werden dann erste eigene Versuche mit der Textverarbeitung unternommen, die bisher dank studentischer Hilfskräfte geschickt zu vermeiden waren. Verwandte unterstützen den Promovenden häufig noch mit der Aussage, das Abitur habe er ja auch geschafft. Die meist dürftigen Grundkenntnisse über die Computernutzung werden nur selten durch die Lektüre mehr oder weniger geeigneter Literatur ergänzt. Wenn doch, so zeigt sich der ansonsten kritische Jungwissenschaftler sehr offen für die Verheißungen in Produktbeschreibungen und Handbüchern der Hersteller von Hard- und Software. Aussagen wie „*... erleichtern Ihre Arbeit ...*", „*... stellen kein Problem dar ...*", „*... noch bequemer geht es ...*" oder „*... wir gratulieren zum Kauf dieser Plug&Play Komponente.*" wecken in ihm die Hoffnung, mit Computer und Textverarbeitungsprogramm ein mächtiges Werkzeug auf dem Tisch zu haben, mit dem er allen Herausforderungen der Erstellung einer wissenschaftlichen Arbeit trotzen kann.

Erst im weiteren Verlauf seines Wirkens werden einige leise Zweifel in ihm wach, ob wirklich alles reibungslos laufen wird. Auslöser der Zweifel sind in der Regel für ihn mystisch klingende Meldungen auf dem Bildschirm, die meist mit ansprechend gestalteten Symbolen verziert sind und häufig nur noch erlauben, den OK-Button zu drücken. Dies ist der Zeitpunkt, an dem der DV-Experte die Bühne betreten müsste, um dem gebeutelten Promovenden hilfreich unter die Arme greifen zu können. Doch woher so einen nehmen? In der Literatur ist bereits eine Möglichkeit des Auffindens eines solchen Experten genannt, nämlich die Suche nach in Fachbegriffen unbekannten Inhalts schwelgenden Menschengruppen auf diversen Feiern (vgl. *Meuser* 1993, S. 38 ff.). Unglücklicherweise ist der Promovend zum Zeitpunkt des größten Bedarfs zu keiner Party eingeladen und versucht sich daher selbst zu helfen. In aller Regel führt das nicht zum gewünschten Resultat, sondern lediglich zu einer typografisch sehr einfachen Meldung auf blauem Untergrund: „Das System ist ausgelastet. Warten Sie oder starten Sie den Rechner neu!"

II. Zum Glück gibt es DV-Experten

Promovend: *„So geht's nicht weiter, ich brauche ... HILFE!"*

Unbeteiligter: *„Lass' mal, ich weiß wer Dir helfen kann. Ich kenn' da welche, die kriegen das hin."*

1. Experte: *„Hast du das gehört?"*

2. Experte: *„... da ist bloß 'n Kabel los. Das ist kein Problem für mich."*

1. Experte: *„Nein, da war doch ..., wird wohl wieder 'mal am falschen Format liegen."*

Für den angehenden Träger des Doktortitels stellt sich die Frage nach der richtigen Vorgehensweise bei seinen Forschungsarbeiten nur in den seltensten Fällen. Seine profunde akademische Ausbildung, mehr oder weniger wohlmeinende Kollegen und der ihn und seine Arbeit betreuende Professor sowie nicht zuletzt der Korreferent weisen ihm hier den Weg. Schwieriger gestaltet sich das Problem der Suche nach einer effektiven Unterstützung DV-technischer Art bei der Erstellung seiner Arbeit, die sich in den engen Schranken der Zulässigkeit bewegen muss. Sorgfalt bei der Auswahl des zu Rate gezogenen Experten erscheint daher unabdingbar. Eine exakte Formulierung der Anforderungen an einen solchen Experten bildet hierfür den Ausgangspunkt. Aus dem breiten Spektrum dieser Anforderungen sollen nur die wichtigsten genannt werden: Eine fast uneingeschränkte Erreichbarkeit, sozusagen unendliche Geduld bei der Erläuterung banaler Vorgehensweisen im Umgang mit dem Computer zum Zweck der Texterstellung und -manipulation sowie tatsächlich unendliche Geduld und Ausdauer beim Ausbügeln von Handhabungs- und Gestaltungsfehlern.

Um bei der Suche nach einem solchen Helfer in der Not zu einem befriedigenden Ergebnis zu kommen, ist es notwendig, mehr über die Spezies DV-Experte zu wissen. Es empfiehlt sich daher, einen Blick auf deren Herkunft zu werfen. Wie bei fast allen Begriffen in einer wissenschaftlichen Arbeit, ist es auch hier notwendig, den Begriff des DV-Experten weiter zu differenzieren.

Betrachten wir zuerst den DV-Experten im engeren Sinn, der sich durch schon intim zu nennende Kenntnisse über das Innenleben eines PC und des zugehörigen Druckers auszeichnet. Dies macht ihn in Extremsituationen zum gesuchten und geschätzten Ansprechpartner des DV-Experten im weiteren Sinne, auf den wir noch näher eingehen werden. Weniger wohlwollende Stimmen behaupten, der Experte i. e. S. habe ständig einen heißen Lötkolben für dringende Fälle im Zugriff und nur bit, byte, Speicheradressen, patches und downloads im Kopf. Ihren Ursprung hat die 1. Generation dieses Typus in den Veröffentlichungen zahlreicher Elektronik-Zeitschriften der späten siebziger und frühen achtziger Jahre, mit denen aufstrebende Tuner von Rasenmäher- und Mofamotoren zum Selbst- und Umbau von einfachen, aber dennoch nur von Könnern zu beherrschenden Heimcomputern verführt wurden (vgl. *Pressman/Herron* 1993, S. 79). Die Eltern dieser damals meist noch unmündigen Kinder unterstützten den Kauf dieser Zeitschriften, um sich und den Nachbarn weiteren Motorenlärm zu ersparen. Dermaßen in die Irre geleitet fristet der Experte heute häufig sein Dasein als Faktotum in Studentenwohnheimen ohne Mietzeitbeschränkung oder in den verrauchten Hinterzimmern diverser Computerhändler. Als direkter Ansprechpartner für den Promovenden kommt der DV-Experte i. e. S. nur sehr eingeschränkt in Frage, was nicht zuletzt an fehlenden sprachlichen Gemeinsamkeiten und extremen Unterschieden in der Arbeitsumgebung beider liegt. Welcher Promovend schätzt schon übervolle Aschenbecher, kalte Pizza im halbgeöffneten Karton, zwei leere Bierflaschen (Marke regional unterschiedlich) sowie immer qualmende Zigaretten französischer Herkunft neben einer Tasse kalten Kaffees auf einer nur ¼ m² großen Fläche mitten auf seinem der wissenschaftlichen Arbeit geweihten Schreibtisch?

Auch die 2. Generation dieser Experten, wir nennen sie die *Downloader,* kommt als Wegbegleiter des Promovenden kaum mehr in Frage. In der Kindheit zum Spielen mit Computern verurteilt, haben sie eine ganz eigene Sicht auf die Welt, die sie ihrer Umgebung nur schwer zu vermitteln mögen. Probleme mit Anwendungsprogrammen sind für sie nahezu unbekannt, sie sind Besitzer aller patches, die das Internet bereit hält. Wo auch die keine Hilfe erwarten lassen, programmieren sie eben selbst. Die Arbeitsumgebung dieses Typus ähnelt der bereits oben beschriebenen. Wenngleich die Ernährungsgewohnheiten Änderungen erfahren haben, so bleibt auch der 2. Generation der Schreibtisch des Wissenschaftlers fremd. Zu wenig leistungsfähig ist i. d. R. die dort vorhandene Online-Verbindung, die lebensnotwendig für *Downloader* ist. Profane Dinge wie eine Textverarbeitung würden nur den Prozessor belasten und so ihre Bemühungen um die Erstellung einer vollständigen Sicherungskopie des Internet behindern. Eine parallele Betreuung eines Promovenden muss daher scheitern.

Der DV-Experte im weiteren Sinn scheint für die Erstellung einer wissenschaftlichen Arbeit der geeignetere Partner zu sein. Sein Werdegang ist in der Regel weniger schillernd als der des Experten i. e. S. Er kam in der Vergangenheit durch seine Fähigkeit, eine inhaltlich schwache wissenschaftliche Arbeit durch ansprechende Gestaltung des Layouts als anspruchsvoll erscheinen zu lassen, in den Ruf *„Ahnung zu haben"*. Getreu dem heute nur noch wenigen Insidern bekannten Motto *„Mit Klebstoff und Schere für Forschung und Lehre"* gelang es ihm, mittels *FIXOGUM*, Skalpell, Schere, weißem Papier, Schriftschablone, Zeichenbrett, der eigentlichen, maschinengeschriebenen Arbeit und extrem viel Geduld in jedem Fall eine kopierfähige und -würdige Fassung von Seminar-, Diplom-, Doktor- und Habilitationsarbeiten herzustellen. Kleine Pannen bei der manuellen Erstellung von wissenschaftlichen Arbeiten sollen aber nicht verschwiegen werden. Textpassagen gingen auch damals schon verloren, allerdings nicht aufgrund der Fehlfunktion *„eines Stücks Silikon"* sondern schlicht wegen Versagen des Klebers. Ob das Entstehen solcher merklichen Lücken im Text (vgl. z. B. *Glaß* 1984, S. 92) auf einen Mangel an Klebstoff oder an Sorgfalt des Experten zurückzuführen ist, konnte im nachhinein meist nicht mehr geklärt werden. Mund-zu-Mund-Propaganda führte schließlich, trotz solcher Fehlleistungen, die jedoch nur von wenigen wahrgenommen wurden, zu einem extremen Ansteigen der Anfragen nach Unterstützung. Allem Neuen kritisch aber dennoch offen gegenüberstehend, entwickelte dieser Typus des Experten sehr rasch ein Gefühl dafür, wie sehr moderne Techniken seine Arbeit unterstützen und damit anderen helfen könnten. Eine Beschäftigung mit Personal Computern und Druckern als Werkzeug war daher eher zwangsläufig. Der typische Experte dieser Gattung hatte für seinen Einstieg in die Welt der DV-gestützten wissenschaftlichen Arbeit eine Raubkopie von *WORDSTAR* und einen 8086er-PC (Taktfrequenz 4,77 MHz) zur Verfügung. Schon damals im Dickicht der Universität geknüpfte Verbindungen halfen alsbald beim unrechtmäßigen Erwerb einer unvollständigen Kopie von *MS-WORD* für *DOS Version 2.0*. Die mannigfaltigen Möglichkeiten, insbesondere aber das Versiegen der *WORDSTAR*-Quelle, führten zum Einstieg in eine neue Philosophie der Textverarbeitung. Die weitere Beschäftigung mit dieser Produktfamilie, gepaart mit der Kenntnis der Nöte des Promovenden und der formalen Anforderungen an eine wissenschaftliche Arbeit, lassen den DV-Experten i. w. S. als den geeigneten Partner für die technische Begleitung einer Dissertation erscheinen. Gerüchte, sein persönlicher Einsatz setze die Überlassung von Motorrädern der oberen Leistungsklasse oder gar von Eigentumswohnungen zur dauernden Nutzung voraus, die sogar von angesehenen Autoren verbreitet werden (vgl. *Meuser* 1993, S. 40), entbehren allerdings der Grundlage. Seriöse DV-Experten, deren Erfahrungen die Autoren diesem Beitrag zugrunde legen und denen sie sich selbst zurechnen, bestätigen, dass meist schon ein Abendessen mittlerer Preisklasse, ein Exemplar der veröffentlichten Dissertation mit persönlicher Widmung sowie ein einfaches *„Danke"* ausreichen, um den Experten für seine Aktivitäten zu belohnen. Als Auszeichnung werten Fachvertreter gar eine Erwähnung im Vorwort des fertigen Werkes (vgl. z. B. *Altrogge* 1994, S.

VII). Eine Ausnahme bilden hier jene DV-Experten, die, wahrscheinlich wegen mangelnden wissenschaftlichen Interesses in ihrem Umfeld oder schlicht aus Gründen des Broterwerbs, ihre Leistungen gegen zumeist moderate Honorare anbieten. Aushänge in den Universitäten dieses Landes weisen den Weg zu ihnen (vgl. den Aushang von *Cassel* an der Ruhr-Universität Bochum). An dieser Stelle sei aber deutlich vor „schwarzen Schafen" gewarnt, die auf gleichem Weg Mitarbeiter für ihr aufstrebendes Gewerbe suchen, sich dabei aber glücklicherweise selbst enttarnen (vgl. den Aushang *o. V.* an der Ruhr-Universität Bochum).

Der Werdegang und das Arbeitsgebiet der DV-Experten, insbesondere des Experten i. w. S., der, wie die obigen Ausführungen gezeigt haben, besser als Anwendungsexperte bezeichnet werden sollte, im folgenden aber als AX bezeichnet wird, erscheint damit für das Verständnis der folgenden Ausführungen hinreichend dargestellt. Notwendig ist jedoch eine Betrachtung des Promovenden aus der Sicht des AX. Für ihn handelt es sich beim Promovenden um den speziellen Fall eines zu betreuenden Nachwuchswissenschaftlers, im folgenden kurz BNW genannt. Wie bei noch am Anfang ihrer wissenschaftlichen Karriere stehenden Autoren von Seminar-, Haus-, Praktikums- und Diplomarbeiten, zeigen sich auch beim BNW deutliche Erfahrungsdefizite im Umgang mit und dem Verständnis von Personal Computern und ihrer Software. Diese Defizite sind meist weder durch die Tätigkeit des Promovenden an der Hochschule, noch durch seine bereits im Laufe des Studiums gemachten Erfahrungen auszuräumen gewesen (vgl. *Jaros-Sturhahn* 1999, S. 89). Vielfach gab es zwar erste Versuche der Arbeit am PC, sie glichen aber nur in den seltensten Fällen in Art und Umfang den Herausforderungen, die die technische Erstellung einer Dissertation bereithält. Trotz oder gerade wegen seiner schon gehobenen Stellung in der Welt der Wissenschaft kämpft der Promovend im wesentlichen mit den gleichen Problemen wie seine jüngeren Mitstreiter, lediglich seine Ansprüche an Inhalt und Layout der Arbeit sind höher.

III. Einflussfaktoren auf die DV-technische Betreuung

Erster AX: *„... wird wohl an der internen Umsetzungstabelle liegen, ..., wir können es über die DIP-Schalter probieren."*

Zweiter AX: *„Nein, es liegt an der Schriftart, die ändern wir und schon klappt die Sache."*

BNW: *„Ja aber das sieht doch schon ganz gut aus, jedenfalls beinahe, ... hat auch gesagt ..., hey, was machst du denn da, ich versteh' gar nicht, was ihr da dauernd macht!"*

Die Einflussfaktoren auf die Arbeit des AX können vielfach kategorisiert werden. Grundsätzlich erscheint es geboten, drei Kategorien zu unterscheiden: Die Hardware, die Software sowie den zu betreuenden Nachwuchswissenschaftler. Eine genaue Betrachtung der letztgenannten Kategorie lässt erkennen, dass hier eine weitere Differenzierung geboten erscheint. Neben die Kategorien *„Der BNW an sich"*, *„Die mangelnde Preisbereitschaft"*, *„Der Termindruck"*, *„Die Seitenbegrenzung und die mangelnde Einsicht oder das fehlende Auge für das Layout"* tritt noch *„Der Freundes- und Bekanntenkreis des jungen Wissenschaftlers"*, der oftmals die Geduld des AX auf das äußerste beansprucht.

1. Die Hardware

Von den genannten Kategorien erscheint die der Hardware als die für den erprobten AX am wenigsten problematische. Aus der Welt von Klebstoff und Schere kommend, kann er in der Regel mit jeder Hardware eine druckfertige wissenschaftliche Arbeit erstellen. Problematisch in diesem Zusammenhang ist jedoch die oftmals nicht vorhandene Kombinationsmöglichkeit von Hardware, gewünschter Software und den aus der Arbeit erwachsenden Anforderungen. Ein gut erhaltener original *IBM-PC* der ersten Bauserie lässt sicher manchen Sammler aufmerken, den mit der Notwendigkeit des Einsatzes von *MICROSOFT OFFICE PROFESSIONAL* konfrontierten AX lässt er nur verzweifeln. Auch die Aussage des BNW, auf diesem Gerät habe der Cousin seiner Ex-Freundin schon 1986 erfolgreich die Promotionsschrift seines Schwagers getippt, vermag die Leistungsfähigkeit des Geräts nicht zu steigern. Gleiches gilt für oft mühevoll aufgerüstete PCs, die „damals ein Vermögen gekostet haben", aber dennoch auf dem Daten-Highway eher hinderlich sind. Meist lassen sich Probleme, die aus der mangelnden Kenntnis des BNW über Kompatibilität von Hardware, auch ihrer einzelnen Komponenten, und Software resultieren, durch längere Gespräche klären. Manchmal, das soll und kann hier nicht verschwiegen werden, treten aber wirkliche Probleme mit der Hardware auf (Wie leicht wird Plug&Play zu Plug&Pray!). Sie sind so überraschend, nicht nur durch den Zeitpunkt ihres Auftretens, sondern auch durch ihre Ausprägung, dass nur noch der DV-Experte i. e. S. Licht in das Dunkel des PC bringen kann. Gute AX verfügen über ausgezeichnete Kontakte zu einem dieser modernen Zauberer, so dass er erscheint, noch bevor der BNW das volle Ausmaß der eingetretenen Katastrophe erfassen kann. Der erfahrene AX rettet verzwickte Situationen dadurch, dass der BNW mit der Aufgabe betraut wird, von „**dem** Italiener der Stadt" eine Kleinigkeit zu Essen und zu Trinken zu holen. Glücklicherweise liegt diese Adresse (fast) immer am anderen Ende der Stadt. Schwierigkeiten entstehen für den AX oft dadurch, dass er dem BNW einsichtig machen muss, dass seine Arbeit nicht nur auf dem Bildschirm gut aussehen, sondern auch tatsächlich in dieser Qualität auf Papier gebracht werden muss. Damit ist der Bereich der Drucker angesprochen, mit dem sowohl die DV-Experten i. e. S. als auch die i. w. S. aus gutem Grund wenig im Sinn haben. Ein Blick in die Typenvielfalt der Drucker, wie ihn z. B. der *Assistent für die Druckerinstallation* von *WINDOWS 95* bereithält, erklärt dies. (Wer hat je einen *Scitex Brisque* drucken sehen?) Ein *IBM* 9-Nadel-Matrixdrucker, passend zum vorgestellten PC, kommt als Ausgabegerät keinesfalls in Frage. Zur Auswahl eines geeigneten Druckers wird an anderer Stelle dieses Beitrages noch gesondert Stellung genommen.

2. Die Software

Die im obigen Abschnitt angesprochenen Anforderungen der Software, die im gleichen Maße gestiegen sind wie ihre Leistungsfähigkeit, haben Auswirkungen auf die Hardware und natürlich auch auf den BNW. Während Hard- und Software eine etwa gleichförmige gegenseitige Anpassung ihrer Anforderungen erkennen lassen, erscheint der BNW von diesen Änderungen in seinem Verhalten unberührt. Überlegungen über Auswahl und Einsatz einer für seine Ansprüche und Fähigkeiten geeigneten Textverarbeitungssoftware werden von ihm meist nicht angestellt. Wenn doch, so fällt es dem BNW in aller Regel schwer, die angepriesenen Leistungen der Software von dem für ihn realisierbaren Leistungsvermögen zu unterscheiden. Schon in dieser frühen Phase der technischen Umsetzung einer wissenschaftlichen Arbeit erscheint daher eine Beratung durch einen Experten ratsam. Dabei sollte es sich um den die gesamte Arbeit begleitenden AX handeln, da er, aufgrund seiner mit anderen BNW gemachten Erfahrungen, am ehesten die Anforderungen und das wirkliche Leistungsvermögen der Produkte beurteilen kann. Dies ist beim Verkaufsexperten, sollte er überhaupt konsultiert werden (vgl. hierzu die Ausführungen zur Preisbereitschaft des BNW), nicht immer die Regel, häufig eher die Ausnahme. Immer wieder überrascht wird der AX durch die Vielfalt von Dienst- und Hilfsprogrammen, deren Namen der BNW flüssig aussprechen und fehlerfrei schreiben kann, deren leichte Verfügbarkeit im Internet er ausdauernd preist, über deren Nutzen er allerdings nur eine vage Vorstellung hat („... *hat aber gesagt, das brauch' ich unbedingt, damit geht alles viel leichter!"*). Leider zeigt die Erfahrung, dass diese Spitzenprodukte der Softwareindustrie und der Kreativität der Experten i. e. S. in geeigneter Hand zwar segensreich sind, z. B. bei der Rettung gelöschter Dateien, in der Hand des BNW oft jedoch Auslöser dieses Rettungsfalls sind. Grundsätzlich bleibt festzustellen, dass eine wissenschaftliche Arbeit, auch eine Dissertation, mit jeder heute für Personal Computer verfügbaren, professionellen Textverarbeitungssoftware gleich welcher Version geschrieben und gestaltet werden kann. Die Auswahl sollte sich an der Leistungsfähigkeit der Hardware, den inhaltlichen Erfordernissen der Arbeit sowie insbesondere den Kenntnissen und der Anwendererfahrung des BNW und seines AX orientieren. Der zur Verfügung stehende Zeitraum für die Aufbereitung der druckfertigen Arbeit sollte mit in die Überlegungen einfließen.

3. Der zu betreuende Nachwuchswissenschaftler

Ist die sorgfältig ausgewählte Software auf dem ebenso sorgfältig ausgewählten und ausgestatteten PC des BNW so installiert, dass sie ihr Leistungsspektrum ganz entfalten kann (die Nutzung der Kopierfunktion des *WINDOWS EXPLORER* führt meist nicht zum Ziel) und eine Vollsicherung des Rechners erfolgreich beendet, so kann der AX seine ganze Aufmerksamkeit dem Einflussfaktor widmen, der ihn im folgenden am meisten beschäftigen wird. Dies ist nicht der unter allen BNW gefürchtete Virenbefall des PC, dessen Gefahr jedoch nur selten am Sammeln von Programmen und Spielen aus dem Internet hindert, sondern der BNW selbst.

a) Der BNW an sich

AX: „..., er ist doch nur ein DAU, ..."

Am Anfang der Zusammenarbeit von BNW und AX steht meist dessen Rat, sich ausführlich mit der ausgewählten und vom BNW beschafften Software auseinanderzusetzen. Dabei denkt der AX an die Nutzung eines Lernprogramms, der Online-Hilfe und der von ihm überlassenen Sekundärliteratur. Darüber hinaus stellt er sich vor, dass der BNW erste Gehversuche, die wohl besser Schreibversuche heißen sollten, am PC unternimmt. Diese Denkweise zeigt den AX als unerschütterlichen Optimisten. Der BNW, ganz in das wissenschaftliche Arbeiten vertieft, will schließlich einen akademischen Titel erwerben und nicht den Ruf, ein AX zu sein. Er zählt ganz auf den AX seines Vertrauens, und verweist auf seine, nach seiner Meinung vorhandenen, Anwenderkenntnisse. Für ihn stellt sich das Problem wissenschaftlichen Arbeitens weniger aus technischer als aus wissenschaftlicher Sicht, was auch in der Literatur belegt ist (vgl. *Andreas* 1993; *Bartsch/Böttcher* 1994). Durch erste Hilferufe des BNW erkennt der AX, dass seine Erwartung, von Anfang an Gehör zu finden, wieder einmal enttäuscht wurde. Entgegen seinen Vorsätzen und dem Rat seines Therapeuten verzichtet der AX dennoch darauf, seinen Partner als *DAU* (*D*ümmster *A*nzunehmender *U*ser) zu bezeichnen und ihn seinem ungewissen Schicksal zu überlassen. Etwa zur gleichen Zeit wird der AX eine Redewendung seines Partners entdecken, die geeignet ist eine Zusammenarbeit extrem zu erschweren, in Einzelfällen sogar zu deren Abbruch führen kann. „*Ja aber ...*" leitet fast jeden Satz des BNW ein, mit dem er auf Ratschläge des AX reagiert. Die Verwendung dieser Einleitung gegenüber dem AX lässt sich aus ihrer mangelnden Verwendbarkeit bei der Formulierung wissenschaftlicher Erkenntnisse erklären. Hartnäckige Wissenschaftler wählen in Situationen besonderen Rechtfertigungsdrucks gerne die Steigerungsform „*... ja aber ich hab' doch nur ...*". Beide Formulierungen appellieren, trotz ihrer immanenten Härte, an das gute Herz des AX, den BNW nicht ohne Unterstützung zu lassen.

b)   Die mangelnde Preisbereitschaft

BNW: „*Ja aber so ist es doch viel billiger!*"

Direkt mit der Person des BNW verbunden erscheint das Problem seiner mangelnden Preisbereitschaft. Sie betrifft nicht den AX, für dessen Hilfe ab einem bestimmten Stadium der Verzweiflung fast jeder Preis geboten wird, aber glücklicherweise nicht zu zahlen ist, als vielmehr die Hard- und Software-Ausstattung des BNW. Nur in letzter Zeit vermehrt am Markt agierende, in Kreisen der AX als „*giralausgerichtet*" bezeichnete Promotionsberater sowie gewerbliche Hard- und Softwareberater richten ihre Aktivitäten getreu der Handwerkerregel „*Immer erst dann erscheinen, wenn die Wut gerade in Dankbarkeit umschlägt*" aus, und erreichen so ihre Umsatzziele.

Die mangelnde Preisbereitschaft bei der Beschaffung von PC und Drucker führt den BNW auf den Irrweg in Richtung Flohmarkt (vgl. *Meuser* 1993, S. 28) oder aber in die lockenden Verkaufsräume von Filialunternehmen, deren herausragende Eigenschaften bunte Zeitungsbeilagen, vermeintlich günstige Preise und, was jedoch viel zu selten gewürdigt wird, feste Öffnungszeiten sind. Keine Berücksichtigung findet dabei, dass weder der Flohmarktverkäufer noch die hoffentlich freundlichen Damen und Herren in der Filiale im nur 30 Auto-Minuten entfernten Einkaufszentrum ihre Arbeitszeiten auf die des BNW abstimmen. Schlimmer noch wirken die Aussagen über zu erwartende Reparaturzeiten. Ein eigentlich aufmunternd gemeintes „*Kein Problem, in sechs Wochen haben Sie ihren Rechner wieder, wir rufen Sie dann an.*" führt zu kaum wiedergutzumachenden Einbrüchen der wissenschaftlichen Arbeit und zum Zusammenbruch des

BNW. Für die kurzfristige Bereitstellung von Ersatzgeräten bieten sich Billiganbieter meist ebenfalls nicht an. Schwierigkeiten sind dann, auch durch den im Hintergrund bereitstehenden DV-Experten i. e. S., nicht zu umgehen.

Ein besonderes Augenmerk sollte auf die Auswahl des Druckers gelegt werden, der in der Literatur (vgl. z. B. *Hansen* 1998, S. 26) zwar als Peripheriegerät bezeichnet wird, sich im Verlauf der wissenschaftlichen Arbeit aber immer mehr als zentrale Funktionseinheit erweist. Um das hohe Niveau der wissenschaftlichen Arbeit auch auf dem Papier sichtbar machen zu können, sollte ein ausreichend leistungsfähiger und durch die ausgewählte Software optimal unterstützter Drucker zur Verfügung stehen. Unter Berücksichtigung von inhaltlichen Besonderheiten der Arbeit (Graphiken, mathematische Sonderzeichen), gestalterischem Anspruch von BNW und seinen akademischen Betreuern sowie des Budgets des BNW kommen sowohl Tintenstrahldrucker als auch Laserdrucker der bekannten Hersteller in Frage. Vermeintlich günstige Angebote können sich im nachhinein als teures Experiment erweisen, denn nicht jeder in Deutschland verkaufte Drucker wird vom jeweiligen Hersteller bzw. seiner Service-Vertretung betreut (vgl. *Starrermayr* 1993, S. 195).

Leider stoßen die Ratschläge des AX, bei der Beschaffung der Hardware auch die gebotenen Serviceleistungen des Lieferanten in Betracht zu ziehen, oft auf taube Ohren. Je nach Verlauf der Arbeit erkennt selbst der BNW, dass sich viele seiner genannten Gegenargumente („... *ja aber* ...") im günstigsten Fall als schwach, im ungünstigsten als nicht mehr haltbar erweisen („... *wenn ich das geahnt hätte!*"). Grundsätzlich wird jeder erfahrene AX, und solche sollten ausschließlich Gehör finden, bestätigen, dass eine wissenschaftliche Arbeit, insbesondere eine Dissertation, eine zu ernste Sache ist, um bei der Beschaffung der notwendigen Werkzeuge zu sparen.

Am klassischen Arbeitsplatz des BNW, der Hochschule, ist fast jede Art von Software verfügbar und verführt dazu, das durch Hardware-Käufe sowie durch Kopien aus Büchern und Zeitschriften gebeutelte Budget des BNW schonen zu wollen. Meist sind die im Hochschulbereich eingesetzten Softwareprodukte, auch die Textverarbeitungsprogramme, was der BNW als Nicht-AX aber nicht erkennen kann, auf die speziellen Belange der dortigen Anwender abgestimmt. Dermaßen modifizierte oder aber unvollständig installierte Software kann für einen BNW, abgesehen von der rechtlichen Unzulässigkeit des Kopierens, nur selten hilfreich sein. Glücklicherweise scheitern Versuche, auf diese Art an die begehrte Software zu gelangen, meist schon beim Kopieren auf die mitgebrachte Diskette. Die nur rudimentären DV-Kenntnisse verhindern so ein Abgleiten des BNW in die kriminelle Szene. Aus ähnlichen Gründen führen auch die Versuche des BNW, selbständig Software auf seinem Rechner zu installieren, die er aus seinem Freundes- und Bekanntenkreis erhalten hat (vgl. den entsprechenden Abschnitt dieses Beitrags), nicht zum Erfolg. Auch die Nutzung von Hochschullizenzen, wenn sie auch das Gewissen beruhigt, bringt, wenn nicht der Datenträger für nachträgliche Installationen kopiert wird, nur wenig Vorteile.

Sicherer ist der Weg des rechtmäßigen Erwerbs der Software bei einem autorisierten Händler, was zwar das Budget des BNW zusätzlich belastet, sich aber bezahlt machen kann. Fast alle Softwarehersteller bieten ihre Produkte gegen Vorlage einer Studienbescheinigung zu einem stark abgesenkten Preis an, so dass selbst ein gebeutelter Promovend in den Genuss von legal erworbener Software kommen kann. Eine Version von *MICROSOFT OFFICE PROFESSIONAL* ist schon zu einem Preis zu haben, der niedriger ist als die Kosten für die Menge an Alkohol und die nach seinem Genuss notwendigen Kopfschmerztabletten, die benötigt wird, um den Verlust der gesamten Arbeit wegen Versagens der raubkopierten Software verschmerzen zu können. Hier erkennt der junge Wissenschaftler die Fürsorge seiner Alma mater, die ihm eine Immatrikulation als Promotionsstudent ermöglicht oder sogar vorschreibt und ihm regelmäßig eine Studienbescheinigung ausstellt. Der Erwerb der Software beruhigt nicht nur das Gewissen in rechtlicher Hinsicht. Der stolze Besitzer einer Softwarelizenz verfügt mit ihrer Seriennummer über einen Schlüssel, der ihm den Zugang zur Hotline des Herstellers öffnet und ihm später auch zu kostengünstigen updates der Software verhilft. Neben seinem AX steht damit das gesammelte Wissen des Softwareherstellers hinter ihm, um seine Probleme zu lösen. Gesammelt wird dieses Wissen in der Regel durch die Anfragen von AX, warum dieses oder jenes nicht funktioniere. Bei der Hotline handelt es sich also um eine Art Telefonseelsorge für Anwender, die ihre Ratschläge aus den Fehl- und Rückschlägen anderer gewinnt. Bei der Weitergabe der Ratschläge wird oft auf eine allzu verständliche Ausdrucksform verzichtet, um so die Seriosität und die Professionalität des Unternehmens zu unterstreichen. Voraussetzung für eine erfolgreiche Anfrage ist in erster Linie, dass es dem BNW gelingt, sein Problem so zu artikulieren, dass der diensthabende Hotline-Operator das Problem und seine Vorgeschichte nachvollziehen kann. Die Mitarbeiter der Hotline haben aber in der Regel gelernt, aus dem Gestammel verzweifelter Anrufer das Wichtige herauszufiltern. Gleiches gilt für die segensreichen Serviceangebote im Internet, die sowohl von den Softwareherstellern als auch von user-groups oder ähnlichen Selbsthilfegruppen Verzweifelter bereitgehalten werden. Richtig hilfreich ist die Anfrage jedoch nur, wenn es dem BNW auch gelingt, die Antwort seines Helfers zu verstehen, wobei ihm der AX eine große Hilfe sein wird. Der Einwand, wozu man sich einen eigenen AX leiste, wenn es doch das gesammelte AX-Wissen frei verfügbar gibt, wird damit schon zum Teil entkräftet. Eine weitere Dienstleistung, die der eigene AX meist nicht erbringen kann, ist die Beschaffung von einwandfrei funktionierenden Versionen der sog. Druckertreiber. Auch bei gängigen Druckern treten immer wieder Probleme auf, wenn Sonderzeichen gedruckt oder Buchstaben hoch- oder tiefgestellt ausgegeben werden sollen. Selbst Fußnoten können den Drucker bzw. seinen Druckertreiber nachhaltig überfordern, so dass nur eine wirklich aktuelle Version dieses Treibers Abhilfe schaffen kann. Hier bietet das Internet-Angebot der jeweiligen Hersteller schnelle Hilfe.

c) Der Termindruck

> Unbeteiligter: *„Morgens um 5 ist die Welt wieder in Ordnung."*

Während bei den vorstehenden Ausführungen der *idealtypische Betreuungsverlauf* eines BNW durch seinen AX dargestellt wurde, wird im folgenden der leider wesentlich weiter verbreitete *tatsächliche Betreuungsverlauf* geschildert. Die Betreuung beginnt dabei zum Zeitpunkt des höchsten Termindrucks, dem Beginn des Endausdrucks und damit zum letztmöglichen Zeitpunkt. Verstärkt wird dieser Druck, der oftmals zu erdrücken scheint, durch den im Laufe des Druckens gewonnenen Eindruck, der Endausdruck könne nie der endgültige Ausdruck sein. Die Auswahl der Schwierigkeiten, die sich während des

Endausdrucks einstellen können, ist nahezu unbegrenzt; selbst erfahrene AX werden immer wieder vom Variantenreichtum überrascht. Dennoch können zwei Hauptgruppen von Problemen extrahiert werden, nämlich alle technischen Unwägbarkeiten einerseits und die immer wieder aufgeschobenen redaktionellen Arbeiten andererseits (zum Zeitplan des Promovenden vgl. *Preißner* 1994, S. 429). Das (fast immer schon eingeplante) Versagen der Tonerkartusche oder der Tintenpatrone ist ebenso der ersten Gruppe zuzurechnen wie die sichtlich mangelnde Übereinstimmung des *„endausdruckwürdigen"* Korrekturausdrucks und des aktuellen Endausdrucks. Die Auswirkungen dieser Probleme auf das Befinden des im Endausdruckstress befindlichen BNW werden auf nachfolgenden Feiern mit weniger Schrecken geschildert, als sie von den Beteiligten tatsächlich erlebt wurden. Dies ist nicht nur der heilenden Wirkung der Zeit zuzuschreiben, sondern auch dem Geschick des AX, mit dem der BNW in die Lösung der Probleme der zweiten Gruppe eingebunden wurde. Zu den immer verschobenen Arbeiten zählt das Erstellen, das Überarbeiten und das Ergänzen des Literaturverzeichnisses. (*„Wie schreibt man Szyperski?"*, *„Heißt der Autor wirklich Heinrich Burgholzer?"*, *„Auf welcher Seite stand die Tabelle? Egal, ich schreib' S. 47."*) Die plötzliche Erkenntnis, dass auch ein Abkürzungs- und ein stimmiges Abbildungsverzeichnis vorhanden sein sollte, sorgt für weitere Kurzweil des gestressten BNW. Liegen schließlich die ersten, tatsächlich den Wünschen des Ausdruck-Teams entsprechenden Seiten vor, zeigt sich, wie sorgfältig der BNW in der Auswahl seiner Korrekturleser war. Früher ohne Beachtung gebliebene Tippfehler, z. B. in Überschriften, am Beginn und am Ende von Absätzen und in Fußnoten, stechen nun ins Auge und verlangen kleine Korrekturen, die auch vorgenommen werden. Dabei zeigt sich dann zur Freude (fast) aller Beteiligten, dass der bisher gültige Seitenumbruch nicht mehr haltbar ist. Ob das Vorhandensein solcher Fehler, die vom späteren Leser auch in Werken seit langem angesehener Autoren zu finden sind, eine seitenumbruchzerstörende Ursache hat, oder ob sie aufgrund der fortgeschrittenen Stunde des Endausdrucks tatsächlich übersehen wurden, kann meist nicht geklärt werden und bleibt damit eines der Geheimnisse der Wissenschaftler.

Die Erfahrungen langjährig tätiger AX belegen, dass der Endausdruck nicht einfach gestartet wird, sondern mit allen Höhen und

Tiefen durchlebt werden muss. Es handelt sich hierbei also um keinen einfachen Arbeitsgang, der begonnen und beendet wird, sondern um eine Arbeitsphase, die gründlich vorbereitet werden muss. Hilfreich hierbei sind, neben dem Wissen und der hoffentlich vorhandenen Gelassenheit des AX, Checklisten für den Materialbedarf, für die Reihenfolge der Arbeitsgänge sowie für die notwendigen Druckseiten. Der Beginn der Endausdrucksphase sollte ungeachtet allen Zeitdrucks so gewählt werden, dass die Möglichkeit zum Abfangen von Schwierigkeiten, von denen man nicht einmal zu träumen wagt, noch möglich erscheint. Es wird sich jedoch trotz aller Umsicht kaum vermeiden lassen, dass diese wichtige Phase der Arbeit immer länger ausfällt als geplant.

Auf die in dieser Phase besonders notwendige anforderungsgerechte Arbeitsumgebung, die für den Freundes- und Bekanntenkreis des BNW ein weites Betätigungsfeld bietet, wird an anderer Stelle gesondert eingegangen.

Ein Problem, dem sich AX fast in jedem Fall gegenübersehen, ist die Seitenbegrenzung, die dem BNW für sein Werk auferlegt ist. Sie steht in engem Zusammenhang mit der mangelnden Einsicht des BNW und seinem fehlenden Auge für das Layout der Arbeit. Die Bedeutung dieses Problems verlangt seine eigenständige Behandlung.

d) Die Seitenbegrenzung und die mangelnde Einsicht oder das fehlende Auge für das Layout

BNW: *„... lass' gut sein, das fällt doch gar nicht auf!"*

Der aus der Literatur bekannte Formatierungszwang des BNW (vgl. *Meuser* 1993, S. 31) führt über kurz oder lang dazu, dass er erkennen muss, wieviel Wahrheit in den warnenden Worten seines AX lag, diesem Zwang zu widerstehen. Im Laufe der Arbeiten an seiner wissenschaftlichen Ausarbeitung erreicht der BNW einen Punkt, an dem es ihm nicht mehr ausreicht, sie mit Inhalt zu füllen. Auch die vom treusorgenden Softwarehersteller betriebgestellte Funktion EXTRAS/WÖRTER ZÄHLEN vermag, so oft sie auch genutzt wird, dem BNW nicht das Gefühl zu geben, etwas wirklich großes vollbracht zu haben. Er möchte sein Werk endlich in ansprechender Form auf dem Papier vorweisen. Nur ein Stoß bedruckten Papiers vermag an diesem

Punkt seines Schaffens weitere Motivation zu erzeugen. Leider begeht der BNW nun den Fehler, seinen Text von Hand zu formatieren. Dabei vergisst er meist alle Ratschläge seines AX, Zeichen und Absätze nicht *„hart"* zu formatieren und auch keine *„harten"* Trennungen vorzunehmen. In seiner Euphorie und seiner Not mit der Seitenbegrenzung hat er schon erkannt, dass sich hier Platz sparen lässt, und hat deshalb ohnehin von Anfang an selbst getrennt. Rasch werden noch Textpassagen fett, kursiv mit Kapitälchen (*„... mal sehen, was das ist ..."*) oder unterstrichen formatiert, bevor, hier erinnert er sich wieder an einen Ratschlag, alles sorgfältig abgespeichert wird. Durch die konstruktive Kritik all derer, denen er seine ersten Seiten zeigt, wird er dazu angeregt, Änderungen an der Formatierung vorzunehmen. Dabei erkennt der BNW, wie mühsam formatieren sein kann. Nach Abhilfe suchend, stößt er bald auf das Phänomen der Formatvorlage, dessen Existenz sein AX bereits angedeutet hatte. Weder vom Umfang noch von den kaum verständlichen Formulierungen in der Online-Hilfe abgeschreckt, begibt sich der BNW daran, für seine Arbeit passende Formate zu erzeugen. Auch ohne die Kenntnis, dass es sich hierbei um Formatierungsanweisungen für Zeichen, Absätze und Bereiche handelt, die nicht einzeln sondern gesammelt in einer separaten Datei hinterlegt werden und über ein pulldown Menue abruf- und zuordenbar sind, gelingt es dem BNW im allgemeinen, eine Verbindung von Formatvorlage und seinem Text herzustellen. Vorher entdeckt er meist noch die vielfältigen Schriftarten, die der (leider wahllos angewählte) Drucker bereithält. Die Ernüchterung stellt sich bei der Betrachtung des danach erfolgten Ausdrucks ein. Die Schrift ist scheinbar unverändert, dennoch stehen die Trennstriche unerwartet mitten in der Zeile. Die Antwort auf seinen Hilferuf an den AX lautet in der Regel *„Ich hab' ja gleich gesagt, du sollst nicht selbst trennen!"*. Dank des mehrfachen Speicherns seines Werkes unter gleichem Namen fehlt es dem BNW in der folgenden langen Nacht nicht an Beschäftigung. Die spannende Suche nach Trennstrichen in seinem Text bringt ihm die Erinnerung an manchen Ratschlag seines AX zurück.

Er hatte am Beginn ihrer Zusammenarbeit geraten, mit festgelegten Formatvorlagen (unter Verwendung der endgültigen Schrift), jedoch ohne „harte" Trennung zu arbeiten. Damit sei jederzeit näherungsweise der Umfang der Arbeit zu beurteilen. Erst wenn alle inhaltlichen Änderungen aufgenommen und einzelne Begriffe oder Passagen ihr endgültiges Aussehen erhalten haben, sollte die Trennung durchgeführt werden. Dabei solle die Option *„Manuelle Trennung"* genutzt werden, um sinnvolle, einheitliche und optisch ansprechende Trennungen zu erhalten. Abschließend könne der Seitenumbruch (Symbolleiste STANDARD/Seitenansicht) auf einen Blick überprüft werden. Dabei würden dann falsche Seitenumbrüche und zu große Lücken im Text (falls Blocksatz gewählt wurde) auffallen. Sie entstünden, da oftmals Worte, die in Klammern oder in Anführungszeichen stehen, nicht vom Textverarbeitungsprogramm getrennt werden könnten. Die Verwendung der automatischen Trennung macht i. d. R., bei aller Zeitersparnis in der Vorbereitung, den Endausdruck spannender, da *WORD* hier seine ganze Kreativität in der Silbentrennung zeigt.

In den frühen Morgenstunden wird der BNW wieder den Stand vor seinen Formatierungsbemühungen erreicht und die Einsicht gewonnen haben, dass sein AX wohl doch *„Ahnung hat"*.

e) Der Freundes- und Bekanntenkreis des jungen Wissenschaftlers

BNW: *„Klasse, ... bringt uns Würstchen und Bier vorbei!"*

Der Freundes- und Bekanntenkreis des jungen Wissenschaftlers wurde bereits mehrfach als wichtiger Faktor bei der Erstellung einer wissenschaftlichen Arbeit erwähnt. Zwar gilt der Promovend, zumindest in der Betrachtung bekannter Publikumszeitschriften als ein einsamer Held (vgl. *Borgeest/Schmid* 1994), dennoch zeigt die Erfahrung, dass sich, trotz seines über Jahre eingeschränkten Interessenspektrums, nicht alle von ihm abwenden. Im Gegenteil, viele versuchen ihm hilfreich zu sein. Festzustellen ist, dass alle Aktivitäten und Ratschläge aus diesem Kreis das Ziel haben, die wissenschaftliche Arbeit des BNW zu unterstützen. Je nach Inhalt und Zeitpunkt der Aktivität kann sie sich jedoch als Störfaktor bei der Zusammenarbeit von BNW und AX erweisen. Es können also aus der Sicht des AX positive und negative Aktivitäten unterschieden werden. Zu den negativen zählt neben ungebetenen, meist auch noch jeder Grundlage entbehrenden Ratschlägen die Beschaffung von Software unbekannter Herkunft und ungeklärter Leistungsfähigkeit zum falschen Zeitpunkt. Gleiches gilt für die Versorgung mit „brandheißen" URLs, deren Aufruf manchen Rechner lange lahmlegen. Persönliche Empfindlichkeiten des AX, der von einer langen Nacht vor dem PC des BNW gezeichnet ist und eine Einmischung in seine Arbeit wenig schätzt, bilden in diesem Bereich ein zusätzliches Konfliktpotential. Sporadisches Interesse an der Arbeit des BNW und des AX hilft keinem von beiden. Hilfreich erscheint lediglich eine das gesamte Projekt der wissenschaftlichen Arbeit begleitende Unterstützung, die Rückhalt gibt und ihren krönenden Abschluss in der Versorgung mit Kartoffelsalat, Würstchen und vielleicht auch etwas Bier zur Beruhigung in der Phase des Endausdrucks findet. Die Übernahme alltäglicher Arbeiten, wie Einkaufen, Kochen, Spülen, Putzen (mit Ausnahme des Arbeitszimmers) sowie ein offenes Ohr für die persönlichen Nöte des jungen Wissenschaftlers helfen mehr beim wissenschaftlichen Arbeiten als leere Phrasen. Auch das sorgfältige Korrekturlesen der Arbeit erleichtert dem BNW, und damit auch dem AX, manchen Arbeitsgang.

IV. Happy End

Erster AX: *„Das war ja ganz schön hart!"*

Zweiter AX: *„Aber so spielt sich das doch immer ab! Die lernen nie dazu."*

Erster AX: *„Sie machen das ja auch meist zum ersten Mal und können es nicht besser wissen. Weißt du noch wie du angefangen hast?"*

Zweiter AX: *„Das waren ja ganz andere Zeiten! Aber, wenn ich dich damals nicht gehabt hätte ..."*

Erster AX: *„... dann wär' das ganz schön den Bach 'runter gegangen. Ich sag' ja nur zyklische Datensicherung!"*

Die obigen Ausführungen beruhen sicherlich auf subjektiven Erfahrungen, die von den Autoren als praktizierende AX gesammelt wurden. Vieles davon wird so aber tagtäglich, wenn auch vielleicht weniger krass, in den Arbeitszimmern der BNW zu erleben sein. Ähnlichkeiten mit heute in der Welt der Wissenschaft anerkannten Persönlichkeiten sind nicht beabsichtigt, zeigen jedoch den starken Praxisbezug der Ausführungen. Sollte der Eindruck entstanden sein, der BNW, speziell der Promovend, sei blöd, so war das nicht beabsichtigt, denn er ist es nachweislich nicht (vgl. *Meuser* 1993, S. 28). Wie sonst könnten jedes Jahr so viele BNW an deutschen Hochschulen promovieren (vgl. *Borgeest/Schmid* 1994, S. 18)?

Sicher ist der Umgang mit BNW für die AX nicht immer leicht. Die bei der Betreuung gewonnen Erfahrungen und nicht zuletzt der Spaß, den die Unterstützung bei der DV-technischen Umsetzung einer wissenschaftlichen Arbeit macht, lassen die Autoren auch weiterhin als AX tätig sein. Wer weiß schon, aus welchem der BNW mal eine führende Kapazität der Wissenschaft wird? Wir waren dann dabei!

Erster AX:	*„Ach übrigens, ... hat angerufen. Das war der, der uns damals die tolle Widmung in unser Exemplar der Diss geschrieben hat. Er braucht diesmal Hilfe bei seiner Habil."*
Zweiter AX:	*„..."*
Professor:	*„Na, liebe AX, wie steht es denn mit Ihrer eigenen wissenschaftlichen Arbeit?"*

„Bei mir ist es aber ganz besonders eilig" – Handreichungen für die gelungene Buchveröffentlichung

von

Claudia Splittgerber[*]

I. **Einleitung**

II. **Das erste Gespräch**

III. **Der Promovend als Autor**
   1. Der Autor und sein Lektor
   2. Der Vertrag
   3. Titelfindung und Umschlagtext
   4. Das Formatieren
   5. Wo bleibt das Manuskript

IV. **Vom Manuskript zum Buch**
   1. Das Paket
   2. Die Druckvorlage
   3. Exkurs: Das Vorwort
   4. Die Herstellung
   5. Es ist vollbracht

V. **Fazit**

---

[*] Nicht-Dr. Claudia Splittgerber, M. A., bereits als HiWi promovendengeschädigt durch Tätigkeit in der zentralen Kartei germanistischer Dissertationen, verarztet als Lektorin seit über zehn Jahren hauptsächlich Promotionsinfizierte im Endstadium.

I. Einleitung

Wenn auch der letzte Promotionsfeierjubel verhallt ist und der verklärende Schleier der alkoholseligen Umnachtung sich langsam lichtet, dämmert es den meisten, dass zur ersehnten Titelführung noch eine unwesentliche Kleinigkeit fehlt – die Veröffentlichung des opus magnum, für dessen Fertigstellung man die letzten Jahre seines Lebens geopfert hat.

Wer etwas auf sich hält und vielleicht sogar weitere akademische Weihen anstrebt, wird diese Aufgabe nicht einem x-beliebigen Copyshop übertragen, auf dass die bahnbrechenden wissenschaftlichen Erkenntnisse, zu denen man im Schweiße seines Angesichts gelangt ist, unentdeckt im Archivkeller der Universität landen, neben abertausend ähnlichen Werken, die ein solches Schicksal erlitten. Nein, es soll schon eine Verlagsveröffentlichung sein, denn es ist doch ein allemal erhebendes Gefühl, das Resultat der Fron endlich in gebundener Form in den Händen halten zu können – vergleichbar mit der Ergriffenheit stolzer Eltern, die ihr erstes Baby frisch gebadet und gewickelt aus den Armen der Hebamme empfangen.

Einen nicht zu verachtenden Zusatznutzen bietet solch ein Buch natürlich auch als Beigabe für Bewerbungen (insbesondere an Hochschulen) sowie als Geschenk für Eltern, Großeltern, Onkel, Tanten und andere Sponsoren der Promotionszeit, mit einer persönlichen Widmung versehen überreichbar unter dem Weihnachtsbaum, zum 70. Geburtstag des Großonkels dritten Grades oder in einem anderen, ähnlich stimmungsvollen Rahmen.

Und was liegt dem begabten jungen Wissenschaftler[1] näher, als zunächst beim Marktführer vorzusprechen (dessen Verlagslogo auch dieses Buch ziert) und dort sein Anliegen vorzutragen. Dort erwartet ihn ein freundliches Team hochmotivierter Lektoren, die ihn am Ende seines langen, staubigen Weges gern zum verdienten Ziel geleiten.

---

[1] Nachfolgend werden Wissenschaftler, Lektoren, Doktorväter usw. der besseren Lesbarkeit halber nur in der maskulinen Form genannt; wie allgemein bekannt sein dürfte, ist es heutzutage auch Frauen erlaubt, zu studieren, zu promovieren, sich zu habilitieren – und natürlich im Verlag zu arbeiten.

II. Das erste Gespräch

Wie in den meisten lebensentscheidenden Situationen ist der erste Kontakt von erheblicher Bedeutung. Der anfragende Promovend sollte daher die nachfolgend dargestellten klassischen Fehler vermeiden und sich gleich der als richtig gekennzeichneten Verhaltensweisen befleißigen.

Falsch:
Promovend: „Hallo, hier ist Dr. Wichtig, ich möchte gerne meine Dissertation bei Ihnen drucken lassen."

Führt zu:
Lektor: „Wenn Sie, lieber *Herr* Wichtig [ich weiß, dass Sie den Titel noch nicht führen dürfen!], Ihre Dissertation bei uns *verlegen* lassen wollen [wir sind ja schließlich keine Druckerei, sondern ein ehrwürdiger Verlag mit einem renommierten Programm], schicke ich Ihnen gerne unseren Fragebogen zu, damit wir uns ein genaueres Bild von Ihrer Arbeit machen können. Dann können wir in unserer Lektoratsrunde entscheiden, ob wir Ihre Arbeit [gnädigerweise] in unser Verlagsprogramm aufnehmen."

Richtig:
Freundlich-devote Annäherung, die das Hierarchie-Verhältnis außer Frage stellt („Ich wäre Ihnen sehr dankbar, wenn Sie mich und mein bescheidenes Werk in den Kreis Ihrer erlauchten Häupter aufnehmen könnten"), Verlagsprogramm loben („war für die Erstellung meiner Diss unverzichtbar" o. ä.).

Falsch:
Promovend: „Wie lange dauert denn sowas?"

Führt zu:
Lektor: [Nur nicht drängeln! Wir können auch nicht aufholen, was im Vorfeld von den diversen Beteiligten verzögert wurde!] „Wir brauchen etwa zwei Monate Produktionszeit, dazu kommt noch etwas Vorlauf: Lektoratsrunde, Verträge hin- und herschicken, Titel und Umschlagtext abstimmen, und dann müssen Sie ja auch noch das Manuskript formatieren [da hat der Autor den schwarzen Peter wieder zurück] ..."

Richtig:
Über Termine redet man zu diesem Zeitpunkt noch nicht. Hat man erst einmal die Zuneigung des Lektors gewonnen, kann man ihn später immer noch sanft unter Druck setzen („Sie wissen ja bestimmt, dass in vier Wochen diese für die Fachwelt einmalige Tagung auf Usedom stattfindet. Dort werde ich einen Vortrag über mein Diss-Thema halten, und es wäre schön, wenn ich dabei das Buch hochhalten könnte ...").

Noch schlimmer:
Promovend: „Wissen Sie, bei mir ist es aber ganz besonders eilig, denn ich heirate in vier Wochen, und da möchte ich die Einladungen gleich mit dem Dr.-Titel drucken lassen. Mir selbst ist das zwar gar nicht wichtig [naja!], aber meinem Schwiegervater liegt sehr viel daran – Sie verstehen ..."

Führt zu:
Lektor: [Herzlich willkommen im großen Kreis all derer, bei denen es besonders eilig ist!] „Tja, ein paar Tage können wir vielleicht herausholen, aber es hängen so viele Arbeitsschritte daran; Sie ahnen ja gar nicht, wie aufwendig dieser Produktionsprozess ist [und wieviel Arbeit ich damit haben werde], die Titelei muss gesetzt werden, das Buch wird bei der Deutschen Bibliothek gemeldet, die Umschläge werden in einer anderen Druckerei als der Inhalt des Buches gedruckt, das muss zusammengeführt werden usw.... Also, da möchte ich Ihnen keine falschen Hoffnungen machen!"

Richtig:
Begeisterung über schnelle und effiziente Abwicklung bekunden.

Falsch:
Promovend: „Sie sprachen vorhin vom Umformatieren – ich habe schon alles richtig formatiert und habe gar keine Zeit [=Lust], noch etwas daran zu ändern."

Führt zu:
Lektor: [Merke: Richtig formatiert ist das, was der Lektor als solches definiert.] „Das werden wir prüfen, deswegen bitten wir Sie auch, uns gleich ein paar Musterseiten mitzuschicken, vorzugsweise mit einigen Abbildungen, die Sie selbst als problematisch einschätzen."

Richtig:
Grenzenlose Bereitschaft zu Umformatierungen jeder vom Verlag gewünschten Art dokumentieren.

Falsch:
Promovend: „Und was heißt 'Titel abstimmen'? Der Titel steht doch schon fest, da habe ich mit meinem Doktorvater monatelang drüber diskutiert, den kann ich jetzt nicht mehr ändern."

Führt zu:
Lektor: [Sie werden leider nicht um eine neuerliche Diskussion mit dem Doktorvater und den Papierkrieg mit dem Dekanat herumkommen!] „Nun, zumeist sind die Titel von Dissertationen ziemlich lang und verschachtelt, was wenig verkaufsfördernd ist. Für die Buchveröffentlichung müssen fast alle Titel gekürzt werden."

Richtig:
Selbst anbieten, den detailverliebten Diss-Titel abändern zu wollen (vgl. dazu auch weiter unten).

Falsch:
Promovend: „Wie teuer wird denn das Ganze?"

Führt zu:
Lektor: "Die Höhe des Druckkostenzuschusses hängt vom Umfang ab, also bei z. B. 250 Seiten DM X-tausend."

Richtig:
Über Kosten redet man zu diesem Zeitpunkt ebenfalls noch nicht.

Noch schlimmer:
Promovend: „Was, so teuer?! Geht das für mich nicht etwas günstiger?"

Führt zu:
Lektor: [Da lässt sich der Betriebswirt nicht verleugnen – jetzt will er verhandeln!] „Nach meiner Marktkenntnis liegen wir mit unseren Druckkostenzuschüssen im unteren Mittelfeld, und wir tun sehr viel für unsere Dissertationen, schließlich ist es mit dem Drucken allein ja nicht getan. Wenn es Ihnen nur *darum* geht, sind Sie sicher bei einem typischen Dissertationsverlag wie Paul Kurz oder Quäker besser aufgehoben. Die sind natürlich viel *billiger*."

Richtig:
Preisangabe kommentarlos zur Kenntnis nehmen, Schweißausbruch ignorieren und heimlich Kontostand überprüfen, gegebenenfalls Urlaubspläne revidieren [Camping kann ja auch ganz romantisch sein]; überlegen, wen man um einen geeigneten Beitrag bitten sollte; gegebenenfalls ein „Ach, damit hatte ich schon gerechnet" herauspressen.

Falsch:
Promovend: „Wieviel kostet das Buch dann im Handel?"

Führt zu:
Lektor: „Nun, das hängt ebenfalls vom Umfang ab. Um bei unserem Beispiel zu bleiben: bei 250 Seiten DM YZ".

Noch schlimmer:
Promovend: „So viel?! Das kauft doch niemand!"

Führt zu:
Lektor: [Hoffentlich doch! Sonst könnten wir uns das Ganze hier sparen.] „Sie wissen ja aus eigener Erfahrung, was wissenschaftliche Spezialliteratur kostet. Wenn man ein solches Buch wirklich braucht, kauft man es sich, egal, zu welchem Preis. Die wissenschaftlichen Bibliotheken, die unsere Hauptabnehmer sind, schaffen es bei Bedarf natürlich sowieso an. Bei den kleinen Auflagen kommen wir sonst kalkulatorisch gar nicht hin."

Richtig:
Passen Sie sich klaglos den Gepflogenheiten des wissenschaftlichen Buchmarktes an.

Falsch:
Promovend: „Wie hoch wird denn die Auflage sein?"

Führt zu:
Lektor: [Na, ein Konsalik wird's nicht werden!] „Je nach Thema zwischen 150 und 300 Exemplare."

Richtig:
Über die Auflagenhöhe redet man zu diesem Zeitpunkt auch noch nicht, sondern vertraut voll und ganz auf die Marktkenntnis des Lektors. Im Zweifelsfall auch hier eher Bescheidenheit walten lassen. Aber: Äußerungen wie „Das liest ja eh keiner" ebenfalls vermeiden, denn wer nicht selbst an das nachhaltige Interesse der Fachwelt an seinem Elaborat glaubt, kann auch den Lektor nicht überzeugen.

Noch schlimmer:
Promovend: „So wenig? Mein Thema ist doch *sooo* praxisrelevant. Ich habe schon ganz viele Anfragen von wichtigen Persönlichkeiten, die es unbedingt haben wollen."

Führt zu:
Lektor: [Wahrscheinlich alles Leute, die irgendwie in diese Promotion verwickelt waren und jetzt auf ein Freiexemplar hoffen.] „(Seufz!) Nun, das wird sich zeigen, und wenn es wirklich so ist, bekommen Sie ja über das Honorar einen entsprechenden Rückfluss [hier wird die Gewinnorientierung des Betriebswirts angesprochen] – aber hegen Sie nicht zu hohe Erwartungen, schließlich handelt es sich ja um eine anspruchsvolle [hoffentlich!] wissenschaftliche Untersuchung, die sich nicht jedem [nicht so gebildeten] Praktiker erschließt; außerdem haben viele Manager auch einfach keine Zeit [und keine Lust], sich mit so viel Theorie zu befassen. Schreiben Sie doch einen schönen Aufsatz zu Ihrem Thema, in dem Sie die Ergebnisse mundgerecht aufbereiten, und versuchen Sie, diesen in einer Zeitschrift wie *Capital* oder *manager magazin* unterzubringen – und verweisen Sie dabei bitte möglichst häufig auf unser Buch [kostenlose Werbung ist immer gut, aber leider lässt die Euphorie des Autors meist jäh nach, wenn er noch zusätzlich etwas schreiben soll]."

Richtig:
Seien Sie ehrlich – würden *Sie* sich das antun, wenn Sie einen 16-Stunden-Tag hinter sich haben?

Falsch:
Promovend: „Und was machen Sie dann für das Buch – also an Werbeaktivitäten und so?"

Führt zu:
Lektor: [Wahrscheinlich nichts, denn uns ist es am liebsten, wenn wir möglichst viele Bücher am Lager behalten, sonst kommen sich die Mitarbeiter im Vertrieb so verloren vor.] „Nun, wir melden Ihr Buch bei der Deutschen Bibliothek für das Verzeichnis lieferbarer Bücher und beim CIP-Neuerscheinungsdienst, wir machen vierteljährliche Programmvorschauen für den Buchhandel und interessierte Lehrstühle; ein jährliches Gesamtverzeichnis und ein halbjährliches Neuerscheinungsverzeichnis; Informationsblätter, die Sie bei Vorträgen verteilen oder Ihrer Korrespondenz mit Fachkollegen beilegen können

[denn Sie müssen selbst auch etwas beitragen]; Anzeigen in unseren Fachzeitschriften; wir versenden Rezensionsexemplare ... etc. – also, wir tun schon sehr viel, um die Bücher auch in die Zielgruppe zu bringen."

Richtig:
Vertrauen Sie darauf, dass die Werbemechanismen eines großen Fachverlages trotz grundsätzlich knapper Mittel funktionieren, und zeigen Sie Bereitschaft, selbst aktiv zu werden.

Noch schlimmer:
Promovend: „Könnte man nicht eine Anzeige in der FAZ und/oder dem Handelsblatt schalten?"

Führt zu:
Lektor: [Sicher! Halbseitig oder ganzseitig?!] „..." ((Es erwartet Sie ein längerer Vortrag über das Kosten-/Nutzenverhältnis von Anzeigen für Fachbücher in Printmedien im allgemeinen und Tageszeitungen im besonderen, über das Verhältnis der Reichweite der Zeitschrift zur Höhe der Auflage des Buches, über Streuverluste usw.))

Richtig:
Bleiben Sie mit Ihren Erwartungen im Bereich der Realität.

Wenn dann endlich der ausgefüllte Fragebogen samt Manuskript oder Textauszügen vorliegt, kann es in die Lektoratsrunde gehen. Dazu setzen sich die Lektoren der Abteilung in Klausur zusammen und versuchen – unterstützt von Kaffee und Keksen –, herauszufinden, ob sich Themen wie „Standortwahl für eine Papiermühle in Polen", „Aktienemissionen auf dem nigerianischen Kapitalmarkt", „Die Ausbildung zum Straßenbahnschaffner in Shanghai" oder „Zur Soziologie der steuerlichen Betriebsprüfung" adäquat werden vermarkten lassen können. .

Hat der Promovend Glück und wird in den Kreis der Erwählten aufgenommen, erhält er einige Tage später einen Anruf oder einen Brief – wenn er nicht schon zehn Minuten nach Beendigung der Sitzung selbst anruft und nachfragt: „Heute war doch Ihre Lektoratsrunde. Was ist denn nun mit meiner Diss?!" *(FALSCH!!!)*

III. Der Promovend als Autor

1. Der Autor und sein Lektor

Da die weitere Betreuung der Veröffentlichung zumeist durch freie Mitarbeiter erfolgt, verlagert sich der Kontakt ab diesem Zeitpunkt auf den Außenlektor. Wenn dieser jedoch einmal nicht zu erreichen ist, scheint es naheliegend, den Lektor im Verlag anzurufen: „Vielleicht können *Sie* mir ja auch weiterhelfen". Doch dieser sitzt dann bar aller Unterlagen da und soll Entscheidungen treffen über Probleme, deren Existenz ihm nicht einmal ansatzweise bekannt ist. „Sicher können Sie sich an mein Manuskript erinnern, es handelt sich um eine Diss ..."

Es gibt einige besonders besorgte Autoren, die ihren Lektor mitunter mehrfach am Tag anrufen, z. B. wenn sie beim Frühstück auf der Terrasse sitzen und einfach nur mal hören wollen, ob der Brief, den sie gestern Abend gegen 22 Uhr eingeworfen haben, am nächsten Morgen um halb zehn auch wirklich angekommen ist – „Ach, ist die Post bei Ihnen noch nicht verteilt? Dann rufe ich in einer halben Stunde noch einmal an!" Während der Lektor in den Papierbergen der letzten zwei Wochen versinkt ...

Der Lektor freut sich zudem außerordentlich, wenn Sie ihm durch sonntägliche Anrufe unter der leicht selbst zu ermittelnden Privatnummer zeigen, dass Sie auf sein geschätztes Urteil auch am Wochenende nicht verzichten möchten („Sie können mir sicher sagen, wie zur Zeit der Stand der Dinge ist"), oder wenn Sie ihn mit spontanen Besuchen sowohl im Verlag („Ich bin am Telefon nicht durchgekommen, weil dauernd besetzt war, deswegen dachte ich, ich komme einfach mal vorbei") als auch zu Hause überraschen („Ich war gerade in der Gegend und da fiel mir plötzlich ein, dass es wohl besser ist, wenn ich Ihnen das Manuskript, das ich zufällig bei mir hatte, persönlich überbringe"). Auch über den aktuellen Bewerbungsstand des Autors sowie über seine Familiensituation und Urlaubsplanung ist der Lektor gern informiert.

2. Der Vertrag

Stets steht das juristisch fundiert gebildete Lektorenteam für umfängliche Rückfragen zum Vertrag zur Verfügung. „Ich habe gestern den

Autorenvertrag bekommen und habe ihn heute mit meinem Schwager besprochen, der Richter am Oberverwaltungsgericht Niederbrück ist. Jetzt habe ich nur noch 19 Fragen an Sie. Haben Sie kurz Zeit, dass wir diese einmal durchgehen?" Nicht jedem ist zu verdeutlichen, dass es sich um einen Standardvertrag handelt, der zu Kaisers Zeiten zwischen der Konzernmutter und der Autorenvereinigung ausgehandelt wurde. Tun Sie so, als unterschreiben Sie einen Mietvertrag für eine Wohnung – da hat im Zweifelsfall auch immer der Vermieter recht.

Im übrigen bringt es wenig, sich darüber beklagen, kein Honorar für die Verwertung von Nebenrechten zu bekommen – es ist bisher noch kein Fall bekannt geworden, dass eine Diss erfolgreich in Hollywood verfilmt wurde; meist reicht es nicht mal für ein Hörspiel oder eine Buchclubausgabe. Seien Sie aber versichert, dass Ihnen der Verlag jederzeit kostenlos die Nutzungsrechte für die Übersetzung ins Altgriechische überlassen wird.

3. Titelfindung und Umschlagtext

Es liegt in der Natur einer wissenschaftlichen Untersuchung, dass sie dem Verfasser höchste Präzision abverlangt. Diese Genauigkeit macht auch vor dem Titel nicht halt. So sind Diss-Titel folgender Art nicht ungewöhnlich:

➢ „Entwicklung eines Controlling-Instrumentariums in den Bereichen Finanzwirtschaft und Kostenrechnung unter besonderer Berücksichtigung der Problembereiche und Anforderungen mittelständischer Unternehmen"

➢ „Gesellschafter-Fremdfinanzierung der GmbH – Eigenkapitalersetzende Darlehen, Forderungsverzichte und -verluste im Bilanz- und Ertragsteuerrecht"

➢ „Diskriminierung von Frauen bei der Personalauswahl – Eine Untersuchung des Personalauswahlprozesses hinsichtlich der Identifizierung möglicher Quellen der Diskriminierung sowie geeigneter Maßnahmen zur Reduktion gegebenen Diskriminierungspotentials"

Mögen diese Bandwürmer als Diss-Titel durchaus ihre Berechtigung haben, sind sie für eine Buchveröffentlichung jedoch mitnichten geeignet, denn jeder auch nur halbwegs geneigte Kaufinteressent wird spätestens bei der dritten Zeile gelangweilt abwinken – zu theoretisch. Abgesehen davon, dass man Titel dieser Länge rein satztechnisch nicht auf eine Umschlagseite bringt.

Somit beginnt die Diskussion um einen verkaufsfördernden Titel, die sich oft nicht nur zwischen Autor und Lektor entspinnt, sondern auch Doktorvater und Dekanat involviert. Der Autor hat die erste Chance, in Absprache mit den letztgenannten dem Verlag Titelvorschläge zu machen. Der Zusatz „In diesem Titel sind noch nicht alle Aspekte berücksichtigt" bei einem Diss-Titel der oben skizzierten Art ist dabei wenig hilfreich. Aber Vorsicht: Zu allgemein gehaltene Titel wie „Grundlagen der Betriebswirtschaftslehre", „Neue Erkenntnisse der Marketingforschung" oder gar „Licht im Dunkel – Wie man ein Unternehmen führt" verbieten sich für eine Diss von selbst. Es gilt, auf dem schmalen Grat zwischen Kaufanreiz und wissenschaftlicher Seriosität sicher ans Ziel zu kommen.

Ebenso verhält es sich mit dem Umschlagtext. Auch hier hat der Autor die Möglichkeit, dem Verlag einen Entwurf zu unterbreiten. Dazu heißt es verlagsseitig: „Bitte bedenken Sie, dass es sich bei diesem Text um einen Werbetext handelt, der möglichst knapp, präzise und Interesse weckend den Ausgangspunkt, den Gang der Untersuchung und die Ergebnisse Ihrer Arbeit darstellen soll." Man sollte meinen, diese Beschreibung würde dem begabten Jung-Akademiker ausreichen, einen Text, der dieser Zielvorstellung genügt, zu dem ihm bestens bekannten Thema zu verfassen.

Wie der erfahrene Leser schon ahnt, ist das natürlich nicht der Fall. Denn wie auch schon beim Titel fällt es den meisten schwer, sich vom Detail zu trennen. Dies spiegelt sich dann zum einen in verschachtelten Satzkonstruktionen wider, die Thomas Mann vor Neid erbleichen lassen und dem strukturalistischen Grammatikforscher ein reiches Tätigkeitsfeld bieten würden, Ableitungsbäumchen mit feinsten Verästelungen zu zeichnen. Zum anderen sind die Texte oft von einer solchen Länge, dass die Autoren sie entweder in 6-Punkt-Schrift verfassen, um sie in dem vorgesehenen Kästchen (das eine gewisse Längenbegrenzung signalisieren soll) unterzubringen, oder aber sie hängen gleich eine Anlage an – wenn man Glück hat, ist sie nur einseitig.

Für das Verständnis des Inhalts wenig erhellend sind Allgemeinplatz-Formulierungen wie „Ausgehend von der Analyse der vorliegenden Forschungsliteratur", „Basierend auf den gewonnenen Ergebnissen werden Handlungsempfehlungen für die Praxis abgeleitet" oder aber – zur Zeit gerade sehr en vogue – „In sich schnell wandelnden Umwelten müssen Unternehmen flexibel reagieren, um im globalen Wettbewerb bestehen zu können" [diese Erkenntnis ist nicht gerade neu].

Wer sich beim Verfassen des Umschlagtextes schon derart verausgabt hat, hat offenbar keine Reserven mehr für eine aussagekräftige Angabe zur Zielgruppe – „Wissenschaftler", „Praktiker", „Politiker" oder gar „alle, die sich für dieses Thema interessieren" tragen nicht zur Erhöhung des Kaufanreizes bei.

4. Das Formatieren

Bei Dissertationen muss der Autor die Druckvorlage grundsätzlich selbst erstellen. Dass er die dazu erforderliche Hardware besitzt, wird vorausgesetzt. Der Atari aus den Anfängen des Computerzeitalters mit einem 24-Nadel-Drucker wird nicht mehr als Stand der Technik akzeptiert, auch wenn es noch vereinzelte PC-Verweigerer gibt, die gar mit der Schreibmaschine arbeiten. Sollte Ihr Privathaushalt nicht über ein entsprechendes Gerät verfügen, empfiehlt sich die Benutzung der Lehrstuhl-Ausstattung – sofern diese nicht der allseits beliebten Mittelkürzung zum Opfer fiel und sich auf eben diesem Niveau befindet.

Ebenso werden hinlängliche textverarbeiterische Fertigkeiten erwartet. Vom Verlag erhält der Autor lediglich ein paar allgemeine Richtlinien. Ein weit verbreiteter Irrtum ist die Annahme, dass der Lektor ein besonders ausgefuchster Setzer sei. So geschieht es, dass er mit sämtlichen formatierungstechnischen Problemen konfrontiert wird, mit denen der Autor schon während der Erstellung der Diss vergeblich gerungen hat:

➢ „Wenn Sie darauf bestehen, dass in einer Tabelle die Zahlenkolonnen exakt untereinander stehen, müssen Sie mir auch sagen, wie ich das in *Word* hinbekomme."

> „Warum mein Programm beim Kapitelende die Fußnoten mitten auf die Seite statt unten ans Ende gesetzt hat, weiß ich auch nicht. Ich kann aber nichts dagegen machen. Wissen Sie, wie das geht?"
> „Ich hatte solche Schwierigkeiten, diese Abbildung zu erstellen. Ich kann sie nicht größer machen. Ich kann auch die Beschriftung in der Abbildung nicht vergrößern. Ich kann die Abbildung nicht drehen, ich weiß nicht, wie das geht. Es kommt aber gar nicht so darauf an, was drin steht, man muss es gar nicht lesen können. Was, weglassen?! Nein, das kommt gar nicht in Frage, diese Abbildung ist für das Verständnis des gesamten Kapitels von zentraler Bedeutung, denn ..." ((Es folgt ein mittellanges Referat, in dem diese ausführlich erläutert wird.))
> „Ich habe jetzt hier die Graphik auf S. 76 ... können Sie bitte mal in Ihr Exemplar schauen ... ja, also wie soll ich nun die Schraffur machen ... Sie benutzen doch sicher auch Excel, wo finde ich denn da die richtige Einstellung ... ich würde Ihnen die Graphik gern mailen, dann können Sie es selbst einmal versuchen."

Bis hin zu der völlig hilflosen Aussage „Das Programm macht einfach, was es will." Seien Sie sich des tiefsten Mitgefühls Ihres Lektors versichert, aber leider kann er auch in solchen Fällen die Formatierung nicht persönlich übernehmen.

5. Wo bleibt das Manuskript

Wenngleich im Vorfeld oft viel Hektik von Seiten des Autors verbreitet wird, ebbt diese häufig schlagartig ab, wenn es darum geht, das Manuskript pünktlich abzuliefern. Natürlich gibt es zahlreiche wichtige Gründe, warum sich die Fertigstellung schon mal um Tage, Wochen, Monate oder auch Jahre verzögern kann. Hier eine kleine Auswahl der beliebtesten Ausreden:

> „Ich habe eine neue Stelle angetreten und eigentlich gar keine Zeit mehr für das Formatieren – muss das denn wirklich sein?"
> „Ich muss aus beruflichen Gründen nächste Woche nach Peking übersiedeln und habe den Rechner schon eingepackt."
> „Ich bin vor vier Wochen Vater geworden, und ich kann Ihnen sagen ... ich komme zu gar nichts mehr."

➢ „Ich musste dringend die Dachrinne reparieren, das hatte ich meiner Frau schon seit langem versprochen."
➢ „Ich komme nicht mehr an den Uni-Rechner."
➢ „Meine Festplatte ist abgestürzt."

Während einige Autoren recht sorglos mit dem vertraglich vereinbarten Abgabetermin verfahren und diesen auch schon mal um eineinhalb Jahre überziehen, ohne sich in dieser Zeit zu melden (während der Lektor über Doktorvater, Dekanat und Einwohnermeldeamt verzweifelt versucht, zu dem Abgetauchten Kontakt aufzunehmen), bestehen andere schon bei einer Woche Verzögerung auf einer Änderung des dreifach ausgefertigten Autorenvertrags.

IV. Vom Manuskript zum Buch

1. Das Paket

Der große Tag ist da: das Manuskript trifft – trotz widrigster Umstände – im Verlag ein!

Bereits beim Auspacken offenbaren sich die unterschiedlichen Charaktere der Autoren. Während der nonchalante Typ den Papierstapel nachlässig in den erstbesten Umschlag ohne Anschreiben und Absenderangabe stopft, steckt der besonders vorsichtige Typ jedes Kapitel in eine eigene Klarsichthülle, gern noch mit einem Post-It-Aufkleber versehen „Kapitel 1.3.4, Seite 27-36". Der künstlerische Typ ist oftmals von Christo inspiriert und nutzt den Manuskriptversand, um erste Übungen seiner Verpackungskunst einem kleinen Kreis der Öffentlichkeit zukommen zu lassen. Der ökologisch bewusste Typ hat das Manuskript auf Recycling-Papier ausgedruckt, natürlich beidseitig bedruckt.

Auch das Füllmaterial lässt tief blicken: Während FAZ oder Handelsblatt als klassische Ausstopfer relativ unbeachtet im Papierkorb des Verlags landen, erwecken heimatliche Dorfpostillen schon eher die Neugier. Man hüte sich also vor dem Verwenden enthüllender Blätter wie der *„Bild-Zeitung"* oder gar *„Men's Health"*. Ein besonders origineller Zeitgenosse entschied sich für einen Umschlag mit der Aufschrift „Alles, was ich über Betriebswirtschaft weiß" – und füllte diesen mit Shredder-Auswurf. Eher praktisch orientiert war der Autor, der an das Leben des Lektors jenseits des Verlags dachte, und einige hübsche Küchenhandtücher beifügte.

2. Die Druckvorlage

Ein Blick in das als endgültig bezeichnete Manuskript („Ich habe alle Ihre Änderungswünsche umgesetzt") lässt den erfahrenen Lektor oft erschauern. Da gibt es Anfängerfehler wie falsch platzierte Seitenzahlen – wahlweise in einigen Kapiteln oder auch durchgängig –, überhängende Kolumnentitel, Schusterjungs und Hurenkinder [das sind in der Setzersprache halbe Zeilen am Seitenanfang oder -ende], Löcher im Blocksatz, Ausdrucke mit ausgequetschten Tonern oder schlichtweg vergessene Seiten.

Auf höherer Ebene begegnen einem Abbildungsbeschriftungen, für die man eine Lupe in einer Kartentasche mitliefern müsste („Es ist gar nicht so wichtig, was drin steht" – vgl. dazu auch weiter oben), wolkig ausgedruckte Grauflächen („Das können Sie doch beim Druck ausgleichen") oder Fehler in der Fußnoten- oder gar Seitenzählung („Kann man da nicht eine a-/b-Seite einschieben?").

Während die Anfängerfehler nur einen simplen kompletten Neuausdruck nach Änderung einiger Grundeinstellungen nach sich ziehen, sind die Fehler auf höheren Ebenen mit einigem Arbeitsaufwand verbunden. Manche Autoren versuchen nun, diesen zu minimieren, indem sie nur einen Teil der gewünschten Änderungen umsetzen. Bei der Lieferung von Austauschseiten kann es zudem passieren, dass mit einer alten Textversion gearbeitet wurde, neue Fehler hinzugekommen sind und/oder die Seitenanschlüsse nicht stimmen etc.

In der Folge wird sich dann herausstellen, wer eher aufgibt: der genervte Lektor nach der fünften, immer noch unvollständigen Sendung, oder der genervte Autor, der das Ganze einem Schreibbüro übergibt.

3. Exkurs: Das Vorwort

Besonders beliebt sind Fehler im Vorwort, das ja zumeist in der Nacht vor dem Versand gegen halb drei nach der zweiten Flasche Rotwein verfasst wird und damit den Korrekturlesungen des eigentlichen Textes entzogen ist: Da häufen sich Schreib- und Trennfehler, aber zumindest den Namen des Doktorvaters sollte man nach so langer Zeit und auch in diesem Zustand richtig schreiben können.

Das Vorwort unterliegt strengen Gesetzen, deren Missachtung ungeahnte Folgen haben kann – und wer möchte jetzt noch die Gutachter oder die letzten verbliebenen Freunde verstimmen? So ist die Reihenfolge derer, bei denen man sich bedankt, besonders wichtig: Niemals den Zweitgutachter vor dem Erstgutachter nennen, auch wenn es noch so viele Differenzen gab! Die industriellen Sponsoren folgen nach dem akademischen Kreis, zu dem auch die stets diskussionsbereiten Lehrstuhl-Kollegen gehören. Ganz am Ende (obwohl von der Wichtigkeit her eigentlich an die erste Stelle gehörend) steht der leidgeprüfte Lebensgefährte, der die ganzen Jahre hindurch den in höheren Sphären schwebenden Doktoranden nicht nur vor haushälterischen Niederungen bewahrte, der stumm Kaffee servierend, literaturbeschaffend und korrekturlesend rund um die Uhr zur Verfügung stand, sondern auch als Blitzableiter für allfällige Zornesausbrüche und Depressionsanfälle diente. Dahinter rangieren nur noch, falls vorhanden, entbehrungsgeschädigte Kinder und Haustiere.

Bedenken Sie, dass Sie mit diesem Text, wenn er sich erst zwischen zwei Buchdeckeln befindet, Ihr weiteres Leben werden verbringen müssen (oder wenigstens so lange, wie das Buch lieferbar ist). Ein Autor sah sich genötigt, sein Vorwort mehrfach auszutauschen: der Dankesabsatz an Gabi, der ursprünglich drin war, musste nach der Trennung natürlich 'raus, dann versöhnten sich die beiden, und er sollte wieder 'rein, allerdings in geänderter Form. Als er dann wenig später Sabine kennenlernte, war das Buch jedoch bereits gedruckt ...

4. Die Herstellung

Der Herstellungsprozess im Verlag ist natürlich nicht frei von Anfälligkeiten, die – nach *Murphy's Law* – selbstverständlich auch eintreten.

Zunächst kann es vorkommen, dass ein komplettes Manuskript verschwindet. Auf dem Autodach eines freien Mitarbeiters beim Einladen kurzfristig abgelegt und dann vergessen, folgte es in irgendeiner

Kurve den Gesetzen der Fliehkraft. Hektische Suchaktionen in der näheren Umgebung des Verlags brachten keinen Erfolg, so dass der Autor um einen Neuausdruck gebeten werden musste. Wochen später erhielt er übrigens diesen Ausdruck ramponiert zurück: ein umsichtiger Mitmensch hatte das Papierbündel im Straßengraben gefunden und der Polizei übergeben, diese hatte über die Universität den Autor ausfindig gemacht und es ihm zugeschickt.

Bei den beauftragten Setzereien und Druckereien gibt es Harmlos-Schusseleien wie Schreibfehler in Autorennamen und Titeln (da kann aus qualitativ schon mal quantitativ werden – rein satztechnisch betrachtet handelt es sich ja nur um zwei Buchstaben) oder auch der Angabe im CIP-Eintrag, ob es sich um eine Diss. oder Habil. handelt („ist das denn ein *so* großer Unterschied?").

Besonders erheiternd für den Lektor ist es, wenn einmal im Korrekturabzug angestrichene Fehler im gedruckten Exemplar wieder auftauchen (oder auch andere, neue). Peinlich wird es erst, wenn beim ersten Band einer neuen Schriftenreihe, deren Herausgeber man unter Einsatz sämtlicher Kräfte gewonnen hat, der Reihentitel samt Angabe der Herausgeber auf der 1. Umschlagseite verschwunden ist, obwohl man sich aus der Setzerei extra einen zweiten Korrekturabzug hat kommen lassen („Wir verstehen auch nicht, wohin die Daten verschwunden sind"). Natürlich sind in so einem Fall die Exemplare auch schon verschickt, und es macht besondere Freude, diese dann zwecks Korrektur zurückzubitten.

Es wird auch schon mal eine gesamte Auflage mit einem falschen Umschlag versehen, Lieferpapiere werden vertauscht, Büchersendungen verschwinden im Nirwana, Druckereien brennen ab usw. – das lässt sich aber alles wieder retten, meist auch, bevor es ans Licht der Öffentlichkeit gelangt.

Jedoch: Getreu dem Grundsatz, dass, wenn erst einmal der Wurm drin ist, dieser auch hartnäckig drin bleibt, kann es schon mal dazu kommen, dass ein Autor entnervt feststellt, dass es wohl für den Verlag ganz effizient sein kann, wenn sich alle möglichen Katastrophen bei *einem* Autor versammeln, für den betroffenen Autor sich dies jedoch anders darstellt. Er hat recht mit dieser Aussage, aber leider ändert sich durch diese Erkenntnis nichts ...

5. Es ist vollbracht

Wenn alle geschilderten und überhaupt denkbaren Schwierigkeiten überstanden sind, erhalten Sie nach ein paar Wochen wirklich eine umfangreiche Sendung mit Bücherkisten und einer geheimnisvollen Rolle, in der sich Ihre Druckvorlage befindet. Bewahren Sie die Fassung, falls in dem Paket vielleicht gar nicht Ihre Diss drin ist, sondern die Ihres bestgehassten Wettbewerbers von der TU Clausthal-Zellerfeld – Sie wissen, es hätte viel schlimmer kommen können!

Genießen Sie das Gefühl der Erleichterung, dass nun endlich alles vorüber ist. Und seien Sie stolz auf sich – Sie sind nun wirklich der Autor eines wissenschaftlichen Buches!

Nach der Rechnung über den Druckkostenzuschuss müssen Sie nicht fragen. *Die* wird ganz bestimmt nicht vergessen! Da steht dann, damit Sie sich langsam dran gewöhnen, auch schon der Dr.-Titel im Anschriftenfeld.

Bedenken Sie abschließend: kleine Geschenke erhalten die Freundschaft. Blumensträuße, Pralinenschachteln oder Champagnerflaschen werden keinesfalls als Bestechungsversuch ausgelegt. Vielleicht wollen Sie ja in ein paar Jahren Ihre Habilschrift veröffentlichen? Da kann es nicht schaden, einen guten Eindruck bei Ihrem Lektor zu hinterlassen.

V. Fazit

Die obigen Ausführungen mögen den Eindruck erweckt haben, dass die Buchveröffentlichung von Dissertationen ein nervenaufreibendes Unterfangen ist, bei dem man dankbar sein darf, wenn man es ohne allzu große Blessuren überstanden hat. Das ist natürlich nicht der Fall! Es handelt sich dabei lediglich um das logische Ende einer chaotischen Prozesskette, die das Promotionsvorhaben insgesamt darstellt.

Natürlich geht auch meist alles problemlos und zügig vonstatten, aber wenn es die kleinen und mittleren Katastrophen nicht gäbe, hätten wir im Verlag ja nichts zu lachen und nichts, worüber man ein Buchkapitel schreiben könnte.

4. Teil

Erfreulicher Ausblick:
Das Leben als Titelträger

Das Trio Infernale als Promotionstechnik

von

Manuel René Theisen[*]

I. Ausgangsproblem

II. Problemlösungsangebot

III. Problemlösungswege

IV. Problemlösungskosten

V. Endproblem

---

[*] Manuel René Theisen, auf redlichem Wege zum eigenen Doktorvater und Doktor gekommen, auf unredliche Wege gestoßen bei der Suche nach wissenschaftlicher Redlichkeit und nunmehr unredlich enttäuscht von der Kehrseite des Promovierens jenseits aller Redlichkeit. Alle Originalzitate im Text sind nachweisbar, aus gutem Grunde aber hier nicht nachzuweisen.

I. Ausgangsproblem

Am Anfang aller Bemühungen steht der Doktorvater oder die Doktormutter. Die leiblichen Eltern sind häufig bekannt. Der wissenschaftliche Haushaltsvorstand muss dagegen meist erst gefunden werden. In vielen Fällen gestaltet sich diese Suche als nicht gerade einfach. Wer ein Diplom als medizinischer Bademeister sein eigen nennt oder durch umfangreiche Bodenspekulationen zu einigem lokalem Ruhme gekommen ist, soll sich da schwer tun. Und wenn das eigene wissenschaftliche Interesse erst nach mäßigem Abschluss an einer alma mater entdeckt wird, gebricht es dem Doktoranden in spe oft an den geeigneten connections. Verzweifelte Doktoranden und Doktorandinnen - in vollem wissenschaftlichen Saft stehend -, so machen es uns einige in der Boulevardpresse immer wieder glauben, irren also durch die Nation auf der Suche nach Mami oder Papi – scientiae causa, sozusagen.

Eine nicht nur theoretische Segnung der Marktwirtschaft ist sicherlich, dass dort wo Nachfrage verortet werden kann, sich alsbald auch ein Angebot einstellt. Und dort, wo ein Bedarf möglicherweise noch nicht erkannt wird, schafft nicht selten ein Angebot die Nachfrage. Die Medien helfen, die über die Nation verstreute, aber noch nicht wachgeküsste wissenschaftliche Potenz für dieselbige zu suchen, zu finden und zu akquirieren: Im ICE-Bahnjournal und im Lufthansa-Magazin für eilige Promotionsaspiranten ebenso wie für Kunstbeflissene in der „ART" lassen sich beispielsweise in loser Reihenfolge unschwer Anzeigen ausfindig machen zum Thema „Findung: Doktorvater". Uni-Bevollmächtigte, akademische Expertenteams, ja ganze Kanzleien und Institute mit angeschlossenem Museumsbetrieb und Antiquariat bieten sich als Prolöten, als Problemlösungstechniker, in Sachen Promotion an. Und wer keine dieser Zeitungen und Journale liest, der kann mit einigem Glück sogar auf ein erlösendes persönliches Anschreiben hoffen: „... in Kenntnis dieser misslichen Situation beraten wir Sie deshalb bei Planung und Realisierung von Promotionsprojekten."

Das Ausgangsproblem, so drängt es sich dem so gerne angehenden Doktor auf, ist keines, höchstens ein Scheinproblem in des Wortes ureigenster Bedeutung.

II. Problemlösungsangebot

Die „geschätzte Kontaktaufnahme" erweist sich als denkbar einfach: Per Fax, Fon oder Handy wird ein Termin vereinbart. Nähere Auskünfte nur unverbindlich schriftlich oder sehr verbindlich persönlich. Die Problemlösung beginnt mit einem Vertrag. „Drum prüfe, wer sich ewig bindet, ob sich das Herz zum Herzen findet. Der Wahn ist kurz, die Reu' ist lang ...", und ist Programm, möchte man hinzufügen. Aber hier soll dem folgenden nicht vorgegriffen werden.

Die vertragliche Doktorvater/-Kind-Beziehung baut nicht auf Blut und familiärer oder gar wissenschaftlicher Verbundenheit, sondern auf schnöden Mammon: Nach der Einverständniserklärung des „Doktorvaters" – vorsichtshalber vertraglich bereits in infragestellende Fragezeichen gesetzt – sind so beispielsweise 22.000 DM, nach Erhalt der Doktorurkunde nochmals 10.000 DM fällig. Nicht für die Erstellung einer Doktorarbeit versteht sich, das wäre ja ein, wenn auch illegitimes Schnäppchen. Der erste Teil des Gesamthonorars ist bereits fällig, wenn ein „praktikables Dissertationsthema, ein Betreuer ('Doktorvater') sowie eine Fakultät gefunden wurde". Eine Findungsprämie wird also vereinbart, einem doktoralen Ostereiersuchen nicht unähnlich.

III. Problemlösungswege

Der Vertrag ist vertrackt, er hat faustische Züge: Im Mittelpunkt steht der Berater und seine Organisation, nennen wir sie im folgenden „Institut für Wissenschaftsverrat", denn sie verrät ja ausdrücklich Wissen und schafft Promotionsmöglichkeiten. Insgesamt aber tritt ein Trio an, dies sieht allerdings einer sehr unterschiedlich ungewissen Zukunft entgegen: Der Aspirant, der Consultant und der Conspirant. Ein Trio infernale, denn der Aspirant muss glauben, dass die „Erfahrung und die Zusammenarbeit" des Consultant mit dem Conspirant allein die glückliche Verbindung schafft. Der Conspirant weiß, dass er mit attraktiven Angeboten zur Zusammenarbeit angeworben wurde. Nicht selten geht dieser Kontakt sogar zunächst über die Ehefrau eines potentiellen Doktorvaters, die gebeten wurde, bei der Suche des Consultanten nach „Kooperationspartnern, die mir helfen, neue Kontakte zu Universitäten zu schaffen" ihrerseits behilflich zu sein. Ein Netzwerk voller guter Werke. Und alle auf der Suche nach dem Echten und Wahren. Geld spielt keine Rolle, soll dabei glauben gemacht werden. Und es wird sogar geglaubt, partiell sozusagen.

Die erforderlichen Verbindungen sind durchaus immer nur zweiseitig: Der Aspirant zahlt den Consultant, für seine Beratung und Vermittlung. Der Consultant, der sich gleichzeitig umfangreicher unternehmensberaterischer Tätigkeiten rühmt, berät seinerseits den professoralen Conspirant über engagierte, aber leider offensichtlich sprach- und kommunikationsunfähige Aspiranten. Und wie im Märchen, so wird glauben gemacht, bedankt sich der Conspirant für dieses selbstlose, aber so notwendige Werk des Consultanten, bekennt freimütig seine eigene Unfähigkeit, potentielle Doktoranden ausfindig machen bzw. für diese eine eigene Attraktivität entwickeln zu können: Er akzeptiert den/die Aspirant/-in als Doktorsohn oder –tochter und öffnet ihm oder ihr Tür und Tor seiner wissenschaftlichen Wirkungsstätte und gleichzeitig sein unendlich großes und uneigennütziges wissenschaftliches Herz: „Ihr Kinderlein kommet", summt der Consultant dazu den background-chorus und überprüft seinen Kontostand.

IV. Problemlösungskosten

Die Kosten sind gelöst, allein das Problem bleibt: „Wir freuen uns, dass Sie einen Doktorvater gefunden haben, der Ihr Dissertationsvorhaben betreut, und dürfen Sie bitten, uns vereinbarungsgemäß unser erstes Teilhonorar in Höhe von 22.000 DM zu überweisen." Der Aspirant transpiriert ob dieses Vermittlungshonorars, dem gegenüber die Anbahnung einer lebenslangen Ehe geradezu als ein billiges Vergnügen erscheint. Die Vermittlung eines Vaters auf Zeit lässt erste Überlegungen über dessen Wert aufkommen: Der Consultant aber schiebt Untersuchungen des „Instituts für Wissenschaftsverrat" nach, denen zufolge der Promovierte nicht nur verbesserte Startchancen im Beruf, sondern vor allem ein nachhaltig höheres Einkommen erwarten darf. Die Behauptungen können nicht überprüft werden, aber sie lassen die Hemmschwelle überwindbar erscheinen und die Startgebühren zu peanuts verkommen. Vor lauter Freude über ein solches Sonderangebot übersieht der Aspirant glatt, dass das Teilhonorar ganz unkaufmännisch fällig ist, wird doch vertraglich versichert: „Mehrwertsteuer bereits eingeschlossen". Die steuerlichen Vorschriften verlangen einen gesonderten Ausweis, aber derartige steuerliche Kleinigkeiten verstellen den Blick für das wissenschaftlich wirklich Wahre und Schöne. Wer will denn mit Steuern überhaupt etwas zu tun haben.

Der Consultant kann sich zurücklehnen, seine vertraglichen Pflichten sind zwar nur teilweise erbracht, aber sein Teilhonoraranspruch ist fällig, denn er versicherte von Anfang an, „nach Zahlung (!) des oben genannten Honorars (den Aspirianten) organisatorisch bis zum erfolgreichen Ende des Promotionsverfahrens zu betreuen." Freimütig bekennt der Consultant denn auch, dass er „90 % meiner Honorare ... ausschließlich dadurch erziele, dass ich meinen Kunden helfe, den richtigen Doktorvater und die richtige Fakultät zu finden (!)".

Mag auch der Aspirant noch im Freudentaumel neuer väterlicher Verbindungen sich befinden, jeder Traum findet einmal ein Ende. Nun aber bohrt – hoffentlich – eine Frage mehr und mehr: Do ut des - Geben und Nehmen, ist eine Devise eines funktionierenden Marktes, galt aber auch schon unter den Sammlern und Jägern. Der Aspirant nimmt nun in Folge dem Doktorvater viel Zeit, was aber gibt er ihm, außer dem Gefühl, die Zahl seiner filii, seiner wissenschaftlichen Jünger, potentiell zu vermehren und so seinen Ruhm in die Welt zu tragen? Aus dem Olymp zukünftiger akademischer Würden wird der Aspirant auf den Boden des wirtschaftlichen Rationalismus gebracht. Hoffentlich hat der Consultant den Conspirant an seinem Honorar beteiligt, freiwillig und steuerfrei. Denn die Leistung in Form einer erfolgreich abgeschlossenen Promotion erbringen der Aspirant und vor allem der Conspirant, wo aber bleibt die Gegenleistung? Das akademische Dreiecksverhältnis erschließt sich erst Stück für Stück dem Aspiranten. Der teuflische Pakt, das Trio infernale, entwickelt seine höllische Realität.

Die angebotene Hilfe zum Erfolg erweist sich immer mehr als Hilfe zur Selbsthilfe: Der Aspirant mag sich an jugendliche Monopoly-Stunden erinnern führen: Zurück zu LOS, gehe nicht über das Gefängnis, sondern (noch) daran vorbei.

V. Endproblem

Ovid griff den Ereignissen voraus, wenn er ahnte: „Donec eris felix, multos numerabis amicos, tempora si fuerint nubila, solus eris." – Im

Glück sind deine Freunde zahlreich, in schweren Zeiten bist Du allein, so die freihändige Übersetzung der Tristia-Zeilen.

Der schöne Traum von der titelgeschmückten Karriere droht zu platzen. Der Consultant hat sich als wohl honoriertes Trüffelschwein nach eigenem Bekunden redlich und intensiv bemüht, der Doktorvater aber versteht sich weder als Wohlfahrtsinstitut noch scheint ihm die Heilsarmee ein Vorbild zu sein und stellt sich bockbeinig. Nun erst entdeckt der Aspirant, dass dieses Trio infernale ihn allein zum Zahlungsverpflichteten, aber in keiner Weise auch zum Vertragspartner des für ihn bedeutsamen Doktorvaters gemacht hat. Ansprüche bestehen allein aus dem Vertrag mit dem Consultant. Das Gericht wird bemüht, die zuständige Abteilung ist mit den Verhältnissen des „Instituts für Wissenschaftsverrat" bestens vertraut. Die Vermittlungsleistung ist vertragsgemäß erbracht worden, das Honorar fällig. Ein Doktortitel darf nicht verkauft und nicht gekauft werden, das verstößt gegen die guten Sitten, wie jeder weiß - oder wissen müsste. Gauner untereinander schützt das Recht nicht. Im Namen des Volkes.

„Back to square one", aber deutlich entreichert, wie der nunmehr juristisch geschulte Aspirant weiß. Die Vermittlung eines Doktorvaters ist eben nicht die Vermittlung eines Doktortitels. Ein kleiner, aber teurer Unterschied. Als Ironie kann dem Aspiranten nunmehr erscheinen, wenn er zur Kenntnis bekommt, dass sein nobles Institut sich zwischenzeitlich mit großem Presserummel anschickt, die „dünnste Doktorarbeit" zu prämieren. Erfolgreicher wäre es wohl, den „dümmsten Doktoraspiranten" zu suchen, denn da würde ein Blick in die eigene Kundenkartei reichlich Material zu Tage fördern. Denn eines überrascht doch: Noch kein einziger, nach der „Trio-infernale-Technik" erfolgreich promovierter Titelträger hat sich geoutet, kein Doktorvater sich öffentlich des Wissenszuwachses auf diesem Vermittlungswege gerühmt. Schweigen ist Gold, vor allem für den Wohltaten unter das staunende Volk streuenden Consultanten.

Promovieren in Ehren kann niemand verwehren – oder doch?

von

*Rainer Elschen**

I. Das Problem zu promovieren in Ehren

II. Wer oder was wird ehrenpromoviert?
   1. Auf einem Anbietermarkt muß man sich was bieten lassen
   2. Was das Fach anmacht und was die Macht anfacht
   3. Motion bei Toren und Enten

III. Wo und wie wird ehrenpromoviert?
   1. Am Ort der Ehre ist nicht gut ruhen
   2. Die Ehre ist der Reden wert oder: Wichtig festreden

IV. Wann und womit wird ehrenpromoviert?
   1. Es ist nicht alles Ausschuß, was so heißt
   2. Auch ohne Ähren sind der Ehren viele

V. Wie tragen die in Ehren Promovierten ihre Titel?
   1. Für Rechtschreibschwache gibt es Erleichterung
   2. Mach was du willst! Oder: Like it as you do it!

VI. Mit h. c. (harter Cäsur) und eh. (endehalber)!

---

* Rainer Elschen, „unehrenhafter" Lehrstuhlbesetzer, zuständig für Finanzwirtschaft und Banken an der Universität Essen nach zahlreichen „Gastspielen" an Universitäten in Ost und West, durchaus erfahren im Anziehen und Durchziehen von Ehrenpromotionen, universitär und universal geprüfter Stückeschreiber und Schauspieler.

I. Das Problem zu promovieren in Ehren

Promovieren ist ein Problem, Promovieren in Ehren ist ein ernstes Problem. Mancher, der vor einer Ehrenpromotion noch volles und dunkles Haar hat, dem graut es im Laufe des Verfahrens. Und es graut den zu Ehrenden sowie diejenigen, welche die Ehrung vorbereiten. Denn Ehrenpromovieren in Deutschland dauert: dem einen zu lange und den anderen deshalb, weil er nicht selbst h. c. (honoris causa) oder eh. (ehrenhalber, was nicht die halbe Ehre bedeutet) promoviert wurde. Dabei wird von mancher ausländischen Hochschule fast jeder promoviert, der genügend flüssig machen kann: Sogar der Promi-Wirt[1] wird promoviert und wegen der Frauenquote auch seine „Schwester Oberin", die den Zapfhahn oder die Zapfhenne bedient.

Da die Dominanz der Männer bei Ehrenpromotionen dramatisch ist, werden sich die Ausführungen sprachlich jedoch auf das männliche Geschlecht beschränken. Wenn diese bedauerliche Situation ein Ende haben soll, dann gilt allerdings: Vor der Ehrung von Frauen soll man(n) nicht (mehr, sondern eher weniger) ergrauen. - Natürlich auch nicht nachher. Denn böse Stimmen behaupten bereits, e. h. bedeute einzig(artige) Herren und h. c. sei eine Abkürzung für Herren-Club oder Herren-Cirkel unter Vorwegnahme der für Rechtschreibschwache „ermäßigten" Kleinschreibung.

Die folgenden Ausführungen zum Promovieren in Ehren gliedern sich nach dem Vorbild von Artikeln der Regenbogenpresse in folgende Fragestellungen: Wer oder was, wo, wie, wann und womit wird ehrenpromoviert[2]? Und schließlich: Wie (er-)trägt sie oder er die Ehre? Wissenschaftliche Theorien wie das Promotoren-Modell bieten Hilfe bei der Analyse der ehrenhaften Probleme bis zum Ziel „Ehrenpromotion".

---

[1] Promi-Wirt = kosewortartige Bezeichnung für einen Prominenten-Gastronomen, der manchmal auch ein prominenter Gastronom ist. Oft in Kontakt mit Intellektuellen. Denn: Intelligenz säuft.

[2] Man könnte sich fragen, ob man nicht besser „geehrenpromoviert" oder „ehrengepromoviert" schreiben sollte. Vgl. aber Eike Christian Hirsch, Deutsch für Besserwisser, München 1988, S. 89 f., der bei derartig zusammengesetzten Zeitwörtern ohnehin die Gefahr der verwortdrehten Sprache sieht, bei welcher der Leser am Ende nicht mehr blutkreisläuft und dann schlagangefallen zu Boden sinkt bis er nicht mehr pulsschlägt.

II. Wer oder was wird ehrenpromoviert?

1. Auf einem Anbietermarkt muss man sich was bieten lassen

Da die Nachfrage nach Ehrenpromotionen beinahe unbegrenzt ist, haben wir es mit einem Anbietermarkt zu tun. Für die Nachfrage gilt zudem die Fußballer-Weisheit: „Die Breite an der Spitze ist dichter geworden". Der Nachfrager muss daher schon ohne störende Aufdringlichkeit sein gesamtes Beschaffungs-Marketing-Instrumentarium einsetzen, um in der bekannten Reihenfolge der **AIDA** zunächst die Aufmerksamkeit der Anbieter zu erregen, dann sehr dezent deren Interesse zu wecken bis der Wunsch der ehrenpromovierenden Fakultät zum Verlangen (erotischer: ein gehauchtes „Desire") wird, um dann schließlich die gewünschte Action der Ehrenpromotion an sich realisieren zu lassen. Denn schließlich gilt: Nur Action bringt Satisfaction!

Auf Anbieterseite sieht der ehrgeizige Promovend in spe sich einem Selling-Center mit höchst komplexen Strukturen gegenüber. Denn bekanntlich haben bereits zwei Professoren mindestens drei Meinungen und auf dieselben Fragen erwarten sie in jedem Semester andere Antworten. Wie problematisch ist da erst eine Fakultät (oder im Bauhausstil: ein Fachbereich) mit sicher mehr als 10 oder gar 20 Professoren. Hier lässt sich noch heute leicht nachvollziehen, was Kurfürst Ludwig von der Pfalz einst sagte: „Wenn ich lachen will, lasse ich mir ein paar Professoren kommen und sie miteinander disputieren."[3] Wie ernst in diesem Kreis selbst die humoristischsten Einlagen genommen werden, das schlägt jedes Sitzungskomitee einer Kölner Karnevalsgesellschaft. Den Gremien und den (Promo-)Toren, die eine Ehrenpromotion in der ehrwürdigen Alma Mater vorbereiten, fehlt nämlich fast immer der Witz, ihren eigenen zu begreifen.

2. Was das Fach anmacht und was die Macht anfacht

Zur genauen Analyse der vielfältigen Vorgänge hilft das aus der betriebswirtschaftlichen Organisationstheorie bekannte Promo-Toren-

---

[3] Erhard Puntsch, Witze, Fabeln, Anekdoten, Augsburg 1991, S. 944.

Modell[4]. Die Pro-Fessoren wollen entweder als Promo-Toren Promo-Tion für Promo-Venden[5] machen oder sie wollen als Anti-Fessoren bzw. als Oppon-Enten latentes Promo-Vi(e)ren stoppen[6]. Sowohl Promo-Toren als auch Oppon-Enten üben ihren Einfluss entweder aufgrund ihrer Fachkenntnis oder aufgrund der ihnen zukommenden Machtposition aus. Setzen sich bei den Beratungen zur Ehrenpromotion, im sogenannten fakultativen Prozess, die Fachpromotoren durch, dann wird von der Fakultät aufgrund fachlicher Leistungen und zur Ehre des Kandidaten promoviert, sind es dagegen die Machtpromotoren, werden Mächtige aus deren eigener Beziehungskiste hervorgekramt und vor allem zur Ehre des jeweiligen Machtpromotors promoviert.

Die Gegenspieler der Machtpromotoren sind die Fachopponenten. Nur das Fach macht sie an. Mit keiner Ahnung von nichts und weniger als 100 Veröffentlichungen in rezensierten Zeitschriften („ex nihilo nihil fit") soll nach ihrer Ansicht niemand zur Ehrenpromotion geführt werden. Aus der Sicht der Fachopponenten ist ein Kollege, selbst wenn er ehrenpromoviert werden soll, jemand, der ohne jede fachliche Eignung unerklärlicherweise dasselbe tut wie sie selbst. Damit die Ehren-Promotion fachlich sauber gehalten wird, schlagen sie für die Mächtigen mit Beziehungen Ehrungen durch Titel wie „Ehrensenator" vor.

Die Machtopponenten sind dagegen die Gegner der Fachpromotoren. Sie verhindern, dass jemand wegen überragender fachlicher Leistungen ehrenpromoviert wird. Grund dafür ist der Machtopponenten innewohnende Neidfaktor (> 12 auf der 10-teiligen Green-Yellow-Envy-Skala von Valerian Riechter, Walther S. Neider und

---

[4] Vgl. dazu Eberhard Witte, Organisation von Innovationsentscheidungen, Göttingen 1973.

[5] Zu unterscheiden von der Promo-Wende, dem Zeitpunkt, in dem der Promo-Vend kehrtmacht und seine Ausführungen so ändert, daß auch sein Doktorvater sie versteht.

[6] Bei „Promo-Toren" und „Oppon-Enten" handelt es sich jeweils um schimpfwortartige Verballhornungen der Gegenseite. Während im letzten Wortbestandteil von „Promo-Toren" auf die Einfalt der Promotionsbefürworter und zugleich auf deren geistige Nähe zu den von ihnen geförderten Dok-Toren angespielt wird, weist der letzte Wortbestandteil von „Oppon-Enten" auf die Verzögerungstaktik der „lahmen Enten" (engl. lame ducks) hin.

Victor Hautgout), der das Feuer ihrer Macht anfacht. Auch die Machtopponenten müssen zwar die Dinge so nehmen, wie sie kommen. Aber sie sorgen auch dafür, dass die Dinge so kommen, wie sie sie nehmen möchten. Weil sie in der Sache nichts zu sagen haben, bedienen sie sich des Machtapparates, um ihre Missgunst genüsslich auszuleben.

Zusammengefasst ergibt diese Analyse die folgende Tabelle:

Fach-Promo-Toren ⇒ Motto: „Wissen ist Macht!" versuchen Ehrenpromotionen nach fachlichen Gesichtspunkten durchzusetzen	⇐ Macht-Oppon-Enten Motto: „Wissen macht nichts!" versuchen fachlich motivierte Ehrenpromotionen zu verhindern (Neidfaktor > 12)
Macht-Promo-Toren ⇒ Motto: „Macht ist Wissen!" versuchen Ehrenpromotionen aufgrund von Beziehungskisten zu realisieren	⇐ Fach-Oppon-Enten Motto: „Macher wissen nichts!" versuchen beziehungsmotivierte Ehrenpromotionen zu verhindern

Selten stellen Frauen als Fach- oder Macht-Promo-Toren den Antrag auf eine Ehrenpromotion. Denn „der Anteil der Frauen unter den Professorinnen" ist gering, wie eine Geschlechterforscherin in Essen überraschenderweise er- und vermittelt hat[7]. Noch weniger Frauen finden sich unter den HonorarprofessorInnen oder unter den Ehren-

---

[7] Aus: Einladung des Essener Kollegs für Geschlechterforschung zum Kolloquium am 22.1.1999. Später bedauerte die Verfasserin den Schreibfehler. Denn es hätte „ProfessorInnen" heißen sollen, weil - wie ich vermutlich wisse?! - „in der Schriftsprache mit dem großen ‚I' das weibliche und das männliche Geschlecht zusammengefaßt" werden. Solche Verbalerotik (Zusammenfassung der Geschlechter!) wird man in diesem seriösen Text - bis auf die letzte Fußnote - vergebens suchen. Der sogenannte „Geschlechterkrampf" wird hier nicht fortgesetzt.

promovendInnen, obwohl ihr Anteil an den Studenten[8] angestiegen ist. Tröstlich ist aber, dass sich der Titel ungeschlechtlich vermehrt.

3. Motion bei Toren und Enten

Wer am Ende ehrenpromoviert wird, das ist Folge des (un-)sozialen fakultativen Prozesses zwischen Toren und Enten. Deshalb hat der Angelsachse für die dabei erzeugten Promo-Wirren die Bezeichnung „torrential" (deutsch: „wortreich", „mitreißend", „überwältigend") erfunden. Dennoch ist das Ergebnis kein Zufall (random walk), weil der Weg zum Ziel eng ist. Denn ein random walk gleicht dem Torkeln eines Betrunkenen über eine weitläufige Wiese (Man weiß zwar, wo er anfängt, aber die Prognosen über den Zufall(s)punkt, d. h. wo er zu Fall kommt, gehen mit zunehmender Entfernung vom Ausgangspunkt immer weiter auseinander). Für den Antragsteller bei einer Ehrenpromotion spricht man aber besser vom Spießrutenschleichen (-lauf wäre viel zu schnell) durch die enge Gasse der Promotionsordnung.

Wegen der Enge der Promotions-Gasse steht schon recht früh fest, in welcher Richtung der Antragsteller mit seinem Vorschlag zur Ehrenpromotion am Ende seines Schleichens oder seiner Schliche zu Fall kommt. Schließlich gibt es für jedes Problem eine Lösung, die einfach, sauber und falsch ist. Zufall gibt es dann nur noch bezüglich des Wann? und Wo?

Ergebnis: Wer oder Was ehrenpromoviert wird, kann dennoch kein Mensch vorher sagen oder gar vorhersagen. Erst wenn der Be-Schluss der Kommission gefasst ist und alle am Ende sind, steht fest, ob überhaupt und, wenn ja, wer. Dann gibt es ein großes Fest im Fachbereich und alle fragen nur danach, wo und wie die Zeremonie „würdig", d. h. spießig und langweilig genug, am ehrenzupromovie-

---

[8] Bei „Stud-Enten" wird seit alters her nur die weibliche Form verwendet. Die männliche Form „Stud-Erpel" ist ungebräuchlich, ja unbekannt. „Stud-Entin" ist folglich ein Pleonasmus, also so etwas wie eine weibliche Stute. „Studier-Ende" als „geschlechtsneutrale" Form birgt die Gefahr eines finalen Fehlverständnisses, als ob manche Studier-Ende, wie in weiten Teilen der Bevölkerung schon immer vermutet, mit dem Studieren bereits aufhörten, noch bevor sie angefangen haben. Bei mehreren „Studier-Enden" ist es Wurst. Das Fehlverständnis löst sich auf. Hier könnte man sich vorstellen, daß man an einem Ende mit dem Studieren anfängt und am anderen Ende sogar damit fertig wird.

renden Opfer vollzogen wird. Dabei ist ein betonter Sadismus unverkennbar. Dieser Sadismus hat eine wichtige soziale Funktion: Er erleichtert es den Neidern zu ertragen, dass sie nicht selbst ehrenpromoviert wurden.

III. Wo und wie wird ehrenpromoviert?

1. Am Ort der Ehre ist nicht gut ruhen

Das Problem der Standortwahl stellt sich nie: Ehrenpromoviert wird in der besten Stube der jeweiligen Universität. Die modernen Universitäten oder gar Gesamthochschulen haben dabei der konservativen Gediegenheit der klassischen Universitäten allerdings kaum etwas entgegenzusetzen. Statt schwülstiger, halbbedeckter Leiber, die sich in himmlischen Wolken mit Tüchern umschlungen zwischen massigen Pferdeleibern wälzen, gibt es hier nur die geraden Linien eines betonten (sprich: betongten) „Bauhausstils" im Billigformat, dessen graue Eintönigkeit nur durch den unerlässlichen Blumenschmuck um das Rednerpodest gestört wird.

Ist es an einer „klassischen Universität" möglich, langweiligen Lobreden kontemplativ in den Gemäldehimmel zu entfliehen, so bleibt in den kahlen Bauten von heute nur die innere Einkehr, um dem horror vacui orationis, dem Schrecken vor der Leere der Rede, zu entgehen. Wer auch in seinem Inneren nur Leere entdeckt, hat nur noch den Schlaf des Gerechten und die Hoffnung, dass das eigene Schnarchen vom höflichen Beifall der Wachgebliebenen oder von der Stimme der Redner übertönt wird.

Ehrenpromoviert wird grundsätzlich mit Musik. Um die Veranstaltung deutlich von der Jahreshauptversammlung der Freiwilligen Feuerwehr abzuheben, ist Blasmusik verpönt. Es wird gestrichen und geklimpert auf klassische und getragene Weise im betont langsamen Rhythmus, den der Beamtenstatus vieler Ehrenpromovenden vorgibt.

2. Die Ehre ist der Reden wert oder: Wichtig festreden

Ehrenpromoviert wird auch mit Reden. Mindestens drei Personen, der Rektor der Universität, der Dekan der Fakultät und der Vorsitzende der Promotionskommission, begrüßen als VIPs (Very Impotent Persons) alle Anwesenden, nicht ohne sämtliche Honoratioren vor Ort - insbesondere die früheren Ehrendoktoren - immer wieder einzeln zu nennen und sich selbstverständlich dafür zu entschuldigen, dass einige sicherlich vergessen wurden oder wegen der Kürze der Zeit nicht erwähnt werden konnten. Weil sich Abwesende nicht melden, fallen zuviel genannte Personen kaum auf. Dabei betont jeder Redner gleich zu Beginn, er wolle es kurz machen. Dennoch geraten zumeist schon die ersten Reden sehr lang.

Bei dem Versuch, dies mit Hilfe einer psychologischen Theorie zu erklären, erkennt man rasch folgende Tatsache: Die relative Wichtigkeit einer Person steigt zunächst mit der Länge seiner Rede und der damit in Anspruch genommenen Leidensfähigkeit der Zuhörer. Doch die Wichtigkeitszuwächse nehmen mit zunehmender Dauer der Rede ab (Gesetz von der abnehmenden Grenzwichtigkeit) bis sie schließlich sogar negativ werden. Für die optimale Redezeit der nachfolgenden Reden gilt, dass die i vorhergehenden Reden mit dem Faktor Σ ti-i (für i von 1 bis n-1) als „belastendes Moment" in die Wichtigkeitskurve WR_{i+1} der nachfolgenden Redner eingehen[9].

Mit anderen Worten: Bei steigender Zahl der Reden wird die komparativ wichtigkeitsoptimale Redezeit immer kürzer. Da aber das Wichtigkeitsoptimum des erste Redners noch bei einer vergleichsweise hohen Redezeit liegt und er die Länge der nachfolgenden Reden nicht beachtet oder nicht exakt einzuschätzen vermag, wird er seine Zeit so wählen, dass sie die nachfolgenden Redner mit ihrer individuell wichtigkeitsoptimierten Redezeit regelmäßig zu lang liegen und deshalb in die sogenannte Wichtigkeitsfalle abnehmender Grenzwichtigkeit (auch „Gähnfurche" genannt) tappen. Auf diese Weise beißt dann den Letzten, und das ist der Ehrenpromovend selbst, die Zeitsau. Seine Festrede macht ihrem Namen dann meistens alle Ehre.

Festreden heißen nämlich Festreden, weil sich der Redner festredet. Jeder befreiende Ausdruck ist verpönt, jedes offene Wort unerwünscht. Solche Festreden dürfen nämlich vor allem eines nicht: Die Harmonie des feierlichen Augenblicks stören. Und deshalb haben sie

---

[9] Vgl. dazu Marcel Kan de Laber, Festreden, aber wichtig, Reading 1997. Dort auch das folgende.

fast alle Eigenschaften, die Tucholsky[10] in seinen Ratschlägen für einen schlechten Redner festgehalten hat:

Es wird mehrfach angekündigt etwas kurz zu machen, aber natürlich nicht eingehalten. Die Rede wird abgelesen, es wird gesprochen wie man schreibt und die wichtigsten Dinge stehen immer in Nebensätzen. Selbstverständlich wird auch die Geschichte seit der Römerzeit bemüht. Dabei blickt der „lesende Redner nach jedem viertel Satz mißtrauisch hoch, ob auch noch alle da sind." Schließlich, nachdem der Schluss der Rede mehrfach angekündigt wurde, beginnt der Redner noch einmal von vorn. Eine so wichtige und lange Rede braucht schließlich eine Zusammenfassung und eine Zusammenfassung der Zusammenfassung und davon ein Fazit.

Nach dem Fazit wird wieder musiziert. Dann wird der Ehefrau oder Begleiterin ein Blumenstrauß überreicht. Beim abschließenden Sektempfang steht nicht der Ehrenpromovend im Mittelpunkt, sondern wie bei jedem Empfang und jeder Party diejenigen, die nicht dazu erschienen sind. Hierbei gelingt es dem Ehrenpromovenden durch einfache Okularinspektion (Augenscheinseinnahme) aufzudecken, wer sich am stärksten gegen seine Ehrenpromotion gewehrt hat. Es sind diejenigen, die ihm besonders heftig gratulieren (schließlich ist es eine besondere Leistung, es gegen ihren Widerstand geschafft zu haben) und/oder diejenigen, die beim Sekt am kräftigsten zulangen (wie sollte man sonst seine Niederlage in der Fakultät vergessen?).

IV. Wann und womit wird ehrenpromoviert?

1. Es ist nicht alles Ausschuss, was so heißt

Die meisten Ehrenpromovenden haben schon ein biblisches Alter erreicht. Daher ist die Verleihung des Ehrendoktors mit der Auszahlung einer geistigen Lebens- oder Rentenversicherungsprämie zu vergleichen, für die man sein Leben lang eingezahlt hat. Diese Auszahlung ist aber – wie in echt - sicher nicht sicher. Wie für fast alles in diesem Leben braucht man zusätzlich seine Beziehungen.

---

[10] Vgl. dazu Kurt Tucholsky, Ratschläge für einen schlechten Redner, Reinbek 1960, S. 290 – 292. Dort auch das folgende Zitat.

Hilfreich ist daher, wenn der Ehrenpromovend in spe einem Ausschuss angehört. Die Ausschüsse, die sich für besonders wichtig halten, verlangen eine Eingangsprüfung. Die verstärkt das Gruppendenken und die Bindungen innerhalb der Seilschaften. Erst wenn man deren Kriterien unterlegen hat ohne ihnen unterlegen zu sein, kann man von sich sagen: „Ich gehöre mit Recht zum Ausschuss."

Der Reiz der Zugehörigkeit zu einem Ausschuss liegt auch darin, dass man in den Diskussionen und in den Gesprächen hinter dem Rücken der Kollegen[11] das tun kann, womit auch so mancher Schützenverein gerne wirbt: „Kommen Sie zu uns, treffen Sie Freunde!"

Bei all dem darf man jedoch nicht vergessen, Bindungen in den Seilschaften auszubauen. Beziehungen sind bekanntlich besser als Abitur und sie schaden nur dem, der sie nicht hat. Am besten freilich sind Beziehungen mit Abitur oder gar, wenn bereits eine (Ehren-) Promotion vorausging.

2. Auch ohne Ähren sind der Ehren viele

Die meisten Ehrenpromovenden sind eh schon promoviert, habilitiert oder sogar bereits ehrenpromoviert. Vielleicht ist dies auch der Grund, warum vor allem ingenieurwissenschaftliche Fachbereiche gerne den eh. im Unterschied zum h. c. verleihen. Denn wer eh schon als Dr. firmiert, der kann dieser Firma dies eh. auch noch anhängen.

Nach einer anderen Auffassung soll damit jedoch vermieden werden, dass Ingenieure, denen man nachsagt, sie könnten nur mit Schwierigkeiten ihre eigene Berufsbezeichnung fehlerfrei schreiben („Gestern wusste ich noch nicht wie Ingeniör geschrieben wird, heute bin ich schon einen"), sich in den Tiefen der lateinischen Sprache verirren und vielleicht annehmen, man wolle Scherze mit ihnen treiben, weil man ihnen einen Titel „humoris causa" verleiht. Schließlich wird ja auch mit dem Titel Honorar-Professor gescherzt. Denn der be-

---

[11] Ein solcher „Kollege" ist (s. o. bei den Fachpromotoren) hier immer eine Person, die ohne jede fachliche Eignung unerklärlicherweise dasselbe tun darf wie man selbst. Dies stellt man auf den Ausschußsitzungen auch immer wieder fest und muß das allen anderen Ausschußmitgliedern dringend mitteilen, außer natürlich dem Betroffenen selbst. Denn der müßte es ja schon wissen.

zeichnet einen Professor, der für seine Tätigkeit gerade kein Honorar erhält. Wahrlich ein schlechter Scherz!

Manche Bezeichnungen von Doktortiteln geben zudem Anlass zu Verwechselungen. Der an landwirtschaftlichen Fakultäten verliehene „Ährendoktor" (Dr. agronomiae) ist z. B. ein normaler Doktorgrad für cerealen Ackerbau. Ein Doktor äh. („ährenhalber") wird nicht vergeben. Nicht die Ähre, sondern der Lorbeerkranz ist das Zeichen der Ehre für denjenigen, der sich bis dahin hochgeturnt (sprich: hochgetörnt) hat. Denn seit dem Gymnasium, der geistigen Turnhalle angehender Akademiker, zählen sportliche Symbole mehr als diejenigen die, wie die Ähre, von zielgerichteter menschlicher Arbeit zeugen. Die brotlose Kunst hat seitdem akademische Konjunktur.

V. Wie tragen die in Ehren Promovierten ihre Titel?

1. Für Rechtschreibschwache gibt es Erleichterung

Manche glauben, mit der Verleihung des Ehrendoktortitels gehöre man zu den „Honoratioren". Damit werde der Anspruch begründet, mit „Euer Ehren" angesprochen zu werden. Beides ist falsch. In der Anrede werden eh. oder h. c. völlig stimmlos gesprochen.

Umso variantenreicher ist daher die Schriftfassung der Titulaturen. Vermutlich wegen der schon erwähnten latenten Latein- und Rechtschreibschwäche der Ingenieure gibt es Besonderheiten: Der Duden kennt hier allein drei Fassungen des Ehrentitels: eh., e. h. und E. h. (Kombinatorisch fehlt lediglich Eh.). Aber im Falle von Ehrendoktoren ist der Duden nicht maßgebend. Vom Duden zu lernen heißt eben nicht immer Siegen lernen. Denn so schreibt der Duden entgegen der Übung vieler „Multidoktoren": „*Doktor, ... Abk. Dr. [im Plural Dres., wenn mehrere Personen, nicht mehrere Titel einer Person gemeint sind] .... mehrfacher – honoris causa (Abk. Dr. h. c. mult.)*".

2. Mach was Du willst! Oder: Like it as you do it!

Und wie halten es die mehrfachen Ehrendoktoren mit ihren Titeln? Diese Genies brechen Bahnen. Nur wenige machen es nämlich wie der Duden, der große Rest dagegen wie er es will. Da trägt bei manchem Ehrendoktor der Titel zur Selbstvermehrung bei, indem der „Stotterdoktor" (wegen Doktor, Doktor, ...) durch verbales Ehrenklonen zum Dr. Dres. h. c. mutiert. Andere zählen sämtliche Ehrentitel einzeln auf. So reiht sich dann ein h. c. an das andere, das Abkürzungsproblem des Dudens wird umgangen und die Kollegen werden geärgert, die es bislang zumindest nicht zu einer solch stattlichen Sammlung gebracht haben, sie aber gerne hätten. Schließlich bekommt ja jeder, was er verdient. Warum sollten es die Erfolgreichen nicht auch zugeben?

Ein selbst durch den Duden bislang nicht gelöstes Problem ist die Abkürzung von unterschiedlichen Ehrendoktortiteln. Wie ist die Person mit folgender Titelschlange verkürzt anzuschreiben: Herr Prof. Dr. Dr. eh. Dr. e. h. Dr. E. h. Dr. h. c. Erich Hermann Caesar? Hier versagt h. c. mult. und überhaupt: Der Duden gibt nicht einmal Auskunft darüber, wie mehrere Ehas abzukürzen sind. E. h. mult. als deutsch-lateinische Mischung wird zwar angewendet, darf aber bei Sprachpuristen kaum auf Zustimmung hoffen. Es ist strenggenommen sogar falsch, wenn sich eh., e. h. und E. h. mischen.

Hier wird es noch zahlreicher germanistischer Forschungen bedürfen, um Klarheit zu schaffen. Nur auf diese Weise kann der gesellschaftliche Umgang mit unseren Ehrendoktoren und künftig hoffentlich auch mehr Ehrendoktorinnen auf ein sicheres sprachliches Fundament gestellt werden. Lassen wir sie nicht alleine!

Auch Anregungen für Verbesserungen sind erbeten. Wie schmerzlich mag es für manchen Ehrendoktor sein, wenn er im Supermarkt oder gar auf einem Wohltätigkeitsball nicht als solcher erkannt wird. Um solche Peinlichkeiten künftig auszuschließen, könnten wir den Hohenpriestern der Wissenschaft ein buntes Verdienstkreuz[12] verleihen. Dadurch könnte man sie von Geistlichen als Priestern christlicher Religionen unterscheiden, die sich nur durch schlichte Kreuze zu erkennen geben. Für einen mehrfachen Ehrendoktor würde das bunte Verdienstkreuz am Stirn-Band das geeignete Ehrenzeichen sein, das herausragende Leistungen auf geistigem Gebiet würdig und

---

[12] Die sprachliche Anlehnung an das Bundesverdienstkreuz ist zwar etwas gewollt, aber keineswegs beabsichtigt.

effektvoll dokumentiert. - Vergeben wir doch für die Lösung solcher Probleme selbst einen Ehrendoktortitel.

VI. Mit h. c. (harter Cäsur) und eh. (endehalber)!

Wie sollte dieser Beitrag anders enden als im Stil des Landes, das den Doktortitel bislang am meisten kultiviert hat: Österreich („Wenn er gar nichts ist, dann sag ich halt Herr Doktor!"). Hier überträgt man die Titel Doktor oder Ehrendoktor so selbstverständlich wie die Berufsbezeichnungen Pferdehändler oder Gastwirt auf Grabsteine und mit charmantem Schmäh in einer Art Sippenhaft auf die Ehefrau: „Ah geh, die Frau Doktor, wieder beim Treppeputzen?". Die einzige Chance, sich hier von den Horden der Doktoren abzuheben, insbesondere von denen der Medizin (Geflügeltes Wort: „Sind Sie Mediziner oder ein richtiger Doktor?") ist das Erringen des Ehrendoktortitels.

Merkwürdigerweise sagt man in Österreich, auch nachdem man schon die Ehre der Gegenwart des anderen hatte: „Habe die Ehre!" Habe also die Ehre - mit Dir, mein(e) geschätzte[r] Leser(In)[13].

---

[13] Man achte auf die stilistische Feinheit: Die weiblichen „Attribute" wurden in runde, das männliche „Attribut" in eckige Klammern gesetzt. Auf diese Weise wird der moderne vorwiegend weibliche Verbalsexismus deutlich kultiviert, der als dialektische Antwort auf den überall in unserer Welt entdeckten vorwiegend männlichen Realsexismus erfunden wurde.

Das Dr. Sommer-Team

Aufklärungen von

*Dieter Sommer**

I. Stationen eines promovierten Lebens

II. Der Doktortitel als Imagefaktor

III. Erkenntnisfortschritt durch Promotion

IV. Wert- und Überschätzung des Dissertationsthemas

V. Die Problembeschreibung als Lebensstil der Promovenden

VI. Kritische Würdigung

---

* Dr. Dieter Sommer, Jugend-, Nachwuchs-, Gesundheits- und Unternehmensberater, aktuelles Forschungsprojekt: „Der Leserbrief als kumulative Dissertation".

I. Stationen eines promovierten Lebens

Zu den versammelten Oberstufen-Schülern der *Wilhelm-Busch-Schule* war ich gekommen, um im Rahmen der Berufsorientierung ein wenig aus der Praxis zu plaudern. Mit warmen Worten begrüßte mich die Lehrerin: „Darf ich Euch Herrn Dr. Sommer vorstellen?" Johlendes Gelächter warf sich mir entgegen, gefolgt von begeisterten *„BRAVO, BRAVO"*-Rufen. Ist es eigentlich schlau von mir gewesen, nach dem Studium einem Doktortitel nachzustreben?

Nicht lange nach meiner akademischen Reifeprüfung hatte ich ein Engagement in einem kleinen Verlag angenommen, ich hatte bei populären Aufsätzen einen Blick auf Methodik und Statistik zu werfen – eine gemeinhin eher unbeliebte Aufgabe. Schon nach wenigen Tagen erlosch die Glühbirne in meinem Büro. Als sei es erst gestern gewesen, höre ich noch die Frage meines freundlichen Kollegen, cand. rer. oec. und überzeugter Pragmatiker mit leichtem Hang zu Vorurteilen: „Herr Dr. Sommer, darf ich Ihnen gerade die neue Glühbirne reinschrauben, das können Sie bestimmt nicht so gut?" Nein, natürlich kann ich das nicht so gut – theoretisch schon, immer rechts herum drehen – aber praktisch? Das können andere bestimmt besser. Vielleicht ist so eine Promotion ja auch eine ganz bequeme Sache.

Irgendwie gibt es sie doch, die versteckten Vorteile: „Eine Promotion ist in unserem Unternehmen überhaupt nicht wichtig. Bezahlung und Aufstieg richten sich nach Leistung und nicht nach dem Titel. Unser Personalvorstand, Herr Dr. Schwelbrand, stellt gerne nicht promovierte Führungskräfte ein, diese machen sich durchweg auch ganz gut." Keiner gibt es zu, aber natürlich ist die Promotion auf der Visitenkarte hilfreich und bei der Gehaltsverhandlung ein paar hundert Mark wert. Der Außenauftritt ist besser, die Kompetenzvermutung dann doch etwas höher und überhaupt, schließlich ist das ein promovierter Mann oder eine promovierte Frau, das zählt doch auch.

Und dann sind da natürlich die offenen Vorteile: „Herr Dr. Sommer, gerne vermieten wir Ihnen die Wohnung, wir glauben, Sie sind der passende Mieter. Ihr Vormieter ist auch Arzt gewesen." Nun gut, er war also ein richtiger Doktor. Bloß genannt seien an dieser Stelle die promotiv induzierten positiven Wirkungen auf behördliche Sachbearbeiter, reklamierende Kunden, potentielle Schwiegermütter und österreichische Geschäftspartner.

II. Der Doktortitel als Imagefaktor

Wie macht sich aber nun der Doktortitel auf der Visitenkarte? Ist er Imagepflege, der Rückgriff auf billigste Klischees oder eine sinnvolle Strategie des persönlichen Marketings? Der Spezialfall „Dr. Sommer" wurde in der vorliegenden Arbeit schon andeutungsweise untersucht. Weitere Einzelfälle, die geradezu erst durch den Doktortitel ihre volle Reife erlangen, sind Namensrudimente wie *„Oetker"*, *„Schiwago"* oder *„Specht"*. Hier wird die Promotion dringend empfohlen, um ständige enttäuschende Korrekturen bei persönlichen Vorstellungen zu vermeiden. Ungewöhnliche Namen wie „Brutus Acula" oder „Sabiene Ohne" eröffnen im Gegensatz dazu die Möglichkeit zu peinlichen oder mutwilligen Verkürzungen: „Herr Dr. Acula" oder „Frau Dr. Ohne" müssen dann immer sehr sorgfältig geschrieben und interpunktiert werden.

III. Erkenntnisfortschritt durch Promotion

Die kleinen Beispiele zeigen, was die Doktor-Würde wirklich ist: eine Schublade, in die man selbst hineinspringt und sich plötzlich in der Gesellschaft von intellektuellen Spinnern, arroganten Aufschneidern und anderen oberflächlichen Existenzen erkennt. Hoffnungsvoll angemerkt sei, dass sich auch nette Menschen darin finden, freundliche Denker, welche die Klugheit ihres Gegenübers erkennen. Meine Arbeitsthese ist: Nichts anderes ist die Promotion als ein formalisiertes Anerkennungsverfahren für hemmungslose Streber. Natürlich bewirken die Literatursuche, die empirischen Erhebungen und der Ringkampf mit statistischen Feinheiten einen individuellen Erkenntnisfortschritt. Aber musste ich mir diesen Erkenntnisfortschritt hinterher extern zertifizieren lassen?

In der Tat musste ich das. Als Schuljunge war ich stolz auf die Urkunde bei den Bundesjugendspielen. In Latein bekam ich immer eine vier. In den Klassenarbeiten habe ich das geschrieben, von dem ich vermutete, dass es der Lehrer lesen möchte; in den Seminararbeiten auch. Warum soll ich dann nicht auch im Rigorosum die Erwartungen meiner Mitmenschen erfüllen?

Ich möchte nun die gleiche Geschichte positiv erzählen. Leisten können und Leisten dürfen sind Handlungsmöglichkeiten, die eine

Gesellschaft menschenfreundlich macht. Wenn ich frei bin, zu leisten oder nicht zu leisten, dann habe ich am meisten Spaß daran, mich anzustrengen. Natürlich ist es schön, sich im Sinne individueller Bezugsnormen die Ziele vollständig selbst zu setzen. Dann brauche ich kein Rigorosum mehr, ich könnte meinen Doktorvater formlos um Rat fragen und selbst entscheiden, wer im Recht ist. Bedauerlicherweise habe ich noch keinen Promovenden (oder eine ähnliche Spezies) kennengelernt, der so frei wäre vom Urteil anderer Menschen und so sicher in der Selbsteinschätzung, dass ein solches Vorgehen ohne die Gefahr eigener Überheblichkeit gelänge. Demzufolge wird es gut sein, die Ergebnisse langer selbständiger Arbeit anderen zur Beurteilung vorzulegen und somit immer wieder ein Korrektiv für die eigenen Irrtümer zu haben.

Was wird denn nun eigentlich zur Beurteilung vorgelegt? Ausführliche Ausführungen, zwischen 100 und 1.000 Seiten zu einem einzigen Thema, hin- und hergewendet, immer das gleiche aufgewärmt und dann nochmal anders formuliert. Warum sind Dissertationen eigentlich immer so schwer zu lesen und erscheinen dem Konsumenten um so vieles weniger bravorös als dem Autor? Möglich, dass jeder denkt: „Die gucken sich doch nur die Zusammenfassung an, der Rest ist Dekoration und Quantität."

IV. Wert- und Überschätzung des Dissertationsthemas

Besonders kitzlig ist natürlich die Frage: „Worüber haben Sie eigentlich promoviert?" Die Antwort „Aspekte Erlernter Hilflosigkeit, unter besonderer Berücksichtigung ..." erntet in der Regel ein ungezogenes „Hää?". Nun hilft nur noch die Flucht in entschuldigende Allgemeinplätze: „Es war ein psychologisch angehauchtes Thema." und der Versuch eines Übergangs durch den strebsamen Nachsatz „... aber cum laude," hin zum rettenden Themenwechsel „... seit einigen Jahren bin ich in der Beratungsbranche." Der Name Dr. Sommer bürgt hier für Glaubwürdigkeit. Die Nachfrage „Wie groß ist eigentlich Ihr Team?" macht aber in der Regel weitere Aufklärungen erforderlich. Ist es mir gelungen, in dieser Weise Verständnis einzuwerben, trifft es mich nicht mehr so hart, dass das Thema, was mir einstmals über Jahre wichtig, ja zum Lebensinhalt geworden ist, anderen Menschen völlig bedeutungslos erscheint. Aber seien wir ehrlich: Jede Lebensphase hat ihr zentrales Thema. Der zukünftige Promovend fragt sich früh: „Wie küsse ich richtig?", und der postgraduierte Student grübelt Nächte über der Frage: „Habe ich auch die neuere finnische und ägyptische Literatur zum Thema hinreichend berücksichtigt?" Spätere Lebensthemen der promovierten Gemeinde sind dann häufig weniger anspruchsvoll: „Wie realisiere ich meine nächste Gehaltserhöhung?" oder einfach „*BMW* oder *Mercedes*?"

V. Die Problembeschreibung als Lebensstil der Promovenden

Die Zeit des Promovierens ist schon komfortabel: den ganzen langen Tag Probleme beschreiben, ohne auch nur ein einziges Problem lösen zu müssen. Das ist wirklich privilegiert und außergewöhnlich. Nach einiger Zeit aber gleitet man in den ewigen Konjunktiv ab. Gewohnheitsmäßig stellt man den Sätzen Worthülsen wie „Fraglich könnte sein ...", „Das Problem müsste sein ...", „Man könnte behaupten ..." voran. Schleichen sich diese Formulierungen dann allerdings in das Alltagsleben ein, ist eine gewisse Bedrohung der privaten zwischenmenschlichen Beziehungen nicht mehr auszuschließen. Folgt etwa auf die gutgemeinte, aber in plakativer Deutlichkeit gestellte Frage: „Kommst Du heute Abend mit ein Glas Wein trinken?" die kein scheinbares Wissen vortäuschende und theoretisch beurteilt sehr präzise Antwort: „Auf der Basis der vorliegenden Erkenntnisse würde ich diese These bejahen.", dann ist es besser, die Dissertation sehr zügig abzuschließen. Die Rückkehr ins wirkliche Leben ist danach nicht einfach, auch ich hatte mich zwischenzeitlich schon mit einer wissenschaftlichen Karriere angefreundet, sozusagen die ewige Fortsetzung des Promovierens: Habilitieren, Publizieren, Pensionieren.

VI. Kritische Würdigung

So gesehen beurteile ich die eigene Promotion wie folgt: Schön war's und anstrengend und man hat lange was davon. Und der Auftritt vor der Schulklasse hat mir gezeigt, dass auch die anderen ihren Spaß daran haben können.

Vom praktischen Nutzen doktoraler Forschung oder: Das „7-Dr-Modell" zur unaufhaltsamen Karriere in der Praxis

von Doctor rerum oeconomicarum *Joachim Deppe*
und Doctor rerum politicarum *Hans-Hermann Hüttemann*[*]

I. **Der Einfluß der Promotion auf das Leben als solches**
  1. Die Promotion als endogener Änderungsfaktor
  2. „Neuanfang" nach der bestandenen Promotion
  3. Neue Chancen nach bestandener Promotion
  4. Publizitätspflicht und Mehrfachausnutzung
  5. Erste Ansätze zum Praxisbezug

II. **Das 7-Dr-Modell**
  1. Problemstellung für das 7-Dr-Modell
  2. Theoretischer Lösungsansatz - die KWM
  3. Das 7-Dr-Modell als praxisrelevanter Lösungsansatz
  4. Die 7-Dr-Faktoren

III. **Modell und Wirklichkeit**

---

[*] Dr. Joachim Deppe, Jg. 1957, vollzog nach abgeschlossener Promotion seinen persönlichen Praxistransfer und ist seitdem im Personalbereich eines großen internationalen Industriekonzerns tätig. Dr. Hans Hermann Hüttemann wechselte nach Fertigstellung einer Dissertation über schrumpfende Branchen in das Unternehmen einer wachsenden Branche und ist dort für alle Unternehmensverwicklungen geschäftsführend verantwortlich.

I. Der Einfluss der Promotion auf das Leben als solches

1. Die Promotion als endogener Änderungsfaktor

Das äußerst entbehrungsreiche und von häufigen Lukubrationen (= wissenschaftliches Arbeiten bei Nacht; siehe *Fremdwörterduden*, dem geheimen und unverzichtbaren Lieblingsbuch der Promovierenden) heimgesuchte und mit gut fünf Jahren auch viel zu lange Leben *vor* Abschluss der Promotion erfährt - wie zu zeigen sein wird - zahlreiche Änderungen in nahezu allen Lebensbereichen und im Umgang mit „normalen" bzw. normal gebliebenen Menschen *nach* Vollendung aller, sehr umfangreichen und meistens sehr schwierigen Promotionsleistungen, die da schriftlich (Abfassung einer Dissertationsschrift) und mündlich (Disputation oder Rigorosum) zu erbringen sind.

Vor Erringung oder vielmehr Verleihung des Titels eines „Doktors" - kurz, prägnant und allgemein bekannt auch „Dr." genannt - durch eine mehr oder minder ehrwürdige Fakultät einer ordentlichen (und nicht Fach-), deutschen (und nicht ausländischen) Hochschule hat der Herr trotz Nutzung effektiver Arbeitstechniken (siehe dazu *Corsten/Deppe* 1996) den Schweiß gesetzt und dessen nicht zu wenig. Doch die Mühe - auch dies zu zeigen, bemüht sich dieser kleine Beitrag - wird sich im Regelfall und unter Berücksichtigung der unqualifizierten „ceteris paribus"-Klausel im Leben lohnen. Im Alltag des neuen Doktors werden sich viele Änderungen ergeben - bemerkt und unbemerkt, gewollt und ungewollt, selbst initiiert und fremd veranlasst. Die bestandene Promotion wirkt dabei als endogener Änderungsfaktor.

2. „Neuanfang" nach der bestandenen Promotion

Aller Anfang ist dabei schwer. So beginnt der frisch gebackene Doktor sich zunächst sehr vorsichtig bei den nicht zu vermeidenden Promotionsfeiern, deren es über einen ausgedehnten Zeitraum gleich mehrere gibt (mit Eltern, mit Freunden, mit Kollegen, mit entfernteren Bekannten, manchmal gar mit dem „Rest der Welt"), an den neuen Zustand zu gewöhnen. Anfangs fast peinlich wird die Begrüßung „Hallo, Herr Doktor" abgewehrt, manchmal vermutend, sie sei ohnehin nicht ganz ernst gemeint - doch hier kann eindeutig Entwarnung gegeben werden: man gewöhnt sich im Laufe der Zeit daran. (Aus Gründen der Gleichberechtigung ist im Rahmen dieses Beitrags immer auch „Frau Doktor" gemeint, der „er" ist dann eine „sie"; wer mag, kann dies jeweils umdrehen; die Autoren haben sich allerdings besten Gewissens und unter Abwägung der Artikel 5 (Meinungsfreiheit) und 3 (Gleichheitsgrundsatz) *Grundgesetz für die Bundesrepublik Deutschland* für die monogeschlechtliche Titulierung entschlossen, ohne dies auch nur im Ansatz diskriminierend zu meinen, so dass dies hier im Sinne exkulpierender Begründung zu verstehen ist.)

Dann aber stellt unser frisch gebackener Doktor z. B. als *Privatmensch* immer häufiger fest, dass er sich morgens im Badezimmerspiegel selbst mit einem respektvollen „Guten Morgen, Herr Dr." begrüßt. Später häufen sich dann die Auseinandersetzungen mit der Ehefrau, die nicht einsehen will, dass die Kinder den Papa mit Onkel Dr. anreden sollen (der Titel „Doktorvater" heißt eben nicht „Doktor-Vater" und ist ja leider auch schon in einem anderen Zusammenhang vergeben). Als Ausgleich zum eingerosteten Eheglück verschafft er dafür den „Doktorspielen" eine neue und aufregende Sinngebung.

Das Motto lautet: „Mache einen Doktortitel und beute ihn dann maximal aus!" Natürlich wird sofort das Türschild geändert (mit Titel versehen und vergrößert), bei der *Sparkasse* eine neue *Eurocheque-* sowie eine Kreditkarte mit Dr. vor dem Namen beantragt, die *Telekom* für den Eintrag ins (leider erst) im nächsten Jahr erscheinende Telefonbuch informiert und beim Straßenverkehrsamt der Führerschein für verlustig erklärt und durch einen neu betitelten ersetzt (nicht nur, da dies nach dem Slogan „Dr. im Dienst" angeblich bei nächtlichen Alkoholkontrollen helfen soll; Vorsicht: fama est!). Auch auf der Krankenkassen-Chipkarte dürfen die zusätzlichen drei Zeichen (= D und r und .) als Differenzierungsmerkmal nicht fehlen. Nach den ersten erfolgreichen Karriereschritten in der Welt der Wirtschaft gilt die Titulierungspflicht selbstredend auch für jegliche Vielflieger-Karten (wie *miles and more*), die eigene Karte diverser Mietwagengesellschaften, die Bonus-Programme internationaler Hotelketten und so fort.

Natürlich denken alle frisch Promovierten auch daran, die bisher eher geschmähten Zeitschriften „Auto, Motor und Mord" und „Mit dem Garten auf DU und DU" über den Namenswechsel („ab sofort bitte an Herrn *Dr. ...*") zu informieren und die Mitgliedschaft im Taubenzüchterverein über die wesentliche Veränderung des Namens in Kenntnis zu setzen. Auch die tägliche Lokalzeitung sollte nicht allmorgendlich im Briefkasten landen, ohne den Namenszusatz aufzuweisen. Der Hinweis auf die Notwendigkeit derartigen Tuns liegt auf der Hand: immerhin ist der „Doktor" jetzt offizieller Namensbestandteil. Dies nicht zu dokumentieren wäre sträfliche Nachlässigkeit, wenn nicht gar gesetzwidrig. Die bisherige Übung, den Diplom-Ökonom, Diplom-Ingenieur oder Diplom-Mathematiker zu nutzen, muss insgesamt dabei natürlich auch nicht geändert werden.

Auch öffentliche Auftritte helfen, den neuen eigenen Titel in die Welt hinauszutragen. So kann problemlos bei der Jahreshauptversammlung ein Wortbeitrag zu einem belanglosen Punkt erfolgen, zu dem „Herr Dr." dann aufgerufen wird. Den Möglichkeiten zur Übernahme eines Ehrenamtes sind dito keine Grenzen gesetzt: Kassenprüfer im Taubenzüchterverein ist da angesagt, Klassenpflegschaftssprecher für die Tochter auf dem Gymnasium oder ähnliches. Die politische Bühne kann der frisch Promovierte in allen Parteien betreten - der Titel wird als Qualitätsbeweis gesehen (und oft ist der Einäugige unter den Blinden ja der König, wie der Volksmund weiß). Die Karrierechancen werden dabei - je nach Couleur - allerdings unterschiedlich positiv beeinflusst.

Auch im privaten Umfeld ist genügend Gelegenheit gegeben, sich Sympathisanten zu schaffen. Der meist lautstarke Hinweis vom Wirt der Stammkneipe „Dies ist mal wieder eine Runde vom Herrn Doktor" wirkt wahre Wunder. Die Stammtischbrüder werden begeistert sein, der Rest der Kneipe muss sich zwangsläufig anhören, dass die gute Gabe von einem echten Doktor stammt.

Zwischen-Fazit für den normalen Alltag: Ehre, wem Ehre gebührt!

3. Neue Chancen nach bestandener Promotion

Natürlich werden auch die *Nebentätigkeiten* durch die Promotion für den unternehmerischen Teil des Lebens beeinflusst. Durch die Promotion wird dem Vortragsreisenden, dem Seminarleiter oder dem Berater nun ein Differenzierungsvorteil an die Hand gegeben, der ihn als Anbieter ultimativ auf einer doppelt-geknickten Preis-Absatz-

Funktion über den unteren Knickpunkt bringt, oder einfacher: es gibt mehr Geld für - im intertemporalen Vergleich - vorher die gleiche und - im intersubjektiven Vergleich - gegenüber anderen auch nicht bessere Leistung. Der Titel muss sich nicht nur wieder lohnen, er wird es auch. Wenn der frische Doktor zu diesem Zeitpunkt nicht weiß, was dieser Sachverhalt für ihn rein monetär bedeutet, hat sich für ihn nicht nur die Investition in die Promotion nicht gelohnt.

> Zwischen-Fazit: Nutze die unglaubliche Chance,
> den Titel in Bares umzusetzen.

4. Publizitätspflicht und Mehrfachausnutzung

In Analogie zu gestandenen Rock- und Pop-Musikern versucht der jung promovierte *Publizist*, aus seiner mühevoll zusammengeschriebenen Dissertation nun einige Single-Auskoppelungen als Aufsätze zu vermarkten - die Textverarbeitung macht's nicht nur möglich, sondern kinderleicht. Als besonders hilfreich erweist sich hier die geübte Anwendung der „Block"-Funktion.

Auch erweist es sich als außerordentlich nützlich, Ausschau nach geeigneten, also wohlgesonnenen Rezensenten z. B. aus dem näheren Bekanntenkreis gehalten zu haben. Diese können an exponierter Stelle dafür Sorge tragen, das eigene Werk als wissenschaftlich höchst interessant, eine bisher nicht erschlossene Lücke ausfüllend, weiteren Forschungsbedarf aufzeigend, dabei aber niemals die besondere Praxisrelevanz außer acht lassend darzustellen. Als neue Chance ist hier die Möglichkeit freier Leser-Rezensionen bei den Internet-Buchläden (siehe z. B. *www.amazon.de*) zu nennen. Es wird sich sicherlich irgend ein Depp ($\neq$ Deppe bzw. *Dr.* Deppe) finden, der dank dieser guten Einrichtung indirekt und quasi-objektiv Werbung für die eigenen Werke macht (eine quasi-monetäre Vergütung durch Geld-Substitute wie Freibier, Kinogutscheine oder einen Konzertbesuch sollen hier - dem Hörensagen nach - sehr hilfreich sein). *Schreiben* sollte der Verfasser die Rezension gleich selbst, *unterschreiben* sollte der Leser-Rezensent.

Die Folge: der Absatz wird in schwindelerregende Höhen steigen (weit über die üblichen 150 verkauften Exemplare einer Dissertation hinaus), die wegen steuerlicher Gründe vereinbarte Rückzahlung des immerhin 3.000,- DM oder mehr betragenden Druckkostenzuschusses erfolgt tatsächlich, wenn auch temporär stark degressiv, und der break-even-point der Dissertationsvermarktung rückt in fast greifbare Nähe.

Bei der Veröffentlichung seiner Aufsätze wendet der frische Doktor alle Techniken der strategischen Planung an; vom Eingang strategischer Allianzen (Koautorenschaften mit Kollegen, möglichst mit solchen, deren Nachnamen im Alphabet dem eigenen folgen; bspw. ein *D*eppe mit einem *H*üttemann) über Kooperationen (wie z. B. die Einbindung des Doktorvaters, notfalls sogar als erstgenannten Autor) bis hin zur Internationalisierung (Veröffentlichung in ausländischen Fachzeitschriften, wenn eben möglich; dies bringt im Regelfall zwar kein Honorar, aber die überaus anerkennende Resonanz bei den mit Belegexemplaren versorgten deutschen Lesern).

Falls bereits vor der Promotion aktive publizistische Bemühungen erfolgten, werden natürlich alle laufenden Projekte unter absolut haltlosen Begründungen, wie „aktuelle und relevante Publikationen müssen vor dem Erscheinen noch gesichtet werden" oder „anstehende Ergebnisse eines Kongresses in *Chicago* lassen eine vorzeitige Erscheinung nicht rechtfertigen", sofort gestoppt, um die baldige doktorale Namensaufstockung abzuwarten und so erste „Mitnahmeeffekte" zu realisieren.

5. Erste Ansätze zum Praxisbezug

Daneben gibt sich der promovierte Publizist alle Mühe - der obigen Analogie weiter folgend -, die soeben „komponierte" E-Musik (Dissertation in der für die meisten fremden Sprache der Wissenschaft verfasst) qua Wechsel des Printmediums und redaktioneller Überarbeitung (Motto: „Fußnoten raus, Abbildungen rein") in sogenannte U-Musik (in der Praktikersprache verfasst) zu transformieren. Mit den so verkleideten Beiträgen für die Praxis (meist zu erkennen an den eingängigen Titeln: „10 Regeln für den Manager", „100 praktische Tipps zur Unternehmensführung" oder ähnliches) glaubt der promovierte Publizist und oft auch die Praxis, dass ein „praktischer Nutzen doktoraler Forschung" entstanden sei. Aber das ist natürlich ein Missverständnis, welches wir im folgenden aufzuklären versuchen. Merke:

Praktischer Nutzen muss noch lange kein Nutzen für die Praxis sein.

Natürlich kann die Menschheit über neue Erkenntnisse auch per „world-wide web" (kurz *www*) in Kenntnis gesetzt werden. Die ggf. schon vorhandene eigene Web-Seite im Internet bietet sich für derartige Infos ebenso an wie die zahlreichen Diskussionsforen auf der globalen Datenautobahn. Ein Doktor hat geradezu die Pflicht, am *chat* teilzunehmen. Das Internet ist dabei die schnelle Alternative und/oder Ergänzung zum langwierigen Veröffentlichungen in Druckform. Nach dem Motto „schreiben und raus damit" ist die Botschaft ohne nervigen Zeitverlust in der Öffentlichkeit. Noch dazu ist es ein überaus kostengünstiges Medium. Die Eigenbeteiligung an derartigen Aktivitäten bringt dem (frisch) promovierten Mitmenschen den Namens-Erfolg: die Bekanntheit wächst und sicherlich auch die Akzeptanz auf internationalem Parkett. Doch hier ist Vorsicht angebracht: zwischem engagierten Diskussionspartner und Schwätzer ist es auch für einen Doktor ein schmaler Grat, über den dann auch noch andere entscheiden.

Makropolitisches Ergebnis des individual-rationalen Verhaltens der frisch Promovierten (gilt für andere aber nicht minder) ist: Der ohnehin übersättigte Literaturmarkt wird weiter verstopft, die Zahl der *Veröffentlichungen* steigt explosionsartig an (die Zahl der *Informationen* wird dabei nicht ansatzweise im gleichen Maße steigen). Frei nach *Goethe*: getretener Quark wird breit, nicht stark!

Zwischen-Fazit: Der Mehrfachausnutzung der Belege ist für den Jung-Doktor keine direkte Grenze gesetzt.

Gesamt-Fazit: Der neue Titel ändert das Leben kolossal - *privat* wie eben auch *beruflich* (was im folgenden detailliert untersucht wird).

II. Das 7-Dr-Modell

1. Problemstellung für das 7-Dr-Modell

Zum einen könnte man dieser Problemstellung die Frage entnehmen: Lohnt sich für den Herrn Doktor die entbehrungsreiche Zeit der Promotion für das raue und meist auch noch lange Leben in der Praxis der sogenannten „freien" Wirtschaft oder erweist sich ein solches Unterfangen als Fehlinvestition? Also: Wenn sich die Dissertation schon für die Praxis nicht lohnt, lohnt sie sich denn wenigstens für das Leben in der Praxis?

2. Theoretischer Lösungsansatz - die KWM

Als Anwender, von der Universität bestens fürs richtige Leben vorbereiteter Akademiker greift man in die bekannte theoretische Instrumentenbox der Betriebswirtschaftslehre und nimmt sich zur Lösung dieses reizvollen Problems die bewährte *Kapitalwertmethode* - kurz KWM - (vgl. *Busse von Colbe/Laßmann* 1990, S. 43 ff.) zur Hand.

Auf der einen Seite gehen in die Zahlungsreihe der KWM die Auszahlungen ein. Dies sind die immensen finanziellen Aufwendungen, aber auch die Entbehrungen bei Erstellung der Dissertation, somit: Der erhebliche finanzielle Aufwand (wie Kopierkosten, Fahrten zu Bibliotheken, PC-Kauf; immense Telefonkosten durch in Summe nicht nur stunden-, sondern wochenlanges Surfen im Internet) einerseits und die erheblichen finanziellen Einbußen durch die nicht alternativ genutzte Arbeitskraftverwendung in der Privatindustrie (statt als Assistent mit BAT II oder gar Hilfskraft mit noch nicht einmal der Hälfte davon) andererseits. Sie werden verstärkt durch zusätzlichen Nutzenentgang, der z. B. aufgrund von diversen seelischen Qualen, immensem zusätzlichen Zeiteinsatz (bereits angedeuteten Lukubrationen), verlorengegangenen gleichgeschlechtlichen und heterogeschlechtlichen Freundschaften, verkümmerten sportlichen Fähigkeiten (wie Tauchen, Skifahren, Segeln oder Dartspielen) eintritt - insgesamt eine extrem schwer zu quantifizierende, aber sicherlich beträchtliche Größe!

Auf der anderen Seite winken (aus weiter Ferne, aber immer näher kommend) zusätzliche Einkommen(smöglichkeiten) aufgrund einer immer wieder versprochenen Grenzkarriere (zusätzliche Karriere des Dr. Dipl. X gegenüber dem Dipl. X) durch eine Promotion. Während die finanziellen Aufwendungen (siehe die jährliche Steuererklärung des steuerehrlichen Doktoranden) und die Einbußen noch recht sicher angesetzt werden können (z. B. BAT II gegen ein übliches Einstiegsgehalt eines durchschnittlichen Dipl.-Ök. oder Dipl.-Kfm. von ca. 100.000,- DM/p. a.), muss der entgangene Nutzen aller Entsagungen und Qualen mit heroischen Annahmen unter Unsicherheit quantifiziert werden. Aber auch hier gilt nach dem BWL-Altmeister *Schmalenbach*, dass zu quantifizieren sei, was quantifiziert werden könne.

Spätestens bei der Bezifferung der Auswirkungen der Grenzkarriere verlässt uns aber die Anwendbarkeit dieses vielseitigen, beliebten und angeblich sogar in der Praxis genutzten Instrumentes zur Beurteilung von Investitionen und Investitionsalternativen.

Was nun?

Nun, wir versuchen statt dessen an dieser Stelle, praxisrelevantere und wesentlich praxisnähere Tools zur Hilfe zu nehmen.

3. Das 7-Dr-Modell als praxisrelevanter Lösungsansatz

Tatsächlich angewendete – deswegen aber nicht zwangsläufig anwendungsfähige - Tools kommen fast immer von praktikerfreundlichen Beratern. So entspringt auch unser *Modell der 7-Dr-Faktoren* (7 Regeln zur Doktortitelvermarktung; © 1994 by Dr. *Deppe*/Dr. *Hüttemann*; alle Rechte einschließlich Verfilmung und Übertragung auf andere Datenträger ausnahmslos und wenn möglich bis in alle Ewigkeit weltweit vorbehalten; Verwertung, auch auszugsweise, im Internet ausdrücklich verboten; Übersetzungen, Kopien u. ä. nicht ohne ausdrückliche, schriftliche Genehmigung und entsprechende Honorierung) dem klassischen Beratungsgedankengut weltweit führender Consulting-Companies.

Hierbei steht die Frage im Vordergrund: Wie verwende ich meinen Titel „richtig" (vgl. *Pascale/Athos* 1981, S. 202). Richtig meint dabei die positive Stimulierung und Optimierung der Grenzkarriere im Zeitablauf zur Erreichung eines Lebens- und Lebensabschnitts-Maximums an materieller und nicht-materieller Bedürfnisbefriedigung unter Berücksichtigung der gegebenen und nur situativ veränderbaren Rahmenbedingungen.

Die *Grundannahme* dieses Modells besteht darin, dass der langfristige Karriereerfolg nicht nur von der Effektivität hinsichtlich jedes einzelnen Faktors abhängt, sondern von der Harmonisation oder Konsistenz zwischen allen Faktoren im Sinne einer klaren Gesamtkonzeption (vgl. *Welge* 1987, S. 238). Mit anderen Worten: mach's gleich richtig, aber nicht nur eins, sondern alles. Die abgestimmte Mischung der Realisation der 7-Dr-Faktoren führt zum persönlichen Erfolg (allerdings ohne Garantie). Abb. 1 zeigt die 7-Dr-Faktoren im Überblick.

Mit diesen richtigen, sprachlich brillant formulierten, aber vom Nutzen her gegen limes eins durch unendlich gehenden Hinweisen versuchen wir im folgenden, anhand der Ergebnisse einer nicht repräsentativen Intensivfallstudie des jungen, dynamischen, äußerst erfolgreichen Dr. Ö. diese 7 Faktoren mit Inhalten und Verhaltensregeln zu füllen. (Hinweis: Jede Ähnlichkeit mit lebenden oder gelebt habenden Titel-Trägern oder gar den Autoren dieses Beitrags ist rein zufällig und nicht beabsichtigt, aber zeitweise unvermeidbar; eine Klagemöglichkeit ergibt sich daraus für niemanden.)

Zur Person des Dr. Ö.: Er hat nach seinem Studium an einer Universität mit hochkarätigem Ordinariat sein Examen mit hervorragenden Noten absolviert und direkt im Anschluss bei einem der Lehrstuhlinhaber mit Auszeichnung in der von allen Kollegen beneideten Rekordzeit von 5 $1/2$ Jahren promoviert. Der junggebliebene Großvater von inzwischen zwei hübschen Enkeltöchtern hat nun endlich eingesehen, dass die Uni nicht das ganze Leben füllen muss, und ist in die harte Welt der Industrie, das raue Leben des Managements eingetreten. Natürlich kamen für ihn nur „weltbeste" Unternehmen, also Berater, Unternehmen der Metall- oder Umweltindustrie in Betracht.

Der Weg in die Praxis bot damit endlich die Gelegenheit, mit den 7-Dr-Faktoren aufzutrumpfen („veni, vidi, vici").

4. Die 7-Dr-Faktoren

Dr-Faktor 1: **Zeige jedem, wo du herkommst!**

Und so beginnt er, gleich zum Eintritt in die neue Umgebung, nach dem Grundsatz *„Bescheidenheit ist eine Zier, doch besser geht es ohne ihr"* jedem, der es noch nicht weiß, die feinen Unterschiede der Promotionsmöglichkeiten in dieser Welt zu erklären, schön differenziert nach Promotions*orten* und Promotions*fachrichtung*. Denn Eingeweihte wissen: Promotion ist nicht gleich Promotion, damit Dr.-

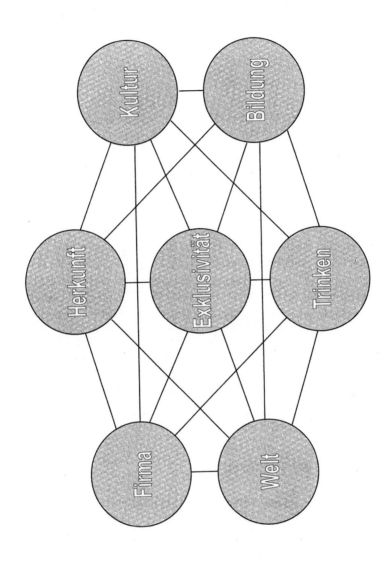

Abb. 1: Die 7-Dr-Faktoren

Titel nicht gleich Dr.-Titel! Zwar sind die äußeren Insignien der Promovierten - die beiden den Titel ausmachenden Buchstaben nebst Punkt - gleich - aber es steckt eben nicht gleiches dahinter!

So ist ein in *Brasilien* oder auf den *Fidschi-Inseln* erworbener Titel eben nicht einem in der *Bundesrepublik Deutschland* erworbenen Zertifikat, auch wenn die gleichen Buchstaben die jeweilige Urkunde zieren, gleichzusetzen. Über die Wertung der in der ehemaligen *DDR* (= Abkürzung für *Deutsche Demokratische Republik* = ehemals zweiter deutscher Staat) vor 1989 erworbenen Grade kann profund gestritten werden. Über Promotionen aus *Österreich* und der *Schweiz* schweigt des Sängers Höflichkeit. Und selbst in unserem Land (= *BRD*, inzwischen inklusive der dazugekommenen Bundesländer) ist ein Dr. von der Universität A nicht inhalts- und bedeutungsgleich mit einem Dr. von Universität-Gesamthochschule B (verwiesen sei hier auf die beliebten Rankings namhafter deutscher Blätter). Eine mögliche Promotionsberatung durch mehr oder minder seriöse Institute wie *Dr. Krätz* ist übrigens im Gegensatz zu vielen Länderbezeichnungen (Dr. (YU) oder Dr. (Brasil)) nicht hinter dem Titel zu vermerken.

Anders ist dies bei der Fachrichtung. An die Verwechslung mit einem Mediziner („Oh, Sie sind Doktor, bitte helfen Sie dort, der Mann hat gerade einen Herzinfarkt!") kann man sich schnell gewöhnen. Mit nicht beliebten Fachrichtungen sollte man seinen Titel in der Praxis nicht verwechseln lassen, sondern sofort aufklärend und deutlich („Ich bin übrigens kein Jurist, sondern Ökonom!") eine Klarstellung anmelden.

Von diesen Feinheiten abgesehen, muss gezeigt werden, dass man zur (von den anderen vermuteten) *Elite* gehört. In jeder Geburtstagsrunde, während der üblichen Mittagspausen, wenn sich andere Mitarbeiter gerne zwanglos über den nächsten Skiurlaub in Tirol unterhalten, versteht es Dr. Ö. über den sogenannten Dr. Ski zu referieren. Kommt ein Segler daher, weiß er von den gefährlichen Winden des Bodanrücks zu erzählen und dann ist - rhetorisch einwandfrei vorbereitet - der Weg frei zu den bekannten Promotionsmöglichkeiten der Bodensee nahen Ortschaften. Zur wohltuenden Abwechslung streut Dr. Ö. dann, völlig beziehungslos, einige leicht überzogene Episoden (auch Legenden) von gescheiterten Promotionskandidaten seines Lehrstuhls ein. Nur so macht man klar, woher man kommt, welche exorbitanten Schwierigkeiten man bewältigt hat und was man ist - ein echter Doktor eben. Da kann das „rerum ..." ruhig weggelassen werden - ist lateinisch und versteht ohnehin kaum einer.

Nachdem auf diese Art dem näheren Kollegenkreis das Schwierigkeitsranking aller Promotionsmöglichkeiten mehr als geläufig ist, geht unser Dr. Ö. an die Verbreitung seines wohlklingenden Namens.

Dr-Faktor 2: Trage deinen Namen nebst Titel in die Unternehmung!

Nicht jeder Promovierte weiß, (1) *ob* und (2) *was* er denn während seiner langen Forscherjahre hinzugelernt hat; aber geschrieben hat jeder ein ganzes Buch. So glauben in den Unternehmen alle Kollegen, Vorgesetzten und ggf. Mitarbeiter, dass er schreiben kann (auch wenn mancher nach seiner Promotionszeit die Kommasetzung immer noch nicht beherrscht).

Als Grundregel zur Namensverbreitung in der Organisation kann das herrliche Instrument der Visitenkarte angesehen werden. Unterschiedlich groß, mit oder ohne Logo, frei gestaltet oder nach Unternehmens-CD, mit oder ohne Privatadresse - aber eins muss sicher sein: Nie ohne Titel, auf keinen Fall ohne das schmückende Beiwerk des Dr.

Lasse genügend davon drucken und verteile Sie, wo immer möglich - lieber einem Kollegen dreimal eine Karte geben als keine. Und wenn es nicht so richtig klappt: einfach welche durch Zufall in Sitzungszimmern liegenlassen. Die Visitenkarte ist der Königsweg der Namenspenetration im Unternehmen, doch es gibt noch weitere.

Kaum sitzt Dr. Ö. in seiner neuen Umgebung in einer Gesprächsrunde, wird ein Protokollant gesucht. Diese Chance nutzt Dr. Ö. schamlos aus. Jedes Protokoll einer Sitzung, in der er anwesend war, trägt seine Unterschrift (Titel inklusive). Hat es sich erst einmal herumgesprochen, dass er gerne, schnell und gute Protokolle schreibt, wird auch die Zahl der Gesprächstermine zunehmen. Plötzlich findet sich Dr. Ö. - eigentlich Mitarbeiter der Finanzabteilung - in Quality-Circle-Sitzungen (vgl. zu diesem sehr interessanten Themenbereich

Deppe 1992a) zur Verbesserung der Zuverlässigkeit des Warenversandes oder in einer Konzernentwicklungsrunde zu „Chancen durch Schrumpfung" (zu diesem sehr interessanten Themenbereich siehe *Hüttemann* 1993) wieder, und er nimmt an Sitzungen mit dem Betriebsrat teil, in denen die Termine zur Routineuntersuchung mit dem Werksarzt festgelegt werden. Oder es wird auf internationaler Bühne der konzernweite Euro-Betriebsrat (vgl. zu diesem sehr interessanten Themenbereich *Deppe* 1992b und *Deppe u. a.* 1997) über aktuelle Entwicklungen in Szene gesetzt - natürlich nicht ohne Dr. Ö. Damit sind sowohl die Gesichts- als auch die Namenspflege gelungen. Mit dem bei Newcomern gelegentlich anzutreffenden Gesprächshinweisen „Bitte nicht Herr Ö., sondern Herr Dr. Ö. - soviel Zeit muss sein" sollte der Frischling im wohlverstandenen Eigeninteresse allerdings äußerst spärlich umgehen und gegenüber seinem Chef am besten ganz verzichten. Der Titel wird sich auch so einprägen.

Vergessen wird Dr. Ö. auch nicht, ein digitales Telefon zu organisieren und sich entsprechend als *Dr.* Ö. in der Telefonzentrale führen zu lassen. Ruft er einen ebenfalls mit dieser neuen Technologie ausgestatteten Kollegen an, blinkt auf dem Display sofort „Anruf von Dr. Ö." auf. Auch die e-mail-Adresse in der Company und für Externe sollte entsprechend gewählt werden.

Als zusätzliches Feld der Namenspenetration bietet es sich auch an, allgemeinbildende, aber in wissenschaftlichen Journals leider bisher noch nicht veröffentlichte Beiträge wie: *Zur problemkategorialen Analyse der Adäquanz von Ergebnis- versus Verhaltenskontrolle im Lichte der Principal-Agent-Theorie* zu veröffentlichen. Solche Texte können bedenkenlos im Unternehmen verteilt oder via wöchentlichem Pressespiegel verbreitet werden - eine Kopie an die Abteilung Öffentlichkeitsarbeit genügt.

Beim Internet-Auftritt der Firma sollte Dr. Ö. ebenfalls mitmischen: zumindest an irgendeiner Stelle sollte er seine entsprechende e-mail-Adresse als Kontakt für externe Interessenten unterbringen.

Aber selbst wenn Dr. Ö. gar nichts zur Namensverbreitung im Hause einfällt, weiß er sich zu helfen. Schnell verfasst er auf seinem Personal Computer einen kleinen Text, den er als Aushang an die diversen Schwarzen Bretter im Betrieb klebt:

> Habe meinen Schlüssel verloren.
> Der Finder kann sich bei
> *Dr. Ö.*, Zimmer 117, melden.

In Zeiten der vernetzten Unternehmenskommunikation mittels Intranet, lokalem Netz, groupwise-Anwendung oder NT-Oberfläche gilt - situationsadäquat - ein analoges Vorgehen.

Aber nicht nur die Verbreitung nach innen verschafft Dr. Ö. Respekt, Anerkennung und Erfolg.

Dr-Faktor 3:   Trage deinen Namen nebst Titel in die Welt!

Jedes Unternehmen pflegt Beziehungen zu Verbänden, kooperierenden Unternehmen, zu Mütter- genauso wie zu Tochterunternehmen, ja gar zu Mit-Wettbewerbern. In der Regel findet die Pflege der Beziehungen in eigens eingerichteten Blättern (Verbandszeitschriften) oder auf kleineren und größeren institutionalisierten Treffen statt. Für die Zeitschriften wartet man schon seit langer Zeit auf einen aufsehenerregenden Beitrag aus dem eigenen Hause und für die Treffs auf einen Vortrag aus dem eigenen Unternehmen. Und in der Welt des www, auf dem Datenhighway der Zukunft, darf ein Paper auch nicht fehlen.

So schaltet sich Dr. Ö. feinfühlig und ohne große Worte ein. Für die Verbandspostille weiß er, wie man das letzte übereilte Personalrevirement auf Direktionsebene in eine ausgefeilte leanhafte Reorganisation mit Outplacement-Touch verpackt, und für den Kongress bereitet er den Zettelkasten vor der Kantine zum Quality-Circle-System mit Photos und Abbildungen professionell auf.

Der Dank der Unternehmung ist ihm sicher, und er wird vielleicht auch deswegen öfter in den Genuss opulenter Geschäftsessen kommen.

Dr-Faktor 4: Esse und trinke für die Firma!

Zum Ritual der Geschäftsessen mit Verhandlungsbestandteil gehört es oftmals, dass ein Teilnehmer mitgenommen wird, der an allen inhaltlichen Bestandteilen im Grunde kaum teilnimmt (Motto: „Dabei sein ist alles!"). Sicherlich weiß er innerhalb des kulturellen Teils einige nur knapp übertriebene Episoden von z. B. Weihnachtsfeiern mit dem ehemaligen Chef an der Uni (hier der Professor) oder ganz normalen Sektfrühstücksveranstaltungen (neuerdings auch völlig verwirrend „Brunch" genannt; wahrscheinlich von lat.: brunchare = Deftiges schon nach dem Aufstehen vertilgen) zu erzählen.

Vom Geschäft versteht er nichts und auch wegen der Episoden wird er eigentlich nicht mitgenommen. Dr. Ö. kommt ja von der Uni und die Älteren glauben, es würde auch heute noch zur Hauptdisziplin gehören, dem Doktorvater beim Bier, Wein, Äppelwoi, Grappa, Willi.... paroli bieten zu können. Also wird Dr. Ö. gerne mit der nachfolgenden Aufgabenstellung betraut: „Kümmern Sie sich um den Wein, Sie können das ja, über den Rest brauchen Sie sich keine Gedanken zu machen."

Merke: Die bestandene Promotion prädestiniert zur Partizipation an Präsentationsveranstaltungen mit potentiellen Partnern. Nebeneffekt: Der eigene Name - nebst Titel - wird immer bekannter.

Bei soviel Aufopferung für die Unternehmung muss Dr. Ö. natürlich auch hin und wieder an seine Interessen denken.

Dr-Faktor 5: Sorge für die Vervollständigung der Firmen-Bibliothek! (Falls nicht vorhanden, eröffne eine!)

Natürlich geht Dr. Ö. davon aus, dass jeder in der Unternehmung beschäftigte Mitarbeiter an den Ergebnissen seiner Forschungsarbeiten brennend interessiert ist. Alle sind sicherlich sehr gespannt auf den Veröffentlichungstermin, und ist das Werk erst einmal erschienen, ist es ja oft auch schon vergriffen (der Traum eines jeden Promovierten). Um auch jenen Mitarbeitern die Möglichkeit zum Studium seiner Forschungsergebnisse zu bieten, die nicht schnell genug zur Buchhandlung kamen, oder aber die unverständlicherweise, trotz der steuerlichen Abzugsfähigkeit als Fachbuch, nicht die finanzielle Potenz aufweisen (wollen), die schlappen 139,- DM (oder einen Betrag in ähnlicher Größenordnung) pro Exemplar auf den Tisch zu legen, hat Dr. Ö. der Werksbibliothek einen wohlbegründeten Anschaffungsvorschlag unterbreitet und ihr gar das Angebot gemacht, den Autorenrabatt beim Verlag zur Verfügung zu stellen („Bestellen Sie ruhig auf meinem Namen, *Dr. Ö.*"). Mit diesem sozialen Akt fördert er die Fortbildungsmöglichkeiten innerhalb eines äußerst aktuellen wie packenden wissenschaftlichen Themenfeldes und sichert gleichzeitig für alle den Zugriff zu seiner Arbeit (letzteres sollte u. U. noch einmal überdacht werden). Sollte Dr. Ö. den Zugriff für alle - vielleicht themenignoranten - Mitarbeiter nicht unbedingt wünschen, kann er kurzerhand den Band selbst ausleihen. Statistisch zeigt diese schnelle Ausleihung des neuen und teuren Buches der Werksbibliothek die Attraktivität der Neuanschaffung - dies wirft ein positives Licht auf den Antragsteller - und Dr. Ö. vermeidet durch diese präventive Maßnahme den Zugriff der ihm nicht wohlgesonnenen Zeitgenossen.

Sollte diese schützende Maßnahme nicht erforderlich sein, da das Werk viel zu umfangreich oder sowieso nur sehr wenigen Mitmenschen allein sprachlich zugänglich sein, kommt auch noch die folgende Maßnahme in Betracht: Bereichere die Firmenkultur um ein aktuelles, bildendes und repräsentatives Werk!

In den sich rasch wandelnden Zeiten des Umgangs mit Daten (= nicht unmittelbar relevant für eigenes Handeln) und Informationen (= Daten mit Handlungsbezug) sollten auch hier die Möglichkeiten des Intranet genutzt werden. Statt Firmenbibliothek wird's dann eben eine neue Chat-Ecke für interessierte Mitarbeiter und -innen.

Dr. Ö. lernt schnell. Bei den wenigen Firmenjubilarfeiern und 50er oder 60er Geburtstagen, bei denen er zugegen sein durfte, genauso wie in der geschenkreichen Vorweihnachtszeit herrscht doch überall das Einerlei der Blumensträuße, Topfblumen, kulinarischen Höhepunkte im Korb und Weinpräsente vor. Diesem üblichen, sowohl bildungspolitischen als auch sozialpädagogischen Notstand will er Abhilfe schaffen. Schon beim nächsten Geburtstag schlägt er seinem Chef vor, doch etwas Bleibendes und zugleich Repräsentatives zu schenken, das einen klaren Bezug zur Unternehmung aufweist und insoweit einen Beitrag zur Corporate Identity leistet. Dem verblüfften, aber ob des Engagements erfreuten Chef weist er dann mit seinem eigenen Werk den Weg zur Lösung dieses Problems (mit Autorenrabatt, versteht sich). Ergebnis: Das Buch wird verschenkt, der Name verbreitet sich immer weiter.

Aber auch die eigenen Freiexemplare wird Dr. Ö. nutzen - zuerst für den eigenen Chef. Damit wird die Angelegenheit - richtig angepackt - schon fast zu einem Selbstläufer. Denn kaum hat der Chef ein solches Werk hinter seinem Schreibtisch auf dem Bücherregal stehen, wird es in der näheren und weiteren Umgebung zum absoluten Muss. Plötzlich steht es bei jedem Abteilungsleiter auf dem Sideboard in exponierter Stellung, einige Sachbearbeiter positionieren es noch vor dem Telefonbuch und auch der Pförtner hat es in seinem Häuschen.

Dr. Ö. braucht übrigens keine Angst davor zu haben, dass irgend jemand seine fundamentale Argumentationsschwäche auf S. 135 erkennt, dass jemand fehlende Literatur registriert oder dass jemand die Abbildung 7 schon mal an anderer Stelle gesehen hat. Kein Mitarbeiter wird sein Werk lesen.

Sollten Sie ähnlich wie Dr. Ö handeln, werden sich sicherlich
Ihr Image und vielleicht Ihre Nebeneinkünfte
weiterhin positiv entwickeln.

Dr-Faktor 6: Meide Unternehmen mit progressiver Firmenkultur („no ranks, no titles")!

Dr. Ö. hat schon davon gehört. Es soll - angeblich moderne - Unternehmen geben, deren Selbstverständnis hinsichtlich der Personalführung *Hierarchiefreiheit* verspricht. Schlimmer noch: an Türschildern, in Telefonverzeichnissen, im Organigramm und selbst in der Anrede werden Titel nicht geführt. Dr. Ö. weiß sofort und intuitiv, dass er in solchen Unternehmenskulturen nichts, aber auch gar nichts zu suchen hat, und er kann dieser Hierarchiefreiheit auch moralisch-ethisch nichts abgewinnen:

➢ Wie soll der einfache Sachbearbeiter in einer hierarchiefreien Umwelt erkennen, welches Argument richtig oder falsch ist, wenn der Name der Quelle keine Auskunft gibt.

➢ Wer grüßt in einer solchen Unternehmung noch früh am Morgen den Pförtner, wenn er nicht auf ein kräftiges „Guten Morgen, Herr Dr. Ö." hoffen kann.

Dr. Ö. weiß hingegen die Realität, die normative Kraft des Faktischen voll und ganz zu schätzen: Schon in den römischen Galeeren saßen alle in einem Boot - die einen ruderten, die anderen gaben den Takt an. Das kann in einem Unternehmen heute nicht anders sein.

Nein, Hierarchiefreiheit ist eine anarchiegleiche Modeerscheinung, die weder auf Dr. Ö.s wohlverdiente Grenzkarriere noch auf Erfordernisse des alltäglichen Lebens Rücksicht nimmt.

Dr-Faktor 7: Bewahre die Exklusivität deines Differenzierungsvorteils!

Dr. Ö. hat nun aufgrund der erfolgreichen Anwendung aller oben genannter Dr-Faktoren schon die ersten Karrieresprünge vollzogen.

Jetzt ist er selbst in der Situation, Nachwuchsführungskräfte einzustellen. Auf seinem Tisch oder via e-mail im PC stapeln sich die Bewerbungen von engagierten, erstklassigen, dynamischen Jungakademikern. Dr. Ö. weiß, was er sich und seinen Brüdern schuldig ist. Er sortiert zunächst zielsicher die meist zu anspruchsvollen Bewerber mit Überqualifizierung in Form einer Promotion aus. Begründungen finden sich leicht, denn er braucht nur an seine eigenen, nicht ganz so erfolgreichen Bewerbungsgespräche zurückdenken:

➢ Promovierte sind zwangsläufig älter als Hochschulabgänger ohne Promotion.

➢ Sie sind häufig aufgrund der langen Zugehörigkeit zur Hochschule verbildet und haben keinen Sinn für wirklich praxisnahe Aufgaben.

➢ Schließlich verfügen sie natürlich über keine, wenig, auf jeden Fall zu geringe Praxiserfahrung (wobei nicht sehr viele Praktiker wissen, was damit gemeint sein könnte).

Aber Vorsicht bei der Anwendung des Dr-Faktors 7. Manche geraten bei derart harten und klaren Ablehnungsbegründungen in tiefe Selbstzweifel und Depressionen. Trotzdem: Nur wer Dr-Faktor 7 hart und konsequent anzuwenden weiß, hat tatsächlich eine Chance, Karriere zu machen und diese zeitlich zu sichern.

Das Leben erfordert halt harte Maßnahmen (insbesondere gegen andere). Zu Risiken und Nebenwirkungen von Dr-Faktor 7 fragen Sie Ihre Frau oder Kegelbrüder.

III. Modell und Wirklichkeit

„Viele Wege führen nach Rom", sagt der Volksmund richtig. Viele Möglichkeiten gibt es, Karriere zu machen, ergänzen die Autoren dieses Beitrags. „Den ein' sin Ul is den annern sin Nachtigall", weiß das Sprichwort. Gleiches gilt für einen Doktortitel - Differenzierungsmerkmal bei der Bewertung: Ob man ihn hat oder nicht.

Der Titel allein ist kein Garant für den steilen Weg nach oben ins Top Management, eigentlich noch nicht einmal hinreichende und schon gar nicht notwendige Bedingung (oder war das umgekehrt?). Denn (zum Glück): Auf den Menschen kommt es an, auf die Persönlichkeit. Der Doktortitel ist kein Ersatz für fachliche und soziale Kompetenz. Und genauso kein Beleg, dass der Titelträger zumindest letztere nicht habe.

Merke: Die Führungskraft der Zukunft muss nicht promoviert sein, sie kann es aber ruhig.

Das oben geschilderte 7-Dr-Modell gibt nur - wie jedes Modell - einen problembezogenen Ausschnitt aus der Wirklichkeit vereinfachend wieder. Es ist die graue Theorie - bunt bzw. bunter ist das Leben in der Praxis.

Über den praktischen Nutzen doktoraler Forschung entscheidet letztlich jeder Titelträger selbst.

Literaturverzeichnis

Altrogge, Günter: Netzplantechnik, 2. Aufl., München/Wien 1994.

Anders, P. (Hrsg.): Betriebswirtschaftslehre humoris causa, 2. Aufl., Wiesbaden 1992.

Andreas, Franziska: Die Kunst des Promovierens. Was sagt der Institutionenökonom dazu?, in: Wirtschaftswissenschaftliches Studium, 22. Jg., 1993, S. 579-582.

Au Pied, H.: Die Entstehungsgeschichte einer Dissertation, Hamburg 1990.

Barth, Markus: Mit Beckenbauer für Bloch, in: Die Zeit, 49. Jg., Nr. 9, 1994, S. 52.

Bartsch, Thomas/Böttcher, Lars: Ein Time-Ressource-Tradeoff-Modell für die Anfertigung einer Dissertation, in: DGOR Bulletin. Mitteilungsblatt der Deutschen Gesellschaft für Operations Research e. V., Heft 56, 1994, S. 9-11.

Behrens, Christian-Uwe (unter Mitinspiration von Robert Köhler): Das Promotionsverdrußmodell, in: Wirtschaftswissenschaftliches Studium, 15. Jg., 1986, S. 536-539.

Beinhart, W.: Die Einrichtung der Fußnotenzone, München 1977.

Biesterfeld, W.: Wägbares und Unwägbares in der geistigen Auseinandersetzung des 20. Jahrhunderts, Hamburg 1962.

Blumenthal, F.: Arten und Fortpflanzung von Fußnoten, München 1992.

Bolzenknödel, K.: Der Angelpunkt der Pedinotalogie, Marburg 1984.

Borgeest, Bernhard/Schmid, Dorothea: Der Doktorand – Der einsame Held, in: ZEITmagazin, 1994, Nr. 42, S. 12 – 22.

Bratengeier, F.: Die Furor zitandi, Köln 1987.

Bundy, Alan u. a.: The Researcher's Bible, DAI Teaching Paper No. 4 (revised July 1989), o. O. 1985 (URL: http://www.dai.ed.ac.uk/daib/staff/personal_pages/bundy/how-tos/resbible.ps.gz).

Busse von Colbe, Walther/Laßmann, Gert: Betriebswirtschaftstheorie, Band 3: Investitionstheorie, 3. Aufl., Heidelberg u. a. 1990.

Cassel, Heike H.: „Crash-Kurse zur effektiven Einführung in WIN-WORD und WORD. Für totale Anfänger; für Leute die schon wissen, wo der Rechner angeht; für Verzweifelte, die ihre nächste Arbeit leserlich abgeben wollen; für Arbeiten, die nicht vom Inhalt, sondern vom Aussehen leben ... Auf Wunsch Einzelunterricht.", Aushang an der Ruhr-Universität Bochum, o. J.

Champignon, P.: A la recherche des mots perdu de Fusnotis III, Paris/Kairo 1994.

Corsten, Hans/Deppe, Joachim: Arbeitstechniken für Wirtschaftswissenschaftler, München/Wien 1996.

Deppe, Joachim: Quality Circle und Lernstatt - Ein integrativer Ansatz, 3. Aufl., Wiesbaden 1992a.

Deppe, Joachim (Hrsg.): Euro-Betriebsräte. Internationale Mitbestimmung - Konsequenzen für Unternehmen und Gewerkschaften, Wiesbaden 1992b.

Deppe, Joachim/Stützel, Wieland/Hoffmann, Reiner (Hrsg.): Europäische Betriebsräte. Wege in ein soziales Europa, Frankfurt a. M./New York 1997.

Deutscher Pedinotalogenverband e. V. (Hrsg.): Definition, Messung und Anwendung des Pedzibels, Köln 1992.

Dudenredaktion (Hrsg.): Duden, Bd. 1: Rechtschreibung der deutschen Sprache, 21. Aufl., Mannheim u. a. 1996.

Dudenredaktion (Hrsg.): Duden, Bd. 5: Fremdwörterbuch, 6. Aufl., Mannheim u. a. 1997a.

Dudenredaktion (Hrsg.): Duden, Bd. 8: Sinn- und sachverwandte Wörter, überarb. Neudr. der 2. Aufl., Mannheim u. a. 1997b.

Dunstbier, R.: Bahnbrechende Erkenntnisse der Metapedinotalogie, Münster 1997.

Filzbauer, R.: Die Aussagekraft der Fußnoten in betriebswirtschaftlichen Lehrbüchern, Mannheim 1964.

Fu-No-Teng: Das Aufblühen der Fußnoten während der Han-Dynastie, Basel 1972.

Gaetz, B.: Die Erweiterung des Fußnotenhorizonts durch Surfen im Internet, München 1999.

Glaß, Felix: Die Quotenkonsolidierung. Unveröffentlichte Diplomarbeit an der Ruhr-Universität Bochum, Fakultät für Wirtschaftswissenschaft, Bochum [Druckort] 1984.

Goethe, Johann Wolfgang: Faust, 7. Aufl., Berlin/Weimar 1984.

Grantlhuber, X.: Was man nicht im Kopf hat..., Heidelberg 1906.

Grebe, Gerhard: Bluffer's Little Helper, in: Wirtschaftswissenschaftliches Studium, 11. Jg., 1982, S. 248.

Gutenberg, Erich: Grundlagen der Betriebswirtschaftslehre, Bd. I: Die Produktion, 24. Aufl., Berlin/Heidelberg/New York 1983.

Hansen, Hans Robert: Wirtschaftsinformatik I. Grundlagen betrieblicher Informationsverarbeitung, durchges. Nachdr. der 7. Aufl., Stuttgart/Jena 1998.

Heise, M: Die Bedeutung der Fußnote für den Aufstieg und Abstieg des Römischen Reiches, Berlin 1926.

Henselek, Hilmar F.: Das Management von Unternehmungskonfigurationen, Wiesbaden 1996.

Hirsch, Eike Christian: Deutsch für Besserwisser, München 1988.

Hitzkopf, Holger: Plädoyer für die Inspiration I, [verteilt ganz schön Druck] 1998.

Hitzkopf, Holger: Plädoyer für die Inspiration II, [ist noch im Druck] 2000.

Holub, Hans/Tappeiner, Gottfried/Eberharter, Veronika: Die Literaturflut in den Wirtschaftswissenschaften und ihre Folgen, in: Wirtschaftswissenschaftliches Studium, 22. Jg., 1993, S. 203-207.

Hüttemann, Hans-Hermann: Anreizmanagement in schrumpfenden Unternehmen, Wiesbaden 1993.

Internationaler Pedinotalogenverband e. V. (Hrsg.): Kongressbericht 1991, Köln 1991.

Internationaler Pedinotalogenverband e. V. (Hrsg.): Mitteilungen in Fußnoten, Fußgönheim 1998.

Janunlassmalgutsein, Judith: Plädoyer für die Logik, [steht ziemlich unter Druck] 1998.

Jarros-Sturhahn, Anke: Erfolgreiches wissenschaftliches Arbeiten – 10 Grundregeln aus dem Blickwinkel der EDV, in: Wirtschaftswissenschaftliches Studium, 28. Jg., 1999, S. 89–91.

Kalkfuß, W.: Methodik wissenschaftlicher Methoden, Bonn 1992.

Kalkfuß, W./Blender, B.: Die Verbreitung der Fußnote in der wissenschaftlichen Literatur der Nachkriegszeit (1945-1996), Bonn 1997.

Kan de Laber, Marcel: Festreden, aber wichtig, Reading 1997.

Kirsch, Werner/Esser, Werner-Michael/Gabele, Eduard: Das Management des geplanten Wandels von Organisationen, Stuttgart 1979.

Kundt, S.: Die Kunst der Fußnote im Vergleich zur Kunst der Fuge, München 1952.

Lüthi, W.: Sprachwurzelextraktion im Vulgärlatein, Trier 1998.

Lütkehaus, Ludger: Guru und Aufklärer, in: Die Zeit, 49. Jg., Nr. 9, 1994, S. 58.

Meuser, Thomas: Grundlagen der Promotionslehre, Bd. 1: Die Produktion, Nr. 21 der Beiträge des Lehrstuhls für Theoretische Betriebswirtschaftslehre IV an der Ruhr-Universität Bochum, 2. Aufl., Bochum [Druckort] 1993.

Meuser, Thomas (Hrsg.): Promo-Viren. Zur Behandlung promotionaler Infekte und chronischer Doktoritis, Wiesbaden 1994.

Meuser, Thomas: Umweltschutz und Unternehmensführung: ein Konzept aktiver Integration, 2. Aufl., Wiesbaden 1995.

Nebel-Krähe, M.: Die Geburtsstunde der Metapedinotalogie, Bonn 1996.

Noé, Claus: Die Arbeit geht nie aus, in: Die Zeit, 49. Jg., Nr. 6, 1994, S. 23.

Nöllke, Matthias: Is' was, Doc?, in: Die Zeit, 49. Jg., Nr. 13, 1994, S. 39.

Nötigenfals, F.: Fußhaltung und –spiel als Ausdruck geistiger Verfassung und Haltung, Leipzig 1927.

O. V.: Doktoranden-Netzwerk, in: Wirtschaftswissenschaftliches Studium, 22. Jg., 1993, S. 648.

O. V.: Wenn die Erregungskurven abgeritten werden, in: Das Wirtschaftsstudium, 24. Jg., 1995, S. 23.

O. V.: „Anspruchsvolle Nebentätigkeit ... Wir suchen Studentinnen und Studenten für den Bereich PC-Schulung (PC-Kenntnisse sind von Vorteil, aber keine Bedingung)", Aushang an der Ruhr-Universität Bochum, o. J.

Pagendarm, W.: Evolution und Entartung von Quellenangaben, Köln 1997.

Pascale, Richard T./Athos, Anthony G.: The Art of Japanese Management, New York 1981.

Pedeström, P.: Der Angelpunkt wissenschaftlicher Veröffentlichungen, Stockholm 1989.

Plaumenstrauch, Karl H.: Wider den Ungeist des praxozentrierten Denkens, Hammerklein im Sauerland o. J.

Popper, Karl R.: Das Elend des Historizismus, Tübingen 1965 (3. Aufl. 1971).

Preißner, Andreas: Lohnt sich eine Promotion?, in: Wirtschaftswissenschaftliches Studium, 23. Jg., 1994, S. 427–429.

Pressman, Roger S./Herron, S. Russel: Software-Schock. Risiko und Chance, München/Wien 1993.

Prunzel, F.: Die Fußnote als Stützpfeiler für die Spannbreite wissenschaftlicher Werke, Hamburg 1995.

Puntsch, Erhard: Witze, Fabeln, Anekdoten, Augsburg 1991.

Raubeisen, F.: Wissenschaftliches Arbeiten in hektischer Zeit, München 1996.

Rausch, W.: Noten als ordnende Kraft im Geistesleben, Hamburg 1990.

Renner, M.: Die fundamentale Bedeutung der Fußnote für das Niveau wissenschaftlicher Leerinhalte, 2. Aufl., München 1998.

Riebesehl, O.: Der Ursprung der Fußnote, Köln 1990.

Rottner, L.: Notengerechtigkeit und Lehrstuhlvielfalt, Hamburg 1998.

Runke, E.: Die Auswirkungen der Fußnotenzone auf Umsatz und Beschäftigung im Papier- und Druckgewerbe sowie im Rohstoff- und Buchhandel, Hamburg 1992.

Schaumlöffel, M.: Die Bedeutung der Fußnote für die Note von wissenschaftlichen Arbeiten, Innsbruck 1992.

Schinken-Häger, G.: Die Renaissance der Anmerkungen, Bremen 1991.

Schmuh, A.: Die Bedeutung des Kleingedruckten, Frankfurt 1978.

Semmel-Brösel, R.: Der Krampf der Plagiatoren, Bonn 1991.

Starrermayr, Gerhard J.: HP LaserJet 4. Anwendung, Einsatz und Optimierung, München 1993.

Theisen, Manuel René: ABC des wissenschaftlichen Arbeitens, 3. Aufl., München 1995.

Theisen, Manuel René: Wissenschaftliches Arbeiten, 9. Aufl., München 1998.

Tucholsky, Kurt: Ratschläge für einen schlechten Redner, in Kurt Tucholsky: Ausgewählte Werke, Reinbek bei Hamburg, Bd. 8, S. 290-292.

Türck, Rainer: Käpt'n, mein Käpt'n. Hommage an einen vergreisenden Emeritus, Unveröffentlichtes Manuskript, Frankfurt 1999.

Wallraff, Günter: Ganz unten, Köln 1985.

Welge, Martin K.: Unternehmensführung, Bd. 2: Organisation, Stuttgart 1987.

Witte, Eberhard: Organisation von Innovationsentscheidungen. Das Promotorenmodell, Göttingen 1973.

Sebastian Hakelmacher

Vom Teen-Ager zum Man-Ager
Über den Wolken der Spitzenleistungen

1996, 2., unvermeidbare und wesentlich erheiterte Auflage, XII, 244 Seiten, Gebunden, DM 49,80
ISBN 3-409-23931-6

Erste Reaktion auf die 2. Auflage:

„... Der Autor enthüllt und unterhält nicht nur, das Buch eignet sich auch als ein gezielt boshaftes Geschenk für liebgewonnene Vorstandskollegen, Aufsichtsräte, Wirtschaftsprüfer oder Berater."

Frankfurter Allgemeine Zeitung

Stimmen zur 1. Auflage:

„All den Unentbehrlichen in der Wirtschaft, die Ihre 60-Stunden-Woche mit Spitzenleistungen zubringen, bietet ‚Vom Teen-Ager zum Man-Ager' Rüstzeug für ihre hochqualifizierte Tätigkeit. Handreichung im gestressten Alltag und lehrreiche Anregung für künftigen Erfolg."

Handelsblatt

„Mit der ihm eigenen Gründlichkeit hat Hakelmacher neue Fundamente gelegt, auf denen neue Generationen von Betriebswirten, Topmanagern und Wirtschaftsprüfern aufbauen können."

IDW-Fachnachrichten

Einige Beispiele aus dem Inhalt:

Die Unerklärlichkeit fähiger Spitzenmanager · Der optimale Pensionspunkt für Spitzenkäfte · Hält die Holding, was von ihr gehalten wird? · Shareholder's Value oder der Wert des Aktionärs · Die bilanzielle Entsorgung · Der Prüfungsbericht als sprachliches Kunstwerk

Betriebswirtschaftlicher Verlag Dr. Th. Gabler GmbH, Abraham-Lincoln-Str. 46, 65189 Wiesbaden

Surfer-Glück ...
www.gabler.de

Das Internet-Angebot des Verlags **Gabler**, in der Rubrik „Bücher", bietet frei zugängliche Informationen über Bücher, Zeitschriften, Neue Medien und Fernkurse der Verlage. Die Produkte sind über einen Online-Bookshop recherchier- und bestellbar.

Für ausgewählte Produkte werden Demoversionen zum Download, Leseproben, weitere Informationsquellen im

Internet und Rezensionen bereitgestellt. So ist zum Beispiel eine Online-Variante des Gabler Wirtschafts-Lexikon mit über 500 Stichworten voll recherchierbar auf der Homepage integriert.

Über die Homepage finden Sie auch den Einstieg in den kostenlosen Online-Dienst Business-Guide.

Selbstverständlich bietet Ihnen die Homepage auch die Möglichkeit, mit den Mitarbeitern in den Verlagen via E-Mail und/oder per Online-Leserbrief zu kommunizieren. In unterschiedlichen Foren ist darüber hinaus die Möglichkeit gegeben, sich mit einer „community of interest" online auszutauschen. Wenn Sie regelmäßig über Publikationen aus Ihrem Interessengebiet informiert werden möchten, tragen Sie sich einfach in unseren E-Mail-News-Verteiler ein.

... wir freuen uns auf Ihren Besuch!

Änderungen vorbehalten.
Erhältlich im Buchhandel oder beim Verlag.

Abraham-Lincoln-Str. 46
65189 Wiesbaden, Fax: 06 11.78 78-4 00

Printed in Germany
by Amazon Distribution
GmbH, Leipzig